5/96

Se tenir debout et marcher

Sur le champ

collection dirigée par Catherine Dolto-Tolitch

Denis Vasse

avec la participation des accueillants
au Jardin Couvert de Lyon

Se tenir debout et marcher

Du jardin œdipien à la vie en société

nrf

GALLIMARD

Lise Mingasson a travaillé à la mise en forme de ce livre.

Pierre Guislain a suggéré les parties qu'il convenait d'étoffer afin de suivre le *fil de l'histoire.*

Françoise Muckensturm nous a aidé à en rendre plus aisée la lecture.

Nous les remercions vivement tous les trois de leur générosité et de leur rigueur.

À l'occasion de la sortie de ce livre, que soient ici remerciés les membres de l'« Association pour l'accueil du petit enfant et de ses parents dans un lieu de parole » (Apelipa), les donateurs et ceux qui ont contribué à l'ouverture et au fonctionnement du Jardin Couvert :

— la Fondation de France;
— le Ministère de la Santé;
— la Direction régionale de l'Action sanitaire et sociale;
— la Protection maternelle et infantile du Rhône;
— le Conseil général du Rhône;
— la Mairie de Lyon;
— la Mairie de Villeurbanne;
— la Mairie de Dardilly;
— la Caisse d'Allocations familiales de l'arrondissement de Lyon;
— le Fonds d'Action sociale;
— la Fondation pour l'Enfance.

L'enfant se dresse pour la marche vers un an, parfois plus tard.

C'est un moment de joie extraordinaire pour un enfant que celui où, pour la première fois, il a la révélation de sa possibilité d'avancer seul sur ses deux pieds ; et il est certainement souhaitable qu'il découvre cela sans la présence proche de l'adulte.

De toute façon, c'est par désir d'aller vers sa mère, ou d'aller vers quelque chose qui l'attire, que l'enfant accomplit ses premiers pas. Lorsqu'il marche pour la première fois, il est complètement surpris. Si, alors qu'il commence à marcher, surgit un incident, il ne peut pas recommencer avant un ou deux mois, l'incident étant associé, pour lui, à cette découverte.

[...] Il est émouvant d'assister à l'extraordinaire joie rayonnante du petit homme ou de la petite femme qui invente la station debout.

[...] Le déplacement d'objets extérieurs, et son déplacement autonome dans l'espace, c'est pour l'enfant une métaphore langagière — dans la dimension de l'expression motrice, grâce aux possibilités de son squelette et de ses muscles —, du péristaltisme digestif, qui faisait avancer l'objet alimentaire de la bouche à l'anus.

Françoise Dolto
L'image inconsciente du corps
(Paris, Seuil, 1984, p.130-131)

Introduction

Ce livre est le fruit d'une aventure vécue au Jardin Couvert. Il relate son histoire depuis sa fondation.

Cette aventure nous a transformés comme on dit qu'une vie a été transformée de façon décisive par une rencontre exceptionnelle. Pendant plus de dix ans, nous avons travaillé ensemble, mais nous avons aussi été travaillés par cette expérience.

Les traces de cette aventure se retrouvent dans les textes que nous vous présentons. Dès le début de notre projet, nous avons ressenti la nécessité d'écrire et de donner des bases théoriques à notre travail. Des textes ont étayé nos demandes, nos démarches, nos rencontres. Ils nous ont tenus et soutenus dans notre marche. Les années de fonctionnement du Jardin Couvert ont confirmé l'importance de cet effort d'écriture et de théorisation car nous avancions dans un champ inconnu.

C'est le chemin parcouru à travers ces dix années de réflexion et de pratique communes que nous vous invitons à découvrir. Il s'étend du jardin œdipien à la vie en société. Ce chemin est celui sur lequel se risque le petit enfant, aidé et accompagné de ses parents. Il y fait déjà l'expérience des contradictions, parfois violentes, de notre époque. Au Jardin Couvert, à la suite de Françoise Dolto, nous tentons chaque jour de mettre les découvertes de la psychanalyse au service de l'enfant. Un tel lieu espère ainsi lutter contre les effets pervers de la grande ville. La parole, la rencontre, les jeux et le repos sont, pour nous, le moyen de rompre l'isolement et d'alléger l'angoisse que peut provoquer chez les parents la venue au monde d'un enfant.

Dès la naissance, le petit d'homme est un être sociable. Sensible à la voix, à l'attitude des autres, il réagit à leur présence, à ce qui se dit. Il est touché par la parole. Se pencher sur un berceau, c'est se laisser interroger par une énigme singulière. Dans l'intensité du regard, l'humanité naissante est là, à l'œuvre.

Témoigner de la rencontre des générations, en décrire les joies, les avatars et les promesses, les échecs et les résistances, tel est le propos de ces pages, écrites au fil des années, sans projet de publication. Elles traduisent la nécessité de trouver des repères dans la difficulté et la précision du travail de l'écoute, avec l'aide de la psychanalyse comme outil théorique. Dans la façon dont les sujets sont abordés, réfléchis, repris, se déchiffre la manière dont le travail progresse.

Dans ce livre, les variations multiples sur un même thème laissent entendre, jusque dans les répétitions, la part prise par chacun dans ce travail d'écriture. Elles indiquent comment, avec le temps, se sont précisés les points théoriques qui soutiennent et éclairent notre pratique quotidienne.

Pour rendre compte, ici, de notre expérience, notre première tentation a été de raconter, de réécrire l'histoire. *Mais il nous est vite apparu que transmettre des textes tels qu'ils avaient été écrits et réécrits, dans le va-et-vient entre pratique et théorie, était la meilleure façon d'exprimer la diversité du Jardin Couvert et la précision du travail qui s'y accomplit.*

Nous avons donc pris le parti de regrouper ces textes dont certains relatent un instant de vie partagé avec un enfant, d'autres un moment de réflexion dans la solitude après le travail, ou encore qui précisent et articulent un certain nombre d'éléments théoriques.

La diversité des voix, des écritures, des approches théoriques fait entendre, mieux qu'une démonstration, combien notre équipe est constituée de personnes différentes par leur métier, leur histoire, leur compétence. Ces écarts *sont la richesse du Jardin Couvert. Cela, les parents et les enfants le « savent » et le mettent en évidence : ils se glissent entre nous, nous interrogent, poussent l'un à bout, prennent appui sur l'autre. Ces écarts sont, en vérité, la condition même de notre travail.*

À de nombreuses reprises, nous avons été invités à faire part de notre expérience à des équipes engagées après nous dans la même perspective. Des travailleurs sociaux, des professionnels du monde de la petite enfance, des associations se sont intéressés à notre aventure.

Lieu d'échanges et de rencontres, le Jardin Couvert est ainsi devenu un espace ouvert à la question de l'homme, à celles de la psychanalyse et de la politique de l'enfance. S'il n'était pas un lieu de parole, le Jardin Couvert serait-il l'objet de tant d'intérêt, de curiosité, de résistances ou d'étonnement ?

Toutes ces demandes nous ont confortés dans notre volonté de témoigner de ce qui s'y passe. Publier ces textes est, pour nous, une manière d'associer le plus grand nombre de gens possible à notre recherche et de contribuer ainsi à maintenir ouverte la question de l'homme, telle qu'elle se révèle à la lumière de la parole.

Pour suivre le chemin parcouru durant ces années de pratique, nous avons inscrit chacun des chapitres de ce livre au fil de l'histoire. *Viennent ensuite, regroupés par périodes, les écrits fondamentaux, suivis de textes, issus de notre pratique, qui les illustrent.*

Certains textes sont précédés de quelques lignes qui rendent compte des circonstances de leur apparition, de leur date et de ceux à qui ils étaient destinés.

À quelques rares exceptions près, exigées par la présentation ou par la répartition des thèmes, les textes se suivent dans l'ordre chronologique, celui du temps de la vie.

1. Portrait du Jardin Couvert

Le fil de l'histoire...

La rive gauche du Rhône, à Lyon, est le quartier où historiquement venaient buter et s'arrêter les vagues successives d'immigration, avant l'octroi du pont de la Guillotière et l'entrée dans la ville, la presqu'île et la rive droite de la Saône.

C'est dans ce quartier populaire, fait d'un mélange de petits commerçants, d'artisans, d'ouvriers et d'immigrés, que le Jardin Couvert s'est installé. Ici, nous sommes à « la Guille ».

Dans une petite rue, une boutique située entre un peintre d'enseignes, un ébéniste réparateur de meubles anciens et l'inévitable café lyonnais. L'enseigne du Jardin Couvert, avec ses lettres vertes et artistiquement malhabiles, coiffe une vitrine et une porte à double battant qui invite à entrer.

Dans la vitrine, rien d'exposé. Quand nous nous sommes installés, les vieux habitants de ce quartier populaire s'y sont pressés pour voir ce qu'ils n'avaient pas l'habitude de voir : des enfants et des adultes jouant tranquillement ensemble. Composé de deux pièces en enfilade, le local est tout en longueur. Les murs sont de couleur claire avec des encadrements de portes et de fenêtres peints en blanc. L'ameublement est simple. Des tapis verts couvrent le sol. Des bébés s'y ébattent. Des chauffeuses et des banquettes recouvertes de tissu à fleurs de couleurs gaies invitent au repos. Des étagères courent le long des murs. Pleines de jouets et de livres, elles émerveillent les enfants lors de leur première venue : des jouets qu'on peut toucher, prendre, échanger, prêter ou refuser ! Parfois, la première visite s'arrêtera là. Jouer tout de suite sans attendre. Les mamans paraissent souvent pressées de continuer la visite et s'étonnent que nous prenions notre temps. Elles patientent en examinant la table à langer disposée à l'abri des regards, derrière un comptoir. Là, on peut réchauffer les biberons et les petits pots pour le goûter ou utiliser l'évier.

Une large ouverture sépare la première salle de la seconde. Contre un mur, un petit bac pour les jeux d'eau : ouvrir et fermer les robinets, jouer à laisser couler l'eau, boire un petit coup, s'inonder copieusement, malgré les tabliers de plastique, sont des occupations délicieuses qui mobilisent certains enfants des après-midi entières.

Sur une table basse, des ardoises et des feutres sont disposés. On apprend à dessiner, à ouvrir et fermer les feutres, à écrire sur l'ardoise, pas sur la table. On peut aussi écrire sur le tableau, mais pas griffonner à côté, sur le mur !

Tout le fond de la salle est occupé par une zone dont le sol est *vert* et qui est réservée aux trotteurs, camions et vélos. Un toboggan trône au milieu ; un cheval à bascule est dans un coin.

Chacun choisit où il veut s'installer pour bavarder ou se reposer. Les enfants circulent d'un groupe à l'autre, changeant de jeux et d'occupations. Les bébés jouent dans leur transat ou à plat ventre sur un petit tapis. Ils essaient de tenir assis, ou debout, de ramper ou de marcher. Ils écoutent de toutes leurs oreilles en suivant les déplacements des grands ou des adultes, qu'ils interpellent d'un sourire. Parfois, ils s'endorment paisiblement au milieu des jeux.

Depuis peu, cette salle ouvre sur une cour dans laquelle un bac à sable en forme de tortue a été installé. Dès qu'il fait beau, nous sortons des bancs, des jeux pour l'extérieur. Des bacs à fleurs égaient le fond de cette petite cour si agréable quand les beaux jours reviennent.

ENTRER AU JARDIN COUVERT

Au Jardin Couvert, nous accueillons les enfants jusqu'à quatre ans. Ils viennent accompagnés de leurs parents ou d'un autre adulte qu'ils connaissent bien, quand ils le veulent, régulièrement ou non, pour une heure ou toute une après-midi.

Pousser la porte du Jardin Couvert, ce n'est pas arriver dans un lieu où l'on ne viendrait que pour profiter des installations et des jeux.

On vient au Jardin Couvert pour rencontrer des adultes et des enfants. C'est tout simple et en même temps cela nécessite, pour nous qui avons créé et qui tenons ouvert un tel lieu, le respect de règles qui autorisent cette rencontre.

On ne peut, en effet, *produire* une rencontre. Tout vouloir, toute volonté de cet ordre s'oppose à l'esprit même de la rencontre, nécessairement soumise aux lois de l'intersubjectivité. Notre travail consiste à créer les conditions qui la permettent. Il est d'autant plus précis qu'au Jardin Couvert, cette rencontre est celle de deux générations, rencontre légère et tendre, explosive et déchirante.

Les parents qui viennent ici sont jeunes ou moins jeunes, seuls ou en couple, en difficulté ou non. Certains enfants sont très petits, tout neufs. Ils ont la fragilité et l'énergie de ceux qui, au début de leur vie, essaient ou refusent de se faire adopter, qui ont à prendre place dans une famille, la leur, et dans une société, la nôtre.

Et puis, il y a les plus grands, les deux-trois ans qui sont déjà dans le combat de la vie, dans l'avidité d'avoir ou d'être. Certains sont partis sur le chemin de la névrose, voire de la psychose, dans un enfermement symptomatique.

Il y a ceux qui entrent sans nous voir, et s'activent, enfermés dans un automatisme qui fait échec à toute approche, à tout contact. « Il est trop occupé », disent avec admiration les adultes qui s'émerveillent d'un enfermement si bien réussi.

Il y a ceux qui ont peur dès qu'on leur parle, qui se rétractent de tout leur corps et se collent contre leur maman.

Il y a ceux qui veulent tout ce que leur voisin a : le vélo, la poupée, le goûter, le rire, la vie. Ils souffrent, habités d'une jalousie qui ne se desserre pas, ne les laisse pas souffler une minute (pas plus que leur entourage qui échoue à leur offrir, à leur donner quoi que ce soit). Ce qu'ils veulent, c'est ce qu'un autre a.

Ceux qui poussent droit entretiennent un rapport tranquille aux autres et aux choses : petites mères paisibles, petits bonshommes calmes, fragiles et présents à la fois. Ils entrent avec hésitation, attendent qu'on les accueille, prennent le temps de la rencontre. Au bout d'un moment, ils sourient, puis sont attirés par un jouet ou cherchent un copain ou l'accueillant qu'ils espéraient trouver là.

Tous, nous parcourons ce chemin qui nous mène de l'état de nourrisson et de *prématuré*[1] au statut d'être parlant, dans *l'allant-devenant du génie de son sexe*[2]. Tous nous passons par les étapes structurantes des castrations orale, anale... et nous sommes confrontés à l'épreuve de l'acquisition de la verticalité, de la marche et du langage.

Accueillir petits et grands dans le lien de la génération, c'est assurer les conditions matérielles de l'accueil et de son intersubjectivité.

Accueillir un être parlant, c'est le recevoir et lui parler, lui parler dans un corps séparé du mien. « Il n'y a de corps que de rencontre », dit Denis Vasse. Travailler aux conditions de cette rencontre suppose nécessairement de tenir compte de la parole qui anime la chair et lui fait prendre corps.

Agir ainsi, c'est entrer dans le respect et la promesse, faite à tout être soumis à la loi du langage, de devenir sujet.

1. Freud.
2. Françoise Dolto.

LES CONDITIONS DE NOTRE TRAVAIL

Dans l'histoire du Jardin Couvert, la recherche d'un local a été très importante. Elle a concrétisé à un moment donné l'espoir que nous mettions dans notre projet. Au départ, nous ne savions pas bien ce que nous cherchions. Nous voulions un lieu facile d'accès par les bus, le métro ou la voiture, dans un quartier central. Il fallait pouvoir y accéder et y entrer avec des poussettes.

Nous avons veillé à choisir un local indépendant des structures de la petite enfance : crèches, garderies, écoles, lieux de consultations ou de thérapie.

Car, au Jardin Couvert, nous ne soignons pas les enfants, nous ne les gardons pas, nous ne leur enseignons rien. L'indépendance du lieu permet de dire à l'enfant : « Ici, on ne te vaccinera pas, on ne te soignera pas ; ta maman ne te laissera pas seul. » Ainsi peuvent être reprises bien des situations traumatiques auxquelles un petit enfant a été parfois soumis et dont il a peur, au point de refuser même tout contact avec d'autres enfants ou d'autres adultes.

Nous ouvrons toutes les après-midi, y compris le samedi. Les familles viennent quand elles le souhaitent, à la demande. Chaque après-midi de la semaine, l'équipe d'accueil change. Certains usagers choisissent leur jour, et évitent ainsi, le cas échéant, les accueillants qu'ils ne veulent pas voir. Quand la confidence s'est faite trop lourde, en effet, il peut être gênant, pour un temps, de retrouver celui qui en a été le dépositaire. Les confidences ne sont jamais partagées entre les accueillants, et les parents en ont très vite l'assurance. Ils ont souvent l'occasion de vérifier que ce qu'ils disent à l'un de nous reste dans la discrétion.

Demandé à chaque passage, le paiement signifie l'aide à laquelle consentent les parents. Il est laissé, cependant, à la discrétion de chacun.

Toutes ces conditions *formelles* ne suffisent pas à faire qu'un tel lieu existe. Sa permanence et sa pertinence dépendent de son *esprit*.

Paradoxalement, la première condition pour qu'un enfant acquière son autonomie et consente à la séparation est de ne pas le laisser seul. C'est dans le rapport aux autres qu'il fait l'expérience de la séparation subjective.

Dire à un enfant : « Ici, tu vas passer un moment avec ta mère », ou « ton père va rester là avec toi, ce n'est pas la garderie », exige que cette règle soit observée. Elle ne doit pas souffrir d'exception, même s'il n'est pas facile de résister à la tentation de « rendre service » en gardant cinq minutes un enfant pour permettre, par exemple, d'aller changer de place la voiture ou acheter un goûter. En venant au Jardin Couvert, l'enfant doit être accompagné d'une personne qu'il connaît bien, en qui il a confiance. Pour les soins du corps, pour être consolé en cas d'empoignades, il peut ainsi se réfugier auprès de quelqu'un qui l'abrite, le console et le sécurise.

L'enfant est appelé par son prénom, inscrit dès son arrivée sur un tableau installé à l'entrée. Ce que nous appelons le prénonymat. *Prénonymat* est le mot que nous préférons à *anonymat.* Il ne s'agit pas ici d'une *privation* du nom comme le laisserait entendre l'*a* privatif du mot anonymat. Le *prénonymat* indique de façon forte que chaque enfant est accueilli par son nom, dans la suite des relations personnelles déjà établies avec lui. La façon dont sont nommés les adultes qui l'accompagnent en témoigne : la maman de Jacques, le papa d'Antoine, la tatie d'Hélène.

Le prénom est le signifiant d'un sujet[1]. Il ne l'objective pas. Il ne le réduit pas à la qualité d'un objet, à l'image ou à la situation cachée dans l'attribution d'un surnom : « ma plume, ma puce, mon amour ».

Cette règle a pour corollaire l'anonymat social des familles que nous recevons, anonymat qui nous délivre, eux et nous, de l'imaginaire dans lequel nous enferment certaines professions, certaines situations ou certains noms.

LES RÈGLES ET LA LOI

« Le Jardin Couvert est fondé sur la foi que la parole circule dans la chair et que cette circulation du désir obéit à la loi du langage à laquelle est soumis le sujet humain dès lors qu'il prend corps » (Denis Vasse).

La loi, en tant qu'elle est donnée, permet d'accéder à la vérité du désir. Elle donne à l'homme la possibilité d'obéir à la parole, mais aussi elle symbolise ce qui ne veut pas parler en lui ou ce

1. Françoise Dolto, *L'image inconsciente du corps*, Seuil, 1984, p. 46.

qui ment. Nos minirègles — écrire le prénom de l'enfant quand il arrive, ne pas le laisser seul, lui faire mettre un tablier pour jouer à l'eau, lui faire respecter la limite des vélos — ne valent pas en elles-mêmes. Nous en parlons et les mettons au point avec les accueillants dans une réunion qui revêt un caractère *législatif*. Ces règles se réfèrent à l'acte de parler qui spécifie l'homme. C'est aussi ce que permet la limite : autour d'elle, nous sommes conviés à parler, à rappeler la règle. Soutenir l'interdit permet à l'enfant d'entrer dans l'obéissance non comme dans une humiliante soumission à une loi arbitraire, mais comme en un lieu d'éclosion du désir où la limite, *la* loi, l'interdit deviennent don d'une parole et d'une promesse.

La constitution de nos équipes répond aux conditions de ciculation de la parole et obéit aux règles que nous avons à soutenir pour que l'enfant grandisse en humanité et que la rencontre soit possible entre les générations.

Trois personnes, chaque après-midi, assurent l'accueil. L'usage nous a appris que c'était la meilleure façon de nous répartir le travail avec chaleur et légèreté. Sur ces trois personnes, il y a toujours un homme. Sa présence a quelque chose de structurant autant pour les accueillants que pour ceux qui viennent au Jardin Couvert, petits et grands. Certains enfants, certaines femmes sont grandement aidés et viennent prendre appui sur cette présence. Les pères se sentent moins isolés dans ce monde de la petite enfance trop souvent féminisé. Sur ces trois accueillants, chaque après midi, il y a un psychanalyste. Sa place n'est pas privilégiée ou différente. Sa présence signifie que la psychanalyse n'est pas une idée, mais une pratique. Au Jardin Couvert, la présence de la psychanalyse indique qu'il s'agit d'écouter l'enfant comme un être structuré par la parole et de lui parler comme à une personne. S'adresser à lui, c'est parler à quelqu'un désigné par son prénom et non réduit à son image de bel enfant, de petit ou de grand, d'enfant en difficulté ou malade, non réduit à son histoire ou à celle de sa famille. Dire qu'il y a de la psychanalyse dans un lieu comme le nôtre, c'est dire que l'on écoute sans prendre au comptant le discours conscient, en épongeant l'angoisse sans s'y engouffrer. Cela nécessite une pratique de la psychanalyse ailleurs, mais pas au Jardin Couvert. Se tenir sur cette arête de l'écoute permet d'accueillir et de parler en traversant les résistances les mieux établies et les plus féroces, de les prendre à revers, en s'appuyant sur une présence tranquille qui n'a pas peur et dont on n'a pas peur quand on parle de la différence des sexes, de la vérité et du mensonge, de la vie et de la mort. Cette présence respecte le roman familial et ne cherche pas à en savoir quelque chose à tout prix. Elle accepte ce qu'on lui en dit sur le moment : souvent peu de chose. Ainsi elle n'est pas prise dans l'étreinte imaginaire sociale ou familiale. Il en résulte un desserrement des symptômes et une tranquillité retrouvée qui rendent à la vie et aux échanges souplesse et vérité, en levant le poids du non-dit ou le mensonge des habitudes. La joie ou la peur, reconnue, parlée, laissent poindre, dans l'émotion, la dimension cachée du désir.

L'OUVERTURE DANS LA PAROLE

Cette ouverture dans la parole fait accéder à un espace de liberté où parents et enfants trouvent leurs dimensions respectives, dans le desserrement des liens d'exclusion et de jalousie qui encombrent si souvent le rapport entre les générations.

Le Jardin Couvert est un lieu que nous avons façonné de nos mains. Il s'est organisé autour de la rencontre toujours nouvelle à laquelle convoque la naissance d'un enfant. Les soins qu'elle exige bouleversent le rythme des jours, tandis que la croissance et la structuration du corps traduisent l'émergence d'un comportement et d'un langage qui témoignent de la parole déjà présente dans le nouveau-né. C'est de cette parole en lui que les parents doivent répondre.

Pour qu'un enfant accède à son statut d'homme en vérité, il convient que ceux qui le reçoivent parmi eux le nomment et nomment pour lui les sensations multiples dont il est le lieu. Avec les mots échangés, il *ressent ce qu'il sent.* Interprétés, ses sensations et ses cris l'inscrivent dans un rapport aux autres et à lui-même. C'est là que le petit d'homme s'éprouve comme sujet dans la filiation humaine.

Après Françoise Dolto, le Jardin Couvert est engagé, avec l'aide de la psychanalyse, dans un travail qui, loin d'enclore les premières années de la vie dans un langage trop rigide ou dans des pratiques éducatrices réactionnelles, tente de les ouvrir au secret de l'origine, celui de la parole dont le corps humain est le signifiant[1].

1. « Il n'y a de corps humain que dans l'ordre de la rencontre — ordre symbolique par excellence — dont la parole est le lieu unique » (Denis Vasse, *Inceste et jalousie*, Seuil, 1995, p. 174).

Dans la joie de la vie qui se cherche ou dans la tristesse de la souffrance où elle s'égare, le Jardin Couvert apprend à ceux qui le fréquentent que non seulement contre vents et marées, mais plus encore dans le cours de la vie quotidienne, ça parle... et ça parle de l'homme qui vit avec les autres et non tout seul.

Marie-José d'Orazio

Que se passe-t-il au Jardin Couvert ?

Ce texte est celui d'une accueillante du Jardin Couvert. C'est un de ces écrits qui suivent une après-midi de travail quand la présence aux enfants et aux parents qui nous tient dans ce lieu nous pousse à en témoigner après coup. Cela nous fait parler. Ce sont les réunions du lundi. Cela nous fait écrire. Ce sont des textes qui viennent... comme ça.

Rien à voir, dans les deux cas, avec une réunion de synthèse ou une analyse de cas. Ce sont de petites touches qui disent l'attention et la présence, là où le cœur est ouvert à la difficulté d'un enfant. L'écoute qui mobilise alors ne prend pas au premier degré ce qui arrive, ce qui se dit. Elle tente plutôt d'entendre, à travers le comportement, le discours, ce qui souffre, parfois sans le savoir.

Alors les repères sont subtils. Ils disent, à traits légers, une histoire de l'un de nous avec un petit garçon, René, histoire qui se déroule au fil des jours et des venues au Jardin Couvert.

Des enfants arrivent : la petite Françoise aux yeux réjouis, Paul-Ali à l'air conquérant, Daniel buté sur son vélo, une roue bloquée sur la limite, choisissant le Jardin Couvert pour faire leurs premiers pas, et tous les autres...

Souvent, les parents disent qu'ils « s'y reposent ».

L'atmosphère est habituellement détendue.

Quelquefois, il s'y joue des scènes graves. L'enjeu est lourd :

René, par exemple, fait avec nous un petit bout de son chemin vers les autres. Il a vingt mois maintenant, et toutes les équipes le connaissent. Ce dernier mardi, il est venu très tard, au moment où tous les enfants partaient. Son regard en disait long sur sa déception, et pourtant ses yeux navrés me réjouissaient car ils témoignaient d'une présence certaine et nouvelle.

Je crois qu'il était là le mardi de l'ouverture du Jardin Couvert : il était totalement absent, il ne percevait que sa mère dont il ne s'écartait pas. Tout son corps arc-bouté hurlait chaque fois que sa mère posait son regard sur sa petite sœur. Celle-ci réagissait de la même façon dès que sa mère s'occupait de René.

René avait des gestes saccadés, il était raide de tension intérieure, dégourdi, intelligent mais enfermé dans une souffrance inexprimable.

Au fil des jours, il a exploré tout l'espace, sans rapport direct avec personne. Simplement il s'écartait de sa mère et de sa sœur.

Lorsqu'il n'arrivait pas à manipuler un jouet ou lorsqu'il convoitait celui d'un autre enfant, il demandait d'un regard à sa mère la solution à sa difficulté.

Puis il a utilisé nos mains, de la même façon.

Lorsqu'il désirait le jouet que tenait sa sœur, il le lui prenait et le remplaçait par n'importe quel autre. La première relation que je lui ai vu nouer avec un autre enfant a été un troc astucieux : il lui a d'abord apporté un objet et a pu récupérer celui qu'il convoitait et que l'autre avait délaissé.

Mes premiers contacts personnels avec René ont été des jeux répétitifs. Au bac à eau, il remplissait un verre, prenait ma main, nous le vidions et nous recommencions. Puis il regardait l'eau s'écouler et disparaître. Alors il m'interrogeait du regard. Je lui expliquais l'écoulement et il cherchait sous le plancher.

Au toboggan, il montait, prenait la main de sa mère et s'installait pour descendre. Quand la mère s'éloignait, ma main traînait par là, il hésitait, il la prenait et recommençait.

Auparavant il ne m'avait jamais vue, ni touchée. Sa mère nous racontait qu'il dormait très mal. Mais, un jour, il a fait une longue sieste sur un pouf du Jardin Couvert, puis il a mieux dormi.

Maintenant, il parle avec sa mère. Une après-midi, il nous a montré la lune en plein jour. Petit à petit, son visage se détend. En une seconde, il peut se contracter à nouveau, mais il peut aussi sourire.

René est possessif. Un jour, il a carrément bousculé un autre petit pour lui prendre ce qu'il tenait. L'enfant est parti. Je lui ai fait remarquer qu'il avait maintenant le jouet désiré, mais plus personne pour jouer. Il m'a regardée, a posé son jouet et s'en est allé rechercher sa camarade.

Chacun de nous peut raconter son expérience avec René. Tous ensemble nous essayons de l'aider à venir aux autres, à décharger sa douloureuse tension. Nous ignorons si nous parviendrons à supprimer toutes les traces d'une étreinte si profonde qu'elle ne laissait aucune place à l'épanouissement de son intelligence et de sa personnalité. Pour le moment nous pouvons seulement affirmer de réels progrès.

Jacqueline Boulanger
Année 1985-1986

l'investissement est + important du fait du rythme —
→ tous 8 semaines —
une fois — cette temps —
très accueillants —
→ continuité

Quand s'instaure un lien de confiance

Des enfants ayant un handicap fréquentent le Jardin Couvert. Ils y sont reçus parce qu'ils sont des enfants et non parce qu'ils sont handicapés. Et très vite ils le savent. Quand nous nous adressons à eux, quelles que soient leurs difficultés, c'est au « sujet » que nous parlons. Mais le handicap met souvent obstacle à cette adresse en vérité ; certains parents supportent mal, en effet, le handicap, blessés qu'ils sont dans leur amour-propre, aux prises avec leur souffrance et avec un « sentiment d'injustice ». Il leur faut du courage, d'ailleurs, pour persister à venir dans ce lieu où les autres enfants vont bien et grandissent sans problème. Cette persévérance des parents permet des trajets comme celui que parcourt Madeleine. Là où le handicap est reconnu, il devient médiateur. La vie et le désir retrouvent leur place à travers les avatars de l'histoire.

Le Jardin Couvert, quand s'instaure un lien de confiance entre les parents, les enfants et les accueillants, peut devenir un lieu où une enfant atteinte gravement dans son corps se risque à abandonner le carcan du symptôme pour entrer en relation vivante avec les autres enfants et adultes présents. Que nous soyons bouleversés à ce moment-là d'assister à une sorte de miracle vient de la démonstration qui nous est faite, voire de la révélation, qu'un être humain tient debout par les liens de parole qui se créent entre lui et les autres ; que ce qui nous donne chair, colonne vertébrale, relève plus fondamentalement du don de la rencontre que d'un processus organique de maturation neurophysiologique. Nous en conviendrons avec Madeleine, cette belle petite fille de vingt-quatre mois au regard sombre, sans limites, un regard tantôt perçant, tantôt absent, qui vient au Jardin Couvert avec sa mère un mercredi en tout début d'après-midi. Il n'y a alors pas d'autres enfants et cette jeune maman en paraît soulagée : « C'est mieux pour une première fois », dit-elle en posant sur le sol sa fille, arrivée en poussette. L'enfant assise tremble et sa tête tombe lourdement en avant sur le tapis. Elle restera ainsi plusieurs minutes en grattant le sol avec ses ongles et en poussant un râle interrompu par des grincements de dents. « Elle est très énervée », nous explique sa mère.

Elle nous apprendra que sa fille a un syndrome de West (spasmes en flexion). Elle racontera les premières années de la vie de son enfant hospitalisée d'urgence à quatre mois après une convulsion. Pendant trois mois, elle vit séparée de sa mère, mère prise dans l'angoisse absolue du verdict médical : « Votre fille sera ou psychotique ou arriérée. » Je suis frappée par le langage très médicalisé de la mère et je lui dis que ce qui a dû être aussi très éprouvant pour elle comme pour sa fille, c'est de n'avoir pas eu d'autres mots que les mots de la médecine pour dire leur épreuve, la douleur de leur séparation. Quand je parle ainsi, Madeleine s'approche en s'accrochant aux fauteuils vers sa mère et, près d'elle, commence à s'assoupir.

La mère de Madeleine nous dit alors que sa fille ne dort plus, que, le jour comme la nuit, elle ne se repose jamais vraiment ; la nuit, elle pleure et geint dans son sommeil. Je dis à Madeleine qu'elle a envie de dormir à présent et qu'elle peut dormir ici dans un fauteuil ou dans les bras de sa mère. Elle se laisse tomber sur les genoux de celle-ci, qui dit : « Elle ne dormira pas, elle est trop énervée ! » J'insiste : « Prenez-la, elle va dormir pendant que nous parlons. » Madeleine s'endort contre sa mère, la tête penchée dans le vide. Manifestement sa mère ne peut pas la prendre dans ses bras. Elle nous parlera pendant que sa fille se repose ainsi, de ce qu'ont été pour elle les visites à l'hôpital où elle ne pouvait pas toucher sa fille qui ne la reconnaissait pas.

Elle quitte le Jardin Couvert, étonnée que sa fille ait dormi.

Une autre fois, Madeleine viendra seule avec sa mère, toujours en tout début d'après-midi, avant que les autres enfants n'arrivent.

Le corps de Madeleine est toujours pris de cette agitation compulsive qui se décharge dans un mouvement stéréotypé de grattage du sol. Mais elle tente de tenir debout bien que son bassin et ses jambes ne la portent pas, et c'est avec réserve qu'elle prend appui sur le corps d'une personne vivante : bras, main, genoux, qui pourraient servir de soutien momentané, semblent des obstacles à éviter.

Mais il y aura pourtant un contact précis entre une accueillante et Madeleine par l'intermédiaire de la montre-bracelet. Madeleine porte cette montre à son oreille en disposant du bras de l'accueillante à sa manière. Sa mère dit alors : « Elle fait comme ça avec son papa. » Je dis alors que Madeleine peut inviter son père à venir au Jardin Couvert. À l'évocation de son père, Madeleine, pour la première fois, tend son visage et sourit à un autre.

La maman de Madeleine a bien perçu cette soudaine et vibrante attention chez une enfant démangée d'agacement et ne pouvant se soutenir que de la colère et du râle : « Quand elle est en colère, dit sa mère, elle tient debout. »

Madeleine viendra les mercredis suivants avec son père et sa mère, à une heure où d'autres enfants sont présents.

Il y a ce jour-là deux petits garçons de quatre mois et six mois avec leurs mères, habitués du Jardin Couvert, et qui accueillent Madeleine et ses parents avec une simplicité remarquable : les petits enfants sont ravis de cette grande fille qu'ils repèrent bien dans leur champ de vision et qui a un peu les mêmes gestes qu'eux. En effet, en la présence de ces bébés qui secouent leur hochet, les mouvements stéréotypés de Madeleine s'ajustent à ceux des enfants en un jeu de miroir qui se transforme en jeu d'échange de hochets. Rires des petits garçons, jubilation de Madeleine qui prend appui sur cette reconnaissance pour se risquer à marcher sans s'agripper aux fauteuils, d'une marche encore fragile mais confiante, vers les autres enfants de son âge qui, peut-être effarouchés par cette fillette toute déréglée dans son corps, sont restés au fond de la pièce.

Mais, la voyant arriver vers eux, prête à jouer, ils sont venus lui offrir des jouets, et là, à l'étonnement des parents, Madeleine a joué comme une autre enfant parmi les autres enfants, assise bien confortablement et se levant pour venir de temps en temps transporter sa joie dans les bras de son père.

Il était manifeste que cette enfant tenait debout de retrouver dans les gestes des tout-petits et leur rire son corps de bébé figé, déshumanisé et rendu à la vie par cette relation de réciprocité qui, loin de représenter pour elle, à deux ans, un danger régressif, a été un véritable secours : elle s'est retrouvée dans son corps d'enfant. Recours qui lui a permis de se risquer à aller vers les autres de son âge, bien autrement plus développés qu'elle mais qui sont en vérité ses semblables. Et ceux-ci, sans doute invités par la discrétion bienveillante de leurs propres parents, ont joué avec elle tout simplement, la confirmant dans le désir de prendre corps à une place humaine. Plus de grincements de dents, plus de râle, de temps en temps cette chute brutale accompagnée d'un pleur de désespoir vite arrêté par l'énergie de se relever et d'aller trouver réconfort dans les bras de son père. Elle y passera les dernières minutes de sa journée, en dormant.

Le mercredi suivant, sa mère nous dira que Madeleine dort profondément toutes les nuits et trois heures dans la journée ; qu'elle marche dans toute la maison, cherche à jouer avec sa sœur de quatre mois, se cogne beaucoup mais accepte d'être consolée. Qu'elle écoute et reprend confiance en ce que lui dit sa mère. Qu'elle gazouille comme si elle cherchait à parler.

Sophie Chatouillot

Avril 1986

Obéissance et liberté

C'est le milieu de l'après-midi. Je suis assis dans un des grands fauteuils, dans la première salle du Jardin Couvert. La maman de Louis le suit et vient s'asseoir, avec la grand-mère et une très jeune fille — tante ? cousine ? — qui sont arrivées ensuite.

Louis s'intéresse au garage à ascenseur, sur la petite table. Et je lui suis présent du regard.

À un moment, mû par un mouvement de reptation qui tente de dénier cela même qu'il est en train de faire et comme pour échapper à mon attention, il se hisse sur la table, assuré qu'il est de la complicité muette de la mère.

Au moment où il croise mon regard, j'intercepte le sien et lui intime, sans appel, l'ordre de descendre. Sans appel, mais non sans considération et reconnaissance. Il obéit.

La mère n'en revient pas et elle le dit. Elle s'attendait au contraire, car rien du manège et de mon intervention ne lui a échappé. Je perçois sans rien reprendre le double mouvement qui l'anime. Elle est heureuse pour son fils. Mais quelque chose la retient dans le silence : il s'est passé avec moi quelque chose qui ne se passe pas avec elle ou son mari. Louis, qui est un petit blond bien planté, pugnace et cabochard, obéit. Elle s'attendait visiblement à un échec.

Le jeu avec le garage continue dans un rapport nouveau avec moi. Viennent s'y mêler Victor et un nouvel arrivant, plus petit.

Ce qui s'est passé n'est pas sans importance si l'on en juge au sourire et à la tranquillité de Louis. Son espace de jeu s'élargit jusqu'à contourner le fauteuil sur lequel je suis, pour venir, dans un jeu de cache-cache heureux, provoquer mon attention. La parole fait son chemin dans ce jeu de séparation-rencontre dont Louis n'est pas coutumier. C'est plutôt à la brusquerie qu'il se laisse habituellement aller. Ce consentement au dialogue rayonne, et la mère se contracte jusqu'à l'inévitable intervention maternante : la nécessité de donner à Louis un gâteau. Ce qui interrompt le dialogue.

Comme par hasard, la jeune tante cherche à s'y mettre aussi. Soit qu'elle veuille le faire manger, soit qu'elle veuille le faire jouer. Le déferlement de l'agacement réciproque ne tarde pas à se faire sentir. D'autant plus que les deux copains sont là et que le corps à bouche de la mère, pris en relais par le corps à corps prétendument éducateur de la cousine, induit vite le corps à corps bagarreur de Louis avec le plus petit. Ils ont même grimpé sur le fauteuil, près de la mère, et, dans l'excitation, la tête du petit vient heurter le bras en bois du fauteuil. Pleurs. La complaisance de la mère est à son comble. Pas un geste, pas un mot pour restaurer un ordre qui délivrerait nos deux léopards de l'agitation qui les anime.

Non seulement la mère ne fait rien, mais elle ne me délègue rien.

J'interviens en disant quelque chose et en prenant d'autorité dans les bras Louis pour le déposer tranquillement ailleurs. Tout se calme et je me retourne vers la mère de Louis pour ouvrir le dialogue. Mais c'est pour m'entendre dire : « Moi, je le laisse monter sur le fauteuil ! Ce n'est pas important... Qu'est-ce que ça peut faire ! Au contraire, je laisse faire pour qu'ils soient libres. » Le ton a, me semble-t-il, la même insinuation que le mouvement de Louis montant tout à l'heure sur la table.

Je réponds que ce n'est pas une question de fauteuil, mais que la bagarre — et elle l'a bien vu — dans laquelle ils étaient engagés jusqu'au coup reçu est un appel à la parole. « Les enfants ont besoin qu'on leur parle en temps voulu. » Il vaut mieux rencontrer quelqu'un qui parle que de s'agiter dans l'excitation apparemment joyeuse jusqu'au heurt et aux pleurs qui y mettent fin !

Nous restons un moment dans le silence et, peu de temps après, je partirai dans l'autre salle. L'ambivalence de la mère de Louis est à couper au couteau.

En quelques minutes, la situation se gâtera à nouveau. Et, de l'autre côté du Jardin Couvert, j'entendrai Louis brailler. Je n'y retournerai pas.

Je suis toujours étonné de cette sorte de surdité parentale concernant le bon moment de l'intervention qui apaise. À cet endroit précis où l'enfant interpelle, en provoquant, afin d'entrer dans l'exercice de l'obéissance et de voir si la parole de l'adulte tient, s'il peut s'y appuyer malgré la tendance de sa volonté propre à faire ce qu'il veut : ce qui, toujours en définitive, l'angoisse et le rend maladroit. L'obéissance dégage du totalitarisme aveugle de la pulsion. Faire ce à quoi on est livré par la pulsion qui revendique — monter sur la table ou se bagarrer pour satisfaire à un besoin d'agression ou de provocation — se paie toujours du prix d'une fausse reconnaissance. Ce n'est jamais véritablement le sujet qui est reconnu dans le « laisser-faire » qu'autorise la démission de l'adulte tutélaire ou le refus d'intervenir de celui qui est responsable du lieu. C'est la fausseté de cette reconnaissance qui met dans le malaise, provoque la bagarre et les pleurs.

Il me semble que ces *moments de demande au stade précoce* que traduisent les mouvements du corps ou les mimiques de l'enfant cherchant à être reconnu — en « faisant l'intéressant », comme on dit — en appellent inconsciemment à la parole pour que la tension se résolve dans un échange dont la nomination est l'axe.

Si les hurlements succèdent aux interventions des adultes, c'est souvent — me semble-t-il — qu'elles sont mal venues. Les enfants réclament une parole fiable. Ils dénoncent un ordre non vraiment adressé en vérité à quelqu'un. Le manque de fiabilité ou d'adresse tient à ce que la parole ne vient pas du lieu de la reconnaissance et de la promesse ferme. C'est pourtant en ce lieu seulement que la loi peut être articulée et tenue dans l'espérance que donne la foi qu'elle sera réalisée.

Lisant ces lignes, Janine est accrochée par l'expression : *« la nécessité de donner à Louis un gâteau »*, et elle se souvient de ce qui l'avait frappée, la même après-midi.

Louis est sur les genoux de sa mère exaspérée. Il hurle. Elle me prend à témoin :

« Il veut toujours des gâteaux, et si je ne cède pas, voilà, il hurle. »

Je me risque :

« Ce n'est peut-être pas des gâteaux qu'il vous réclame. »

Elle s'adresse à lui :

« Tu n'en auras pas ! Regarde comme t'es gros ! »

Lui proteste de plus belle. Et moi, je frémis. Toute mon enfance, j'ai entendu : « Quelle asperge ! » Je dis alors à Louis :

« Peut-être que tu t'ennuies... Tu aimerais bien aller jouer sur le toboggan... »

Louis s'arrête, me regarde, une lueur dans les yeux. C'est alors que sa mère ouvre son sac et lui donne un gâteau !

Denis Vasse
et Janine Chomier
Mars 1993

La cage à écureuil

Le niveau sonore trop élevé et l'agitation que je perçois autour de la cage à écureuil et du toboggan me font penser que ma place est là-bas.

Je m'approche autant par mesure de sécurité — j'ai peur qu'un enfant ne tombe et ne se fasse mal — que pour calmer ce remue-ménage.

Quelques grands (c'est-à-dire des deux-trois ans) et des plus petits s'essaient à une (fausse) compétition à qui escalade le plus vite la cage à écureuil pour en prendre possession avec des effets de prestance : cris et piétinements sonores sur les planches de la cage. Ce sont ces bruits qui m'ont alertée.

Depuis un moment déjà, la compétition dégénère et tous les moyens sont bons pour doubler les adversaires, gagner un tour de plus et si possible éliminer les autres. Sous couvert de jouer tous ensemble, les petits en font les frais pour la plus grande satisfaction des grands : coups de pied en douce et cheveux tirés.

Je m'approche de Robert, le plus petit, et lui dis :

« Viens avec moi, tu vas te faire mal. »

Aussitôt, Thierry vient vers nous, accusateur :

« Laisse mon petit frère, il veut jouer avec nous. »

Je n'ai pas eu le temps de lui répondre que des pleurs éclatent de l'autre côté de la cage. Pris dans l'excitation et ne sachant comment y trouver place, un des petits en a mordu un autre.

Les mamans arrivent et récupèrent les plus jeunes.

Robert s'éloigne dans les bras de sa mère, et Thierry se remet à jouer comme s'il ne s'était rien passé. Je m'approche de lui pour ouvrir le dialogue, mais, devinant mes intentions, il met ses mains sur ses oreilles et crie :

« Ne me parle pas, ne me parle pas. »

Un autre enfant est sur une planche de la cage et tape des pieds en cadence. Une petite fille le rejoint et en fait autant. Je leur demande d'arrêter :

« Ça fait trop de bruit. On ne s'entend plus. »

Les deux enfants glissent sur le toboggan, l'un après l'autre, refont un petit tour et vont jouer ailleurs.

Reste Thierry, toujours dans son excitation. Il escalade la cage et, arrivé en haut, se met à taper des pieds dans une sorte d'automatisme produit par l'énervement.

Je l'appelle par son prénom et lui dis d'arrêter de faire du bruit. Il recommence, sciemment cette fois, le regard provocateur. Visiblement, ça m'est adressé.

Je lui dis :

« Non, tu arrêtes ça ! Le bruit est trop fort. »

Il s'installe sur le toboggan et glisse en se bouchant les oreilles à deux mains.

À toute vitesse, il fait le tour du toboggan, escalade les barreaux et recommence, une fois en haut, à taper des pieds dans une attitude de provocation. Je lui dis :

« Pas de toboggan si tu fais du bruit. Tu n'as pas obéi, maintenant ça suffit. »

Il renonce à descendre par le toboggan et se laisse tomber de planche en planche jusque sous la cage qui bien souvent sert de maison aux enfants. Thierry se blottit sur des coussins sous une des planches.

Je surveille d'autres enfants qui escaladent avec application les barreaux de la cage. Le calme est revenu et j'oublie l'incident quand, appuyée aux barreaux de la cage, j'entends derrière moi, vers ma droite, une petite voix qui vient du toboggan : « Au secours ! »

Je me retourne et je vois une main tendue vers moi. Au bout du bras, Thierry en train de ramper remonte sur le toboggan.

« Au secours ! Au secours ! »

Il n'est pas du tout en difficulté physique et je saisis alors qu'il m'appelle.

« J'arrive ! Tu es en danger ? Tu as besoin d'aide ? Attention, attention, j'arrive ! Je vais t'aider ! »

Et, sur le ton du jeu avec une exagération théâtrale, un échange se met en place :

« Je me noie, au secours ! dit Thierry.

— Tu te noies dans la boue, elle te colle partout, elle te lâche pas ? » (Je repense à l'excitation de tout à l'heure.)

« Oui ! Elle me tue. Délivre-moi !

— Elle t'emprisonne. Et personne ne t'aide ?

— Non ! Elle est partie [la maman avec le petit frère].

— C'est Robert qui te l'a prise...

— Non ! Pas Robert ! » dit-il avec un air de souffrance qui confirme ce que j'ai dit, et j'entends ce « non » comme tout à l'heure il disait : « Ne me parle pas... de Robert. »

Je continue donc :

« Il t'a pris ta maman et tu restes collé dans la boue de la jalousie.

— Oui.

— Elle est rentrée même dans ton cœur ?

— Oui, décolle-moi, au secours, décolle-moi les mains [qui tiraient les cheveux tout à l'heure], les pieds [qui donnaient des coups], le corps [qui bouscule]... »

Suit un jeu où l'un après l'autre je hisse ses membres, puis lui, du toboggan et le pose sur la plus haute planche de la cage.

« Ouf ! On est content, hein ! me dit-il. Encore ! »

Le jeu se réinstalle avec des variantes, puis il propose : « On fait un puzzle ? »

La fin de l'après-midi se passe paisiblement dans une intensité de présence que je ne connaissais pas avec lui. Au moment du départ, il a une certaine hésitation à me quitter. Sa mère l'habille, et je sens que la provocation rôde, au bord de redémarrer plusieurs fois. Il cherche mon regard et s'arrête.

Sur le seuil de la porte, il se retourne, revient vers moi pour me dire : « On recommencera, hein ? Tu me resauveras. » Je dis « à bientôt », et il m'adresse à travers la vitre, en partant, un sourire et un geste d'adieu de la main.

Marie-José d'Orazio

Avril 1992

2. La rencontre

Le fil de l'histoire...

Le Jardin Couvert s'est inspiré très largement de l'expérience de la Maison Verte qui avait ouvert ses portes à Paris quelques années plus tôt. Des psychanalystes et des non-psychanalystes y accueillaient, dès la naissance, des petits enfants et leurs parents pour offrir aux familles un lieu de sociabilité et de rencontre.

La parole et la mise en mots des relations familiales et sociales, par l'écoute et l'interprétation des difficultés, permettaient aux tensions et aux angoisses entourant la venue au monde et l'éducation d'un enfant de se résoudre, dans le mouvement même de la vie.

Les parents apprenaient, chemin faisant, à retrouver entre eux et avec leur bébé la dynamique d'une parole qui ouvre à l'attention et au respect de l'autre, dans la famille et hors d'elle. Les enfants y manifestaient, dès leur jeune âge, cet intérêt qui transforme le visage et fait participer tout le corps à la vie sociale. À la Maison Verte, ils rencontraient d'autres enfants, plus petits et plus grands, d'autres parents, mais aussi les personnes d'accueil et, parmi elles, des psychanalystes.

Accueillis, appelés par leur prénom, ils écoutaient avec le plus grand sérieux ces adultes qui mettaient des mots sur leurs sensations, leurs pleurs ou sur l'excitation des découvertes et sur la joie ou la tristesse éprouvées. Les parents s'étonnaient des effets que ces paroles avaient pour les enfants et pour eux-mêmes. Elles les remettaient en route.

Les petits s'éveillaient à la vie et grandissaient plus paisiblement, élargissant le cercle de leurs explorations et de leurs rencontres. Entre interdits et promesses, se structurait leur rapport aux choses, au monde, aux autres : « on ne peut pas toucher à tout », « il y a un lieu pour chaque chose », « on ne fait pas mal à l'autre ».

Les parents découvraient que ces interdits, loin d'entraver l'enfant, balisaient une voie menant à plus de liberté, dans l'intelligence plus vive d'une rencontre avec lui. Ils reprenaient l'initiative, appuyés sur une confiance qui veille et qui limite, tout en autorisant.

Les parents présents à cet apprentissage de la vie retrouvaient dans les balbutiements et les hésitations de leur enfant un reflet de leurs difficultés propres et, à l'occasion d'une colère, d'un caprice, d'une crise de jalousie, parlaient d'eux et des blessures de leur histoire qui les laissaient souvent démunis ou exaspérés face aux provocations enfantines.

Cette réalisation nous fascinait, tant comme professionnels que comme parents.

L'intérêt suscité par cette expérience a permis la rencontre entre une mère de famille ayant bénéficié de la Maison Verte de Paris, qu'elle avait fréquentée avec ses deux petits garçons, et une psychanalyste qui, dès qu'elle avait eu connaissance des premiers écrits de Françoise Dolto sur la Maison Verte, avait demandé à y être accueillie comme stagiaire.

Cette rencontre, due à la médiation de Denis Vasse, avait fait surgir la première de nos exigences : former une équipe pour élaborer tous ensemble un projet. Nous recherchions à Lyon des personnes intéressées à la fondation de ce que nous appelions alors une « Maison Verte ». Ayant étudié les conditions nécessaires à la réalisation d'une telle entreprise, nous étions décidés à affronter les obstacles multiples qu'il nous restait à franchir avant son ouverture.

Autour des sessions que Denis Vasse tenait à Lyon depuis dix ans — depuis vingt ans, maintenant — un certain nombre de rencontres entre psychanalystes et professionnels de la petite enfance avait permis de longs échanges dans des liens de travail et de confiance.

Très vite, une douzaine de personnes — psychanalystes, psychologues, pédiatre, orthophoniste et une mère de famille — se sont ainsi rassemblées et ont mené, parallèlement, démarches et réflexions. Sans le savoir alors, nous fondions ce projet sur ce qui circulait entre nous et en nous : la parole.

Dire ce que nous voulions, ce dont nous rêvions, ce que nous refusions, c'était aussi, à l'occasion, parler de nous, de nos vies, de nos souvenirs de parents, de nos expériences professionnelles.

LA RÉUNION DE TRAVAIL

Nous nous réunissions une fois par mois, le lundi soir, dans une petite maison de la banlieue lyonnaise, au milieu d'un jardin. La collègue qui nous recevait avait deux petits enfants qui dormaient dans la pièce à côté pendant que nous travaillions. Ces enfants avaient fréquenté la Maison Verte de Paris avant que leurs parents ne s'installent à Lyon, et ce que leur mère en racontait nous intriguait.

Les premiers textes furent élaborés pour déposer nos demandes de subvention. C'était un travail important. Il nous faisait un peu peur. Nous ne savions pas du tout ce qu'il convenait de faire.

Un jour, l'une d'entre nous a proposé un texte précis, humain, chaleureux, avec des mots bien choisis où affleurait la tendresse pour les petits enfants, qu'elle connaissait bien par son travail d'orthophoniste.

Son texte a été photocopié et distribué à chacun, pour être corrigé, amendé, complété aussi, sans casser la veine de ce qui nous avait touchés. À la réunion suivante, les corrections et les ajouts ont été mis en commun.

Nous délibérions sur chaque élément de l'exposé en le soupesant et en y réfléchissant. Il s'agissait de trouver l'expression, le mot juste, la formule qui traduirait au mieux notre projet. Parfois ça venait ! Nous faisions des trouvailles. D'autres fois, c'était la panne ou les rires ! Apparaissait une façon de travailler ensemble.

À y repenser, ce temps-là nous tient encore chaud au cœur. Il a soudé entre nous la confiance. Nous nous risquions un peu à parler de nous, de nos enfants, de nos métiers. Pas facile en milieu psy !... Mais ce n'était pas pour autant le grand déballage. Nos petites histoires n'occupaient pas le devant de la scène. Nous n'en parlions que pour servir le projet et pour éclairer les lacunes et les difficultés rencontrées.

Ce n'était pas si différent de la façon dont nous parlons aujourd'hui du travail que nous faisons avec un enfant ou une famille au Jardin Couvert. Le respect et la pudeur étaient déjà de règle, et l'interprétation sauvage n'avait pas droit de cité.

Chaque mois, nous nous retrouvions pour faire le point de nos recherches et de nos avancées théoriques et pratiques en vue de la réalisation de notre projet. Les rencontres avec d'éventuels financeurs, les questions d'organisation, les résistances rencontrées nous aidaient à le rendre plus réaliste et à mieux l'expliciter. Cela nous faisait découvrir, en même temps, les articulations essentielles à l'esprit et à la fondation de ce nouveau lieu. Nous pressentions que sa structure et le travail qui s'y ferait ne « tiendraient la route » qu'à la condition de ne pas lâcher sur certains points. Les utopies, les visées idéales ne résisteraient pas aux attaques et au temps. Ainsi le projet s'épurait, dans la discussion vive. Le sillon creusé en nous témoignait de la force commune de notre désir et de l'élan nécessaire pour persévérer dans la multiplicité des démarches et dans les découvertes de notre apprentissage.

Ainsi engagés, nous avions appris à nous connaître, à parler ensemble, à préciser nos limites en nous répartissant les tâches au service de la parole là où elle naît d'abord, entre les petits enfants et leurs parents. Mais aussi en nous et entre nous.

Nous avons ainsi examiné ce que le Jardin Couvert nécessitait de conditions pour réaliser l'équilibre fragile et opérant d'un lieu d'accueil pour les enfants et leurs parents. Ces conditions renvoient à l'esprit qui anime l'équipe pour que soit possible un travail dans le lien de la génération permettant aux uns et aux autres de se repérer et à l'enfant de se structurer. Ainsi l'enfant, dès la naissance, est invité à une vie sociale élargissant la cellule familiale et permettant une authentique prévention, celle qui évite le trouble ou le dénoue au moment de son éclosion, avant le serrage des symptômes dans une entité pathologique.

La constitution de l'équipe du Jardin Couvert s'est faite autour de l'intérêt porté à l'enfant et du désir de le recevoir comme un humain, avec le respect dû à un être de parole. La psychanalyse avait éclairé, pour beaucoup d'entre nous, ce chemin d'humanité. Comme à la Maison Verte, la rencontre de psychanalystes et de non-psychanalystes a permis au projet de prendre forme. Dès le départ, le Jardin Couvert échappait ainsi à la mainmise d'un savoir, d'un discours. Pour chacun de nous, le déplacement qu'exige la rencontre nous faisait perdre le côté convenu d'un discours professionnel, qu'il soit médical, psychologique ou relatif à l'éducation. Ce déplacement a eu une vertu, celle de nous faire parler : des petits enfants, des adultes, de nous-mêmes et de nos enfants, de nos expériences personnelles, professionnelles et familiales.

LE TEMPS DE L'ÉLABORATION

Ce long temps, celui de l'élaboration du projet, a été très précieux. Il nous a fait sortir des limites de la spécificité de nos professions pour poser la question de l'homme. Il nous a déplacés de l'imaginaire dans lequel nous avions enfermé la Maison Verte de Paris, pour nous permettre d'élaborer un projet qui est devenu le nôtre, même si nous maintenions une filiation avec le projet parisien. Cette façon de travailler ensemble dès le départ et de partager la réflexion théorique, la mise en œuvre pratique, les démarches auprès des financeurs, l'élaboration et l'écriture des textes, a fondé l'identité de notre lieu. Elle est devenue le pilier et l'appui de notre pratique. De mois en mois, trois ans durant, elle nous a permis de progresser vers le but.

Recevoir dans un lieu public exige que ce lieu ait un statut légal. Cela lui permet, d'une part, d'être inscrit dans la ville et, d'autre part, d'obtenir les financements nécessaires à son fonctionnement.

Un tel lieu ne pouvait être l'émanation d'une structure administrative ou thérapeutique, ce qui aurait limité la liberté dont nous avions besoin pour réaliser ce projet. Le plus grand risque, pour les utilisateurs, eût été la confusion entre le Jardin Couvert et l'organisme dont il aurait dépendu.

Il était souhaitable également que plusieurs partenaires nous financent pour ne dépendre d'aucun de façon exclusive. Cette recherche de partenaires multiples nous a aidés aussi à faire connaître, à travers nos demandes, notre façon de concevoir l'accueil des jeunes enfants. La politique de la petite enfance était en jeu à travers notre modeste implantation.

Le cadre de la loi de 1901 présentait l'ensemble de ces avantages.

En octobre 1982, nous déposions à la préfecture du Rhône les statuts de l'« Association pour l'accueil du petit enfant et de ses parents dans un lieu de parole » (Apelipa). Celle-ci réunissait alors la petite équipe de quinze personnes qui travaillaient à l'ouverture du Jardin Couvert

M.-J. O.

Il n'y a de naissance humaine que dans la parole

C'est un des tout premiers textes internes au Jardin Couvert. Il date de décembre 1983, quatorze mois après le dépôt des statuts de l'association, neuf mois avant l'ouverture. C'est dire qu'il appartient à cette période où nous cherchions des partenaires et des subventions. Portés par le désir de nous faire entendre, nous allions, soutenus par nos seules convictions, à la rencontre des administratifs, des politiques, des sponsors, de tous les mécènes publics ou privés que nous supposions attentifs au bien commun.

De cette quête a surgi cette réflexion. En relisant ces pages des années plus tard, nous sommes étonnés de voir qu'elles situaient déjà l'écart où s'effectue le travail au Jardin Couvert. Cet écart ne répond ni à des exigences de fonctionnement ni à celles d'une efficacité technique. En lui, c'est de l'écoute, celle de ce qui parle en chacun, et de l'accueil, celui de la vie, qu'il s'agit. Si minime soit-il, cet écart permet que la question de l'homme soit posée à tous les âges.

Notre société possède un sens aigu de la manière dont l'administration des biens et des services, animée par l'intelligence de l'homme, peut et doit fonctionner dans un souci d'à-propos, de rendement et d'efficacité pour le bien particulier et général : le bien commun.

Ce souci et la réussite qui en dépend conduisent à la nécessité d'un fonctionnement rigoureux établi à partir d'un développe-

ment scientifique et technique. Cette rigueur autorise de moins en moins de pannes ou de bavures. Aux différents échelons du fonctionnement, la moindre grève, la moindre incertitude met en péril une partie ou l'ensemble du système. La solidarité était jadis « option » politique ou idéologique. Elle devient de plus en plus « obligation », voire « coercition » imposée par le fonctionnement du système social.

Cela, nous semble-t-il, a pour conséquence qu'au niveau politique — celui de l'organisation de la cité — on doit nécessairement s'interroger pour voir dans quelle mesure le fonctionnement de la société sert l'homme... ou si, de nécessité en contrainte, et sans qu'on le veuille, l'homme — les citoyens — ne devient pas l'agent d'un fonctionnement social sans autre visée que lui-même dans un automatisme de répétition de plus en plus parfait.

L'homme serait l'agent qui fait fonctionner la machine et, subtilement, il deviendrait lui-même machine : sorte d'appareil psychique susceptible de faire marcher la machine toute seule et, à la limite, sans lui. Je veux dire par là que dans le fonctionnement automatique, il y a toujours le risque de se perdre comme corps parlant, de perdre ce qui fait la spécificité humaine : la parole et le rapport aux autres et à l'Autre[1]. Rapport qu'elle implique et qui fonde, justement, la vérité de l'ordre social.

La satisfaction qu'entraîne le fonctionnement d'une organisation parfaitement huilée, au risque de ne plus savoir pour qui et pourquoi « ça » fonctionne, n'est pas repérable au seul niveau de l'organisation de la cité.

Plus ou moins consciemment, à travers le jeu des répétitions dont notre inconscient a les clés, quelque chose en nous serait très satisfait de ce que notre propre corps et notre propre esprit marchent bien, marchent tout seuls.

C'est si vrai que tout dysfonctionnement, détecté de manière de plus en plus précoce et préventive, entraîne une démarche

1. Pour préciser le sens donné à ce mot : « L'Autre est, si l'on veut, mon prochain, mon semblable. L'Autre est ce qui, dans cette proximité, m'échappe, porteur insaisissable d'une altérité radicale qui surgit dans tout rapport d'identité et qui le fonde. L'autre est objet d'un besoin, réductible aux éléments logiques qui s'organisent dans l'enceinte de ma connaissance : il est constamment réduit à moi-connaissant. L'Autre, au contraire, est ce qui, dans cette activité réductrice, reste "en dehors" du champ de la connaissance et n'est jamais perçu que négativement, méconnu à travers la connaissance que j'en ai, irréductible au moi-connaissant dont la limite devient signifiante. Ce signifiant "limite" ne correspond à aucun signifié dans le champ de la connaissance. Il signifie, en moi, rien de ce qui est moi, l'Autre » (Denis Vasse, *Le temps du désir*, Seuil, 1969, p. 19 et 20, note).

auprès d'un spécialiste qui est censé — avec plus ou moins de bonheur — remettre en marche ce qui ne marche pas. Moyennant argent et à la satisfaction de tous — ce qui est loin du concept de « bien commun » —, le petit d'homme rejoint l'anonymat du rouage que l'on change à loisir.

On perçoit, quand elle touche au corps de l'homme, que la nécessité de satisfaire au bon fonctionnement devient redoutable dans la mesure où elle se donne pour la fin de l'homme. Elle se donne pour cette fin de manière anonyme. Personne n'en parle. Tout le monde trouve que c'est normal. Et quand la contrainte se fait trop forte, la fatalité prend les mots de l'automatisme pulsionnel : c'est comme ça !

Subtilement, dans la nécessité où l'homme se trouve de se confier à un certain automatisme de fonctionnement, le désir de l'homme est dévié. Faute d'être ordonné par la parole — qui n'est pas le « discours » mais la spécificité de l'homme comme tel dans la manifestation de l'altérité qui le constitue comme sujet et être social —, il se pervertit dans une répétition sans âme.

Dès lors, qu'il s'agisse du psychisme, de l'esprit ou du corps charnel, ce qui ne fonctionne pas bien — c'est-à-dire selon la logique et non plus du tout selon le bien commun — doit être réparé ou rejeté. Quand il s'agit de l'homme, la mise au point logique est telle qu'il devient l'agent de sa propre exclusion pour ne pas gêner le fonctionnement.

Le paradoxe, alors, tient en ceci : ce redoutable processus touche nécessairement les vieillards, les malades, les enfants..., et ce sont pourtant eux, les petits, les infirmes, les vieux, qui vont devenir l'alibi du fonctionnement de la machine. On va *tout faire pour eux* en ignorant que ce qui fait leur spécificité d'homme et la nôtre, c'est qu'*ils parlent.*

De la même façon que le fonctionnement automatique de notre société est mis en cause par ce qui se fait jour dans l'homme qui parle et qui, d'être sujet, n'est pas réductible à un automate, l'automatisme de nos corps et de nos esprits est mis en question par ce qui vient au jour entre l'homme et la femme : le corps parlant qu'ils enfantent. Cette interrogation dans laquelle, à chaque génération, ce qui parle et vit vient heurter le fonctionnement de l'automatisme peut aller jusqu'à la rupture. Le rapport de l'enfant aux parents et des parents à l'enfant est le lieu où, à chaque fois et pour chacun, se rejoue la question de l'homme parlant dans un corps et dans une société gérés par les automatismes de répétition. Il y a une certaine antinomie entre l'originalité du petit d'homme qui naît au ventre de la femme et la conformité à la logique que réclame de lui impérativement le système social pour fonctionner.

Il faut naître et grandir comme il faut. Mais ce « comme il faut » ne renvoie pas à une loi qui exige et garantit la position d'un sujet parmi d'autres, mais plutôt à des normes de fabrication et de fonctionnement qui garantissent un objet pour une utilisation donnée.

Sous peine d'être éliminé sans plus de raisons, est humain ce qui ne met pas obstacle au bon fonctionnement de la société. Serait « vraiment » humain l'individu qui ne souffrirait pas de troubles somatiques ou psychiques. Or ces dysfonctionnements posent au contraire et toujours à nouveau la question de l'homme parlant et qui, en tant que tel, ne sera jamais parfaitement adéquat à un pur fonctionnement.

La pratique de la psychanalyse, entre autres techniques, nous autorise à avancer que la parole de l'homme — ce qui en fait sa spécificité, la marque de l'espèce — se repère dans les ratés du fonctionnement de son discours, de son comportement et de son organisme : dans ses lapsus, ses passages à l'acte et ses symptômes. Elle se repère là où elle est entravée, comme dans le fait que le nouveau-né n'est pas immédiatement adapté à l'organisation de la société dans laquelle il arrive, qu'il est *prématuré* au sens freudien du terme.

Freud a nommé *prématuration* cet état du nouveau-né dont le développement organique n'est pas suffisant pour qu'il soit autonome. Le développement de l'homme ne se conçoit pas, à ce stade, autrement qu'interrogé, dans l'angoisse ou la joie, à propos de ce qui parle en lui quand on lui parle. Là s'édifie l'image que l'homme a de lui-même. La prématuration exige des soins. Avec elle, les effets de la parole des parents marquent le devenir de la chair. Avec elle, un lieu autre que celui d'un pur fonctionnement automatique se constitue : l'inconscient. L'inscription des mots dans la chair interroge et fait parler. De génération en génération, se perpétue l'énigme de la parole surgissant dans la faille des automatismes du fonctionnement : elle confirme l'homme dans le rapport d'altérité où il est conçu dès l'origine en tant que *parlêtre*, elle introduit dans l'ordre de la manifestation sociale ce qui demande à se révéler dans le jeu de la confiance et de la défiance. Ce jeu autorise à trancher entre le vrai et le faux. Il inscrit, dans l'horizon de la vie, les fruits d'une promesse tenue ou, au contraire, dans l'impasse de la mort, les effets de la dérision, interdisant ou niant toute rencontre et rendant effroyable toute séparation.

La manifestation de l'altérité est ce en quoi toute chair humaine s'origine et qu'elle cherche à dire, parce qu'elle en est l'expression. Mais le risque est grand, si nous n'y prenons garde, que la société réponde à cette altérité par la seule angoisse de ne pas faire tout ce qu'il faut techniquement pour que « ça fonctionne bien », oubliant ou refusant inconsciemment d'écouter ce qui se cherche dans l'homme. À la prématuration de l'enfant répondra l'angoisse de parents livrant les enfants aux manipulations spécialisées.

Si personne n'intervient en tiers en reconnaissant que « ça parle » de nous jusque dans les ratés de la prématuration, le petit enfant et la mère s'attirent et se repoussent dans un jeu d'exaspération farouche et d'isolement réciproque sans même avoir de mots pour le dire. Ni parole ni écoute, rien ne vient nouer dans l'ordre social l'acte d'une génération et les avatars dont il est inévitablement grevé.

Il n'y a de naissance humaine, en effet, que dans la parole. Il faudrait même aller plus loin et dire qu'il n'y a de naissance, de croissance, de sexualité et de mort humaines qu'en elle. La parole est le lieu où sont originairement noués le somatique et le psychique, l'homme et la femme, la vie et la mort, sans que l'on puisse jamais dire lequel des deux termes, dans cette série, est le premier.

Que chacun des deux termes, pour être entendu, soit second par rapport à l'autre, voilà qui ouvre tout grand la question de la spécificité du genre humain, celle de la parole qui, d'un côté, se traduit en discours qui organise les rapports entre nous — le fonctionnement — et, de l'autre, s'ouvre en nous sur la question de l'origine — ça parle en nous d'un Autre.

Nous ne pouvons qu'indiquer dans cet essai de présentation théorique ce qui voudrait être le ressort et l'esprit de l'Apelipa.

Le rapport des parents avec le petit enfant *in utero* ou avec le nouveau-né est un des lieux privilégiés du surgissement de la parole dans la genèse de l'humanité et dans la suite des générations.

Il apparaît que la maladresse, la peur, la jalousie, la culpabilité précipitent bien des parents dans un jeu de manipulations sans parole qui a le double effet de mettre obstacle au développement du petit d'homme comme corps parlant et de favoriser la croissance outrancière d'un appareil technique dont le bon fonctionnement perd de vue le corps parlant, auquel se substitue un corps-objet.

Certes, ceux qui travaillent à l'Apelipa ne savent pas mieux que d'autres ce qu'est la parole — ce mot qui scande ces pages. Mais ce dont ils témoignent en tentant de réaliser ce projet, ce n'est pas seulement des effets pratiques de l'enseignement de Freud, de Lacan et de Dolto, mais de la question de l'homme, question qui les sollicite sans cesse à travers leur pratique.

Au moment critique que vit notre société, la question de l'homme se pose à nouveau. L'Apelipa voudrait prendre le risque de l'entendre là où elle se pose d'abord : au vif de la génération humaine, dans la modestie de l'« Accueil du petit enfant et de ses parents dans un lieu de parole ».

Nous savons qu'à ne pas entendre ou à ne pas tenter de dire la parole en ce lieu de la génération humaine, le désir de l'homme se pervertit en symptômes organiques et/ou psychiques qui deviennent, dans la technique médicale comme dans celle de la psychanalyse, prétextes au fonctionnement pour le fonctionnement. Sans rien, ni personne. Sans Autre.

L'Apelipa n'a pour visée ni de condamner le fonctionnement de la société, ni de l'alourdir, ni même de le rendre plus facile ! Elle croit qu'à se remettre modestement à l'écoute de ce qui parle dans les ratés de son organisation comme dans la chair du petit d'homme, elle peut travailler efficacement à la prévention des troubles psychiques et organiques graves dont le traitement représente un coût social très lourd.

Les symptômes peuvent être prévenus, en effet, à la condition que les inévitables troubles de l'enfance et la toujours fragile assise de notre société ne mettent pas obstacle à l'éclosion de la parole et ne soient l'occasion d'une répression aveugle dans une surdité et un mutisme réciproques indéfiniment justifiés par la nécessité du fonctionnement des services et des biens pour eux-mêmes.

Bien sûr — et nous essayons de ne pas consentir à cette prétention idéologique — nous savons que le *discours sur*, le discours sur la parole, en particulier, peut être, de tous, le plus néfaste. Il l'est quand il permet à ceux qui le tiennent d'éviter de se risquer dans la présence, en se réfugiant derrière un savoir. À travers les nécessaires techniques qui la médiatisent (pédiatrie, médecine, orthophonie, psychanalyse, puériculture, linguistique), les techniciens que nous sommes voudraient prendre le risque de cette parole.

Denis Vasse

Lyon, le 29 décembre 1983

3. *L'ouverture*

Sablier → lieu de l'écoute
Jardin couvert → lieu de parole

Le fil de l'histoire..

Après trois ans de préparation et de démarches, arrive enfin le jour de l'ouverture.

Le local est fin prêt. Tout le monde a mis la main à la pâte pour que le lieu soit agréable. Pour laisser les enfants jouer et salir, encore faut-il que tout soit propre et rangé. C'est un travail inlassable.

L'autre problème épineux, celui des finances, est résolu. Nous avions pris soin de ne pas ouvrir tant que nous n'avions pas l'assurance de un an de financement et du renouvellement de certaines subventions. Après beaucoup d'attente, la Fondation de France décide de nous accorder une aide. Cette décision provoque une réaction en chaîne des autres partenaires, qui n'avaient pas voulu s'avancer seuls sur un projet aussi nouveau.

Pour répartir le travail entre nous, nous avions pu, les uns et les autres, dégager une après-midi par semaine, sur des emplois du temps chargés. Il importait que, dès le départ, soient réunies toutes les conditions nécessaires pour assurer le fonctionnement permanent du Jardin Couvert.

Dès l'ouverture, l'accueil était assuré par des équipes de trois personnes qui se relayaient chaque après-midi du lundi au samedi. Un psychanalyste était présent dans chaque équipe. Au long des années, pas une fois nous n'avons regretté la fermeté de cette position de départ. Il ne s'agissait pas, pour nous, de « conditions idéales » à réaliser secondairement. Cette exigence a certainement largement contribué au succès de notre entreprise.

Le 26 septembre 1984, le Jardin Couvert ouvrait ses portes et attendait les clients. Personne ! Nous repensions aux réunions préliminaires avec les personnels de la Protection maternelle et infantile, les assistantes sociales de secteur, les collègues de l'Hygiène mentale. Nous étions-nous bien fait comprendre ? Les jours suivants, les parents ont commencé à venir : deux, trois à la fois. Parfois cinq ! Ils avaient appris notre existence par les structures avec lesquelles nous étions en contact, directement par les jardiniers et surtout par le bouche à oreille. Le temps passant, en effet, on oublie trop l'attente que suscitait, chez les parents de jeunes enfants, le discours de Françoise Dolto, à travers son enseignement, ses livres, ses émissions de radio. Ayant entendu parler de la Maison Verte, beaucoup espéraient qu'un tel lieu existerait à Lyon. Les parents venaient voir si enfin, comme on le disait, une Maison Verte avait ouvert ses portes.

Nous avons accueilli ces premiers parents avec maladresse, émotion, inquiétude mais aussi avec beaucoup de joie. Nous ne savions pas trop comment faire, jusqu'où aller, comment nous interdire de donner des conseils, comment être présents sans en faire trop. Chaque mois, nous nous réunissions tous ensemble comme nous le faisions depuis le début du projet. Mais cette fois, c'était pour parler de notre pratique commune.

Les réunions étaient attendues avec impatience. Nous nous interrogions beaucoup sur le rapport des psychanalystes et des autres accueillants. Les non-psychanalystes avaient un peu peur d'une mainmise sur le travail, sur le discours. Ils étaient surpris qu'il soit si difficile pour des analystes de travailler dans ce lieu, où ils se risquaient sans filet, loin du calme de leur cabinet.

Heureusement, ces trois années de travail en commun sur le projet portaient leurs fruits. « Je suis contente qu'on ait mis tant de temps à ouvrir. J'ai l'impression que c'est du temps gagné », disait à l'époque l'une d'entre nous. Chacun découvrait ses manques ou ses difficultés. L'un ne supportait pas d'interdire aux enfants d'emmener les vélos, les trotteurs ou les camions hors de l'espace qui leur est réservé. Un autre était démuni devant les pleurs au moment du départ ou s'exaspérait de voir des mamans remplir les bouches de gâteaux et le Jardin Couvert de miettes. Nous faisions l'épreuve de nos limites qui n'étaient pas celles du collègue. Alors nous prenions appui les uns sur les autres. Reconnaître nos faiblesses, nos tensions, nous faisait entrer dans un lien de confiance, au sein des équipes qui se relayaient chaque jour et vis-à-vis de l'ensemble du groupe.

Ainsi se sont développés les échanges à travers nos réunions mensuelles avec, pour point de référence, ce que nous avions repéré et travaillé avant l'ouverture et que nous décrirons cinq ans plus tard comme les points structuraux du Jardin Couvert.

M.-J. O.

Points structuraux du Jardin Couvert : ce que les enfants nous ont appris

Ce texte a servi de base à l'intervention faite au colloque de la Fondation de France « Les Maisons Vertes, dix ans après, quel avenir ? », le 25 avril 1989. Il a été réécrit pour être édité dans les *Actes du colloque*. Élaboré au cours des réunions préparatoires auxquelles plusieurs maisons participaient, cet énoncé des points qui structurent notre pratique a été soumis aux différents participants et a obtenu leur accord. Ce texte nous sert actuellement dans les réunions d'information du Jardin Couvert, quand nous recevons des professionnels ou des associations qui viennent nous interroger sur le fonctionnement de notre maison.

Longuement nous avons essayé de définir le Jardin Couvert en le réduisant à quelques éléments essentiels : accueillir des tout petits enfants et leurs parents dans un lieu de rencontre et de parole.

Au moment de la constitution de notre maison, nous avons examiné ce que cet accueil nécessitait comme conditions pour qu'il ne s'agisse pas d'un lieu organisé autour du seul loisir et que ce ne soit pas non plus un lieu d'assistance, d'éducation ou de thérapie. Nous avons donc passé en revue les ingrédients qui font le Jardin Couvert. Chacun d'eux, de façon précise, renvoie à un esprit. Seuls, ils sont les éléments isolés d'une structure vide.

Si l'on veut parler de la Maison Verte ou du Jardin Couvert, il faut sans cesse faire aller-retour entre les éléments qui en composent la structure et l'esprit qui les anime, celui d'une équipe de quinze personnes, désirant accueillir l'enfant et sa famille, et respectueux de formes précises, sans lesquelles nous glisserions vite vers le social, l'éducatif ou le thérapeutique.

Les enfants nous ont appris l'importance de ces conditions, ce qu'elles comportaient d'efficacité structurante et comment chacune d'elles préservait la subtilité de l'esprit dont Françoise Dolto souhaitait que ce lieu témoigne. Examinons ces points.

Pourquoi l'enfant n'est jamais laissé seul au Jardin Couvert mais est toujours reçu avec ses parents ou quelqu'un qu'il connaît bien ?

C'est la condition pour que l'enfant établisse en toute sécurité ses premières rencontres avec d'autres. Cela nous permet aussi de travailler dans le lien mère-enfant, celui de la génération où on ne peut pas manquer de rencontrer le père, et les aider les uns et les autres à des séparations ultérieures.

Pourquoi ouvrir toutes les après-midi ?

C'est la condition pour que les familles viennent quand c'est possible, à la demande, avec beaucoup de souplesse. L'ouverture du samedi est particulièrement importante pour les parents qui travaillent. Elle est parfois, quand il s'agit d'un parent divorcé, la seule occasion de rencontre avec son enfant.

Pourquoi y a-t-il chaque après-midi une équipe différente ?

Cela permet qu'il n'y ait pas de mainmise idéologique, même involontaire, du permanent et qu'il y ait la possibilité de rencontres multiples, les parents et les enfants choisissant ou évitant certaines après-midi s'ils le souhaitent.

Pourquoi un analyste chaque après-midi ?

En voici la raison essentielle : la psychanalyse n'est pas une idée. Il s'agit pour nous d'écouter et de parler.

Pourquoi trois personnes d'accueil, dont un homme ?

L'usage nous a appris que c'était la meilleure façon de se répartir le travail avec chaleur et légèreté. La présence d'un homme chaque après-midi a quelque chose de structurant, autant pour les accueillants que pour ceux qui sont accueillis, petits et grands. Certains enfants, certaines femmes sont grandement aidés et viennent prendre appui sur cette présence. Les pères, quand ils viennent, se sentent moins isolés dans ce monde de la petite enfance trop souvent féminisé.

Autre question sur l'équipe :
Pourquoi ne pas faire au Jardin Couvert ce que nous savons faire ailleurs ?

C'est la condition pour que ce lieu ne se transforme pas en lieu d'assistance, en lieu éducatif ou thérapeutique, mais reste un lieu ouvert, lieu du transfert, disait Françoise Dolto, pour que parents et enfants parlent et confient leurs inquiétudes, leurs souffrances ou leurs joies. Ils viennent chercher au Jardin Couvert une présence, présence qui accueille leurs détresses, leurs émois, dans le dialogue ou le silence.

Pourquoi utiliser le prénom dans notre accueil de l'enfant, ce qu'on a appelé le prénonymat ?

Cela indique de façon forte que chaque enfant est accueilli par son prénom et qu'avec lui s'établissent des relations personnelles. Les adultes qui l'accompagnent y sont référés : la maman de Jacques, le papa de Marie, la tatie de Jean. Cette règle a pour corollaire l'anonymat social des familles que nous recevons. Nous ne savons de celles-ci que ce qu'elles trouvent bon de nous confier. Nous pouvons ainsi parler avec elles, délivrés de l'imaginaire dans lequel nous prennent certaines professions, situations. L'anonymat est aussi une garantie qu'aucun écrit, papier, témoignage n'émane de nous à l'occasion d'un divorce, d'un placement d'enfant, etc. Il garantit que rien n'est adressé à un avocat, juge ou médecin. Les parents savent que leur confiance ne sera pas utilisée, ni à leur insu ni avec leur accord.

Pourquoi notre local est-il un lieu indépendant d'autres structures ?

Cela permet de dire aux enfants que le Jardin Couvert n'est ni une garderie, ni une école, ni un lieu de soins, qu'ici « on ne te garde pas, ta maman reste avec toi ; ici tu ne seras pas vacciné, soigné, etc. ». Ainsi il n'y a pas de confusion sur le lieu ni sur l'activité des accueillants.

Pourquoi dans ce lieu existe-t-il des règles et des limites pour l'enfant ?

Nous savons combien cela est structurant pour l'enfant et l'aide à grandir. C'est par le jeu de ces limites que s'opère le passage du jardin œdipien au jardin social, de la famille à la société. Cela prépare l'enfant à rencontrer d'autres règles que celles de la famille. La présence des parents lui fait accepter ces différences.

Pourquoi un paiement laissé à l'appréciation des parents ?

C'est ainsi que se règle, dans le secret, une *certaine* dette, ce qui délivre la famille de la dépendance dans laquelle la met toute assistance.

Pourquoi des réunions mensuelles de tous ceux qui travaillent au Jardin Couvert ?

C'est un appui pour nous. La mise en commun de nos questions, de nos difficultés, de nos recherches où l'anonymat est préservé, est étrangère à tout travail qui ressemblerait à une étude de cas. Nous y perdrions par là même ce qui fait la discrète légèreté de nos interventions.

Pourquoi des réunions d'information et de rencontre organisées avec d'autres personnes travaillant avec des petits enfants ?

C'est pour beaucoup d'entre eux une grande bouffée d'air que de rencontrer des gens au travail mais non préoccupés par une efficacité immédiate. C'est aussi un échange important pour que chacun garde ses repères en fonction de sa charge et de ses conditions de travail. Il n'est pas question de faire de tous les lieux d'accueil des Maisons Vertes, mais il importe que l'existence de celles-ci permette que se parlent les difficultés dans lesquelles s'enferment vite les institutions sociales, thérapeutiques ou éducatives.

Marie-José d'Orazio
1989

Inauguration avec Françoise Dolto ; la limite vivante

Ce texte a été rédigé pour l'inauguration du Jardin Couvert en présence de Françoise Dolto. Après l'ouverture en septembre 1984, nous avions souhaité fêter l'événement de façon un peu solennelle. Officiels, amis et collègues étaient au rendez-vous, et nous avions la grande joie d'accueillir Françoise Dolto. Présente à notre entreprise depuis sa conception, elle s'était jointe à nous pour des réunions de travail. Après l'inauguration, elle avait partagé notre repas, et nous avions travaillé ensemble toute l'après-midi.

À cette occasion, elle s'était indignée de l'endroit choisi par nous pour changer les enfants. « Trop en vue de tous », trouvait-elle. La table de changes a donc émigré dans un coin discret, à l'abri des regards.

Elle nous avait aussi interrogés sur la nécessité d'un grand miroir installé à hauteur d'enfant, dans la grande salle du fond. Outre qu'elle n'en voyait pas l'intérêt, elle nous avait mis en garde sur les effets de sidération éventuels pour les enfants. « Quand on surprend un enfant devant un miroir, alors qu'il fait des mimiques ou des grimaces, on trouve ça très drôle, disait-elle, alors qu'on devrait plutôt s'inquiéter de l'expression d'une angoisse ou d'un malaise à propos d'une difficulté à franchir le stade du miroir. » Le miroir fut donc décroché.

Durant l'inauguration, assise sur un fauteuil bas, Françoise Dolto parlait avec quelques enfants présents, indifférente aux mondanités dont elle était l'objet.

La limite

Ici, avec la limite, on ne réprime pas, on ne se protège pas, on ne fait pas peur, on parle.

La limite, c'est le seuil du Jardin qui sépare le dedans du dehors : on entre ici avec un enfant, ou avec un parent ou un adulte tutélaire, comme dirait Françoise Dolto. Mais l'espace dans lequel on entre n'est ni à l'un ni à l'autre, il est aux deux, il est l'espace du lien entre les générations et de leur différence.

La limite, ce sont les règles des aires de jeu, la ligne verte et blanche que les camions et les voitures ne doivent pas franchir, le tablier qui donne droit d'accès à l'eau.

Le fait que les jouets soient, au Jardin Couvert, à ceux qui jouent avec, au moment où ils jouent, et non pas à ceux qui veulent les posséder et les emporter, impose aussi une limite.

Une autre limite réserve un endroit aux adultes qui s'occupent du Jardin et de son organisation : elle est matérialisée par le bureau et l'ancien bar.

Toutes ces limites renvoient à la limite du corps de chacun dès lors que leur mise en jeu ou leur transgression ne laissent pas s'installer la peur ou l'angoisse, mais font résonner un silence ou une parole, voire une inter-diction qui manifeste que la provocation de l'envie jalouse ou la bêtise de l'erreur n'ont pas encore détruit le désir qui redonne à chacun sa place.

Nous sommes alors autorisés à continuer de jouer ensemble dans la limite des ébats de chacun, les violents avec les doux, les petits avec les grands, les blancs avec les bruns et les handicapés avec ceux qui pètent de santé.

Tout cela dans la limite du temps, le temps d'arriver, celui de rester, le temps de partir avec ou sans le sourire, avec ou sans les pleurs, avec ou sans la satisfaction des uns et des autres.

Sans autre référence que le prénom inscrit sur le tableau et sans autre obligation, consentie dans la limite des possibilités, qu'une participation donnée d'une main pendant que l'autre réécrit le prénom sur une feuille et indique le lien de l'enfant avec cette main accompagnatrice.

Voilà bien de la *limite*... mais elle n'est pas posée pour classifier, répertorier, agir et soigner. Elle est là pour que puisse s'entendre ici ce dont les limites sont, partout dans nos vies, le signe. Avec elles, se matérialise le signe d'une parole entre nous qui, d'être entendue, nous fait sujet dans la reconnaissance les uns des autres. Elle déloge de ce fantasme de toute-puissance où nos perversions vont boire. Ce fantasme dénie la limite et tout ce qui tourne autour d'elle, la rencontre et la séparation. Alors, chacun s'imagine être unique.

Une maison, un Jardin Couvert, c'est un lieu où l'on tente de découvrir, au moment où elles s'installent — dans le lien de la génération —, que les limites du monde vivant, celles qui passent entre nous, mais aussi en nous, dans le social comme dans l'organique de la chair, dans la compétition rivale comme dans la maladie, que les limites du monde sont socialisantes.

Elles le sont pour autant qu'elles spécifient l'homme parlant, en organisant le monde de son histoire pour la vie et non pour la mort.

Les limites, alors, sont l'instrument qui brise le totalitarisme de notre imaginaire.

Elles nous rendent riches en frères, petits ou grands, dans la mesure où, en un lieu donné, elles sont interprétées autrement que dans l'exaspération, la revendication jalouse ou la provocation capricieuse dont elles sont trop souvent les prétextes.

Alors il est possible de les vivre autrement que dans la soumission à la manipulation anonyme d'une raison qui, avant de devenir raison d'État ou de Science, aura pu ordonner l'espace et le temps de la famille, de l'école, de la cité et du monde.

Que la limite, ici, puisse être le lieu d'expression de la jalousie et de la joie, de la colère et de la réconciliation, voilà qui indique et indiquera la pertinence du silence et de la parole où ceux qui ont à charge ce Jardin essaient de se tenir.

Nous pensons, avec Françoise Dolto, que l'abandon de nos positions de prestige ou de savoir en faveur d'une écoute plus ouverte à la souveraineté de la présence — aussi fragile soit-elle — peut conduire à une transformation sociale dans laquelle les fantasmes de domination et de servitude se trouveraient moins opérants et constamment dénoncés.

Voilà ce qui, ici, rend la limite vivante, ce qui lui redonne cette dimension symbolique sans laquelle il n'y a pas de rencontre entre les générations humaines.

Rendre les limites vivantes, voilà qui fait entrer délibérément notre action dans la prévention des symptômes individuels aussi bien que des troubles sociaux.

À écouter ce que je tente de dire et à voir la modestie de notre entreprise, les plus lucides d'entre nous ne vont pas manquer de sourire — au moins intérieurement. Quelle disproportion entre l'attente et l'espérance dont vous nous parlez... et cet espace bricolé et perdu au cœur d'une cité traversée de courants contraires !

Nous vous répondrons avec Françoise Dolto : c'est l'attente et l'espérance de la femme fécondée par l'homme, attente et espérance que la parole, la vraie, tisse entre les générations.

Françoise Dolto n'a pas laissé s'embrouiller en une pelote théorique pleine de nœuds le fil de ses recherches. Le fil qu'elle suit et qu'elle nous indique nous conduit constamment à cette articulation où l'inconscient ne peut pas être dénié, là où il fait lien entre les générations et maintient ouvertes, qu'on le veuille ou non, les oreilles des parents à ce que murmure le souffle des enfants. Nous savons bien que ce lien ne va pas sans avatars, sans mensonges ou sans triomphes malsains, mais nous savons aussi que dénoncer ces avatars, ces mensonges et ces triomphes, et les interpréter dans un Jardin Couvert où l'accusation n'est jamais de mise, est une manière — et peut-être la seule — pour que le chemin humain à nouveau se libère.

C'est à cette ouverture et à cette liberté que Françoise Dolto confie son œuvre et sa pratique. Certes, elle ne cesse de nous apprendre à lire les signifiants du passé, mais c'est pour que le sujet en émerge, et non pour conclure en une pensée parachevée qu'elle aurait à défendre.

Elle ne cesse de nous convoquer en ce lieu de parole où l'enfant se reçoit de ses parents en leur révélant le secret de leurs peurs, mais aussi de leur attente et de leur espérance.

Maison Verte, Jardin Couvert, c'est en ce « lieu de rencontre pour les tout-petits et leurs parents » que nous sommes heureux, Françoise, de te recevoir.

Il est la confirmation vivante de ton œuvre et de l'esprit que tu insuffles à la psychanalyse en l'empêchant de se clore sur ellemême.

Denis Vasse
12 janvier 1985

Le regard, la voix et le seuil

Dès l'ouverture du Jardin Couvert, s'est imposée à nous la nécessité de travailler des points précis. Regard et voix ont été vite repérés comme essentiels dans le lien entre parents et enfants.

La psychanalyse nous apprend l'importance et la fonction de ce qu'elle définit comme « objets » autour desquels s'organisent les structures psychiques (le sein, les fèces, le regard, la voix, le rien) relativement aux trous du corps[1]. *Nécessairement pris dans la relation avec la mère, ils participent jusque dans leur abandon ou leur disparition à l'édification de la structure psychique.*

Le Jardin Couvert étant un lieu où l'on parle autour des mini-règles qui ordonnent son temps et son espace, le trop de la fusion ou le rejet de l'abandon se trouvent dénoncés et la rencontre redevient possible.

Lorsqu'une relation mère-enfant est trop serrée dans le regard, avec une préoccupation trop intime du comportement de l'autre ou de l'expression corporelle, il nous semble que manque à l'enfant l'horizon de confiance sans lequel ne peuvent se développer ni sa propre autonomie ni le respect qu'il doit aux autres.

1. Denis Vasse, *L'ombilic et la voix*, Seuil, 1974 (chap. 2, « Les trous du corps et sa clôture »).

Trop pris dans le regard de la mère ou du père qui se prend lui-même à son propre regard « incarné » dans l'enfant, ce dernier ne peut recevoir aucune sollicitation ou ne peut se laisser aller à aucun élan qui ne passe d'abord par le regard contrôleur de l'adulte. Cette activité de regard où les jouissances du petit et du grand se confondent peut devenir verrou pour les deux. Tout ce qui vient d'ailleurs pour l'enfant n'aura pas d'autre visée que de faire fonctionner le regard adulte dans la confusion dite « d'amour » où l'un et l'autre sont pris.

Au lieu que le regard du parent fonctionne comme médiation autorisant la rencontre de l'enfant avec un autre objet ou une autre personne, il devient le lien qui garantit la sécurité. La vie y est attachée, elle y est gardée et re-gardée, prise et reprise. Ni elle ne s'ouvre au monde, ni elle ne se donne.

Cet emprisonnement dans le regard est fréquent. D'autant que, dans notre monde « dangereux », l'espace de l'enfant se définit de plus en plus par la surveillance du regard de l'adulte. Il nous a été donné d'observer que l'enfant, après une ou deux visites qui le familiarisent avec l'espace et ceux qui y sont, découvre un autre rapport aux choses et aux êtres dans la mesure où le parent-regardeur se trouve « confié » à la parole d'un membre du Jardin Couvert.

La rencontre avec le parent-regardeur convertit le regard en parole et donne de l'espace à l'enfant qui, la plupart du temps, va jouer ou s'exprimer avec un autre adulte au plus grand étonnement de la mère ou du père.

L'espace vital de l'enfant s'élargit par la confiance du père ou de la mère faite à un autre. « Confiance » ne veut pas dire ici rapport sans conflit dans une mondanité dégoulinante de fausse bienveillance. Au contraire. L'enfant peut trouver une véritable respiration au moment où sa mère se met à parler ou à se prendre de bec avec un autre.

L'entrée au Jardin Couvert et la détermination que ce franchissement suppose permettent une mise au large de l'enfant dans un espace que la voix — plus que le regard — structure. On l'entend ou on peut l'entendre. Dès lors, il peut échapper au regard, se risquer hors de lui sans perdre la réassurance du contact par la voix. Il peut s'ouvrir au dialogue avec un autre.

Ce passage vers un espace à portée de voix, là où l'œil faisait loi — loi d'un trop de présence ou d'un trop d'amour —, va de pair avec la disparition de l'angoisse chez l'enfant et la déculpabilisation de l'adulte (qui s'alimentent souvent réciproquement).

C'est ainsi que la relation de Raoul avec son accompagnatrice s'est progressivement apaisée, cette perte d'angoisse permettant un investissement libidinal *a minima* sur les jeux (anneaux), voire sur des personnes. Il a pu dire « non » et développer un comportement de séduction ou de rejet avec quelqu'un d'autre, sans avoir besoin de réparer une séparation désirée, par un collage à la mère ou à la sœur ou par des cris qui n'en finissaient plus. Ce qui était sa position ambivalente de départ.

Ce nouvel espace — symbolique ? — a correspondu avec les « retrouvailles » de son corps : les mouvements de reptation et de chute nous ont paru indiquer une régression ludique salutaire. Cela lui permettait de reprendre le cours de son développement. Il retrouvait la liberté de tomber et de se relever avec la souplesse d'un enfant vivant, alors que le comportement qu'il avait auparavant faisait songer à un automate. Cet automatisme trompeur — il fait croire à une autonomie — interdit, en fait, à l'être humain de vivre son enfance, dans la confiance en la parole que réclame l'état de prématuration dans lequel il vient au monde. Dans le même temps où il « retrouvait » son corps, les pleurs et la rigidité du visage de Raoul cédaient. Sa mobilité retrouvée redonnait vie à son expression.

Durant cette période, Raoul était accompagné de deux adultes dont la rigidité ne nous paraissait pas sans rapport avec sa maladresse et ses pleurs. Sans que l'on puisse savoir dans quel sens le passage se faisait, la panique se répercutait comme en écho du petit sur les grands et des grands sur le petit.

Pendant un temps, au début, cette angoisse cherchait à nous expulser. Mais, un jour, c'est Raoul lui-même qui nous a appris ce qu'était une limite « vivante. »

Alors qu'il venait d'entrer avec sa mère en hurlant, celle-ci s'était accroupie devant lui. Il s'était mis à hurler depuis un moment dans la rue. Un accueillant, arrivant lui-même au Jardin Couvert, les suivait à quelques pas de distance. En voyant à travers la porte vitrée l'enfant qui continuait à pleurer, il frappa au carreau. Une accueillante, de l'intérieur, dit alors à Raoul : « Regarde qui arrive ! »

Alors, à travers la porte vitrée, qui matérialise le regard en protégeant du regardant, s'est instauré un jeu de sourires et de signes qui a fait cesser instantanément les pleurs.

Au lieu d'entrer automatiquement dans le Jardin Couvert, ce qui eût pu être ressenti comme une intrusion trop brutale à cet instant, l'accueillant qui arrivait du dehors laissa la porte fermée jusqu'à ce que, le jeu étant bien établi, il puisse l'entrouvrir. À ce moment, Raoul sortit et se mit à jouer avec le seuil, en ouvrant et fermant la porte. Un autre enfant vint s'associer à son jeu, tandis que l'accueillant *parlait le seuil*, sur le seuil. Il parla de la porte de la maison et de celle du Jardin, de la présence et de la séparation que la limite symbolise.

Une autre fois, dans des circonstances légèrement différentes, la même crise eut lieu et fut résolue par le même jeu autour du seuil.

Depuis, Raoul passe le seuil du Jardin Couvert avec une autonomie et une assurance que confirment sa prise de possession de l'espace et l'apparition d'un langage, d'abord monosyllabique, puis de plus en plus adapté aux circonstances.

Il est impossible de rendre compte d'une manière objective, qui serait comptabilisée par des examens ou par des tests, de la précision avec laquelle les dysfonctionnements physico-psychiques apparaissent et disparaissent au Jardin Couvert hors de tout examen ou de toute intention d'analyse.

Quand la présence à l'enfant ne s'arrête pas à ce qu'a de symptomatique un comportement (comme c'est le cas dans une consultation, par exemple), elle crée — nous semble-t-il — un espace d'abord vide et presque douloureux où s'éprouve de la gêne. Se maintenir dans cette présence, sans rien vouloir, permet pourtant, bien souvent, la résolution du symptôme ou le dénouement de la crise que l'enfant traverse. La parole la plus sobre possible — elle n'est pas forcément de l'ordre des mots — est la plus vraie. Il y a une communication « de parole » qui ne passe pas par le langage.

La possibilité que nous nous donnons de signifier les choses, sans que pour autant cette intervention ait à être suivie d'un effet d'obéissance ou de consolation (comme avec Raoul, sur le seuil), autorise une sorte de respiration commune et différente des adultes et des enfants. Les parents apprennent à supporter sans culpabilité le trouble de l'enfant et le leur, pendant le temps qui leur est nécessaire pour parcourir le chemin qui va du passage à l'acte à la capacité à symboliser une attitude, dans l'acquiescement ou le refus du corps. Le « oui » ou le « non » prennent alors sens, sans que soit niée l'émotion du corps.

Nous sommes — par notre présence sans jugement (autant que faire se peut) — les témoins du temps nécessaire pour que soit parcouru ce chemin. Position parfois difficile dont nous devons souvent parler lors de nos réunions mensuelles.

Le temps nécessaire pour ces mini-acquisitions symboliques renvoie finalement à celui que nous pouvons donner. Ce don du temps et de la parole pour qu'un enfant vive et s'exprime, nous savons que c'est ce qui est le plus ignoré, et ce qui produit de ce fait les atteintes psychiques les plus graves ou les plus violentes. Souvent des mères le disent : c'est au Jardin Couvert qu'elles redécouvrent la paradoxale nécessité du don de la présence.

Autour de cette question d'un temps nouveau introduite par notre seule présence, deux réactions des parents se manifestent :

— l'une s'exprime par une résistance à venir au Jardin Couvert. La mère dit qu'elle y vient parce que l'enfant veut venir, mais l'on sent une réticence à affronter une présence, et ce d'autant plus que la fréquentation du Jardin Couvert ne demande aucune justification. Il n'est pas nécessaire de présenter un symptôme, de demander un renseignement ou de quémander un conseil ;

— l'autre, au contraire, consiste à manifester, dans un registre quasi exhibitionniste, que l'on sait bien pourquoi l'on vient ici. Comme pour faire voir que l'on sait s'occuper d'un enfant ou pour témoigner ostensiblement de la bonne assimilation de l'enseignement de Dolto. En fait, une telle attitude fait toujours ressortir cette part de nous-même qui suscite le jugement dont elle a peur, ou la condamnation que la séduction provoque.

Mais, dans ces cas aussi, l'ouverture du Jardin Couvert à la relation parents-enfant qui en est l'axe constituant a des effets étonnants.

Un enfant, Maurice, issu d'une Européenne et d'un Maghrébin, portait deux noms en deux langues différentes selon qu'il était appelé par son père ou sa mère. Il devenait ainsi le lieu géométrique d'une revendication parentale inconsciente, voire d'une provocation permanente.

Le fait que nous ayons pu dialoguer avec le père (l'un de nous se trouvait être originaire de son pays) en mettant assez vite la conversation sur les rapports homme-femme et en suggérant la manière dont les hommes menés par les femmes pouvaient par ailleurs faire les gros bras, le fait aussi que nous n'ayons pas répondu à la provocation de la mère, chômeuse exaspérée par une situation difficile, ont modifié assez rapidement, à notre étonnement, les rapports de cette famille avec nous et avec leurs voisins. Très vite d'ailleurs, l'enfant ne s'est plus entendu appelé par des noms différents. Il a progressivement manifesté une grande sérénité dans ses rapports avec tous, adultes et enfants.

Quelque chose de la revendication d'une personnalité encore

mal assurée peut continuer à se manifester chez lui. Mais la confiance y est, et Maurice le manifeste.

Au moment où j'écris, Maurice, avec tranquillité, arpente le Jardin et joue, tandis que sa mère renseigne un monsieur venu demander au Jardin Couvert des adresses pour faire garder son enfant de quatre ans.

Denis Vasse
1984-1985

Le tonneau des Danaïdes

Certains enfants intriguent, voire inquiètent.

La règle des réunions mensuelles, au Jardin Couvert, est de ne pas chercher à faire le point sur un cas ou la synthèse d'une évolution. Encore moins de chercher à adopter une attitude convenue et commune face à des situations.

Ces lignes montrent comment, sans diagnostic ni bilan, sont abordés avec une rigueur clinique ces moments d'activité compulsive chez l'enfant. Cette manière de faire comporte deux avantages. D'une part, elle n'enferme pas l'enfant dans son symptôme. Bien d'autres aspects de sa vie au Jardin Couvert sont pris en compte et reconnus. D'autre part, elle donne des repères qui permettent de comprendre ce type de comportement quand il apparaît sous des formes moins manifestes chez d'autres enfants.

Anouk est une petite fille de deux ans. Pâle aux yeux noirs, grands et ronds.

Elle est animée par une sorte de vie primaire qui la remonte comme un ressort sans qu'il y ait de moments de silence ou de calme autorisant la rencontre du regard, même de manière furtive. Son visage est figé. Les yeux ne sont pas traversés des éclairs de la joie, de la colère ou du mépris. La bouche n'imprime au visage aucune signification particulière.

Elle est d'une activité sans faille.

C'est marginalement que je l'ai d'abord remarquée. Sans qu'il me soit donné d'entrer en contact avec elle et pas davantage avec sa mère, dont le comportement est manifestement guindé, mais qui n'en éprouve apparemment aucune gêne. Elle est là dans une sorte d'isolement bien aménagé, autour duquel le charivari d'Anouk s'organise dans une angoisse qui ne se sait même pas.

De manière compulsive, elle passe son temps à prendre des jouets sur les étagères ou dans une caisse et à les porter auprès de sa mère. Il paraît qu'auparavant elle les portait sur sa mère.

Ce jour-là, un peu fatigué, je suis assis auprès d'une maman et de ses deux enfants. Nous parlons et jouons dans l'aire d'à côté — je veux dire à côté de celle où se trouvent Anouk et sa mère, en compagnie de Janine[1] et d'autres.

Tout à coup, et sans invitation, Anouk pousse sa boîte-caisse auprès de moi... et me prend ouvertement à témoin de son manège. Ses mains fouillent avec une sorte d'acharnement dans la caisse à jouets. Elle cherche « des jouets pour sa maman ». Puis, feignant d'avoir choisi (en fait, elle prend n'importe quoi), elle emporte deux objets auprès de sa mère, où ils rejoignent un tas d'autres, amassés en désordre.

Au bout d'un certain temps, je me penche vers elle et lui dis :

« Ta maman a peur. Tu as peur qu'elle ait peur, alors tu la combles. »

Temps d'arrêt qui ne met pas fin au jeu, au contraire. L'idée de la peur m'est venue à cause du trifouillage de ses mains, comme dans un ventre, comme un regard qui fouille avec frénésie sans trouver et qui s'épuise. Comportement de curiosité sans les affects de la peur et/ou de la honte et/ou de la pudeur qui l'accompagnent habituellement. Une main qui tâtonne un ventre et qui fouille dans une confusion entre la surface et la profondeur.

Plus tard, alors que tous les autres enfants et parents avaient quitté le Jardin Couvert, Anouk et sa mère restaient les dernières. Janine — alors qu'elle mettait de l'ordre — avait laissé en l'état les jouets qui entouraient la mère en demandant à Anouk de les ranger.

Ça n'embrayait pas vraiment et j'ai fini par interpeller Anouk en lui disant qu'ensemble on allait mettre les jouets dans la caisse, que sa maman partait, qu'elle était rassurée et qu'elle n'avait plus peur (sourire à peine condescendant de la mère). En

1. Janine est une des accueillantes du Jardin Couvert.

rangeant ensemble les jouets dans la boîte, nous les avons triés. Sur ma proposition, nous donnions ceux qui avaient une certaine forme à Janine, qui les mettait à part dans un panier. Anouk acceptait de jouer le jeu, et son départ du Jardin Couvert s'est bien passé, me laissant sur une double sensation que je n'aime pas éprouver, car elle annonce, en moi, quelque chose de sérieux et comme une sensation de vide et d'impuissance.

Cette petite fille ne risque-t-elle pas de remplir jusqu'à épuisement un tonneau des Danaïdes ?

Denis Vasse
18 mai 1985

Du désintéressement qui fait que l'on s'intéresse au Jardin Couvert

Le 30 septembre 1985, notre association tenait sa première assemblée générale dans les locaux du Jardin Couvert. Après trois ans de recherche de financement et une année entière de travail, les jardiniers ressentaient la nécessité de rendre compte de leur activité à une assemblée qui soutienne avec eux un véritable dialogue. De nombreuses personnes rencontrées avaient manifesté un intérêt non feint pour notre entreprise et avaient souhaité y être associées d'une façon ou d'une autre.
L'embauche au Jardin Couvert n'excédant pas quinze postes, à cette époque, l'idée nous vint d'associer à notre projet ceux qui le désiraient : élargissant notre association, ils pouvaient en devenir les membres cotisants. Nous avions trouvé notre lieu de parole : l'association.

Ce texte est le premier qui situe notre demande et articule la place des jardiniers à celle des membres cotisants. Les assemblées générales ont toujours été depuis l'occasion de rendre compte d'un aspect de notre travail.

Mesdames, messieurs, nous avons besoin de vous.

Nous n'avons pas tellement besoin de l'intérêt que vous portez à ce que nous pouvons faire... et à la création du Jardin Couvert.

Mais nous avons surtout besoin du désintéressement qui fait que vous vous intéressez au Jardin Couvert. C'est de lui que

nous avons besoin, car c'est sur lui que nous prenons notre appui.

Pour que vous vous intéressiez à nous, il faut bien, en effet, que vous soyez désintéressés, c'est-à-dire pas très attachés aux revenus de votre mise : les intérêts du compte que vous ouvrez chez nous ne vont guère venir grossir votre capital. Au contraire, ils vont aller à d'autres, et vous n'aurez même pas en prime les signes de la reconnaissance ! Ni intérêt pécuniaire — nous vous prenons plutôt un peu d'argent — ni intérêt affectif — notre fréquentation est plutôt austère — ni intérêt social — nous sommes une affaire sans grande répercussion, une affaire pour enfants.

Certes, je n'ai pas à vous convaincre de la manière désintéressée dont vous vous intéressez à nous : ce serait indécent. Mais je vais tenter de vous dire *pourquoi nous avons besoin du désintéressement* qui fait que vous êtes là.

Nous, jardiniers de l'Apelipa — c'est ainsi que nous appelons ceux qui travaillent au Jardin Couvert et au nom desquels je parle —, nous sommes dans ce besoin pour quatre raisons. Il nous faut, en effet, nous associer à vous, premièrement pour rendre compte de notre action, deuxièmement pour être autorisés à cette action par d'autres que nous-mêmes, troisièmement pour faire l'épreuve de nos propres limites, quatrièmement pour nous en remettre à une présence, nécessaire au cœur de la génération humaine, présence dont nous n'avons pas le monopole. Ce dont, ici, vous témoignez.

RENDRE COMPTE DE NOTRE ACTION

Notre action, tout compte fait, prétend trouver son origine dans l'acte de la parole. Cette parole en acte résonne souvent dans le silence — c'est la condition pour accueillir vraiment. Elle résonne aussi dans l'écoute — c'est la condition pour entendre. Elle résonne enfin dans le discours qu'on nous tient ou que nous tenons — c'est la condition pour être entendu. La résonance de la parole dans le silence, dans l'écoute ou dans le discours produit des effets de résistance à travers lesquels se tracent entre les générations les chemins de la libération ou les impasses du refus et de la rationalisation. Les premiers conduisent, à travers limites et obstacles, au seuil d'une vérité vivante qu'aucun savoir ne peut capitaliser. Les secondes nous embrouillent dans le réseau indéfini d'un mensonge qui nous enferme.

C'est à la résonance de la parole — lieu d'accueil — qu'est

ordonné le Jardin Couvert. Cela se fait parfois malgré nous ou contre nous, souvent à notre insu, mais jamais sans nous.

Et comment rendre compte de ce qui se passe ici, de cette parole qui circule entre les enfants, les parents et nous, si nous ne parlons pas à d'autres dont la présence ici nous laisse espérer qu'ils ne sont pas sourds.

À vous qui nous écoutez, nous avons besoin de rendre compte de la manière dont nous nous y prenons pour parler ou pour nous taire au Jardin Couvert. Et la raison de ce besoin, ça fait *assemblée générale.*

ÊTRE AUTORISÉS

Parler à d'autres de la manière dont nous pratiquons le discours, l'écoute et le silence a pour conséquence qu'en fin de *compte rendu* nous sommes autorisés ou non à continuer ce que nous faisons ou à changer de cap, ou à modifier notre projet pour qu'en soit manifesté plus véritablement l'esprit.

Vous qui, du dehors, nous rejoignez dans notre action, vous nous délivrerez éventuellement d'une image trop encombrante de nous-mêmes ou du ronron d'un fonctionnement boiteux. C'est ainsi que vous nous autoriserez à poursuivre, et nous avons besoin de cette autorisation.

Et alors, ça fait un *vote d'assemblée générale.*

L'ÉPREUVE DE NOS LIMITES

Un tel vote ne va pas tout seul. Il n'a de sens et de vie que là où les avis peuvent fuser, les opinions s'avancer, les reproches se faire, les adhésions se révéler. Bien sûr, si le dialogue peut ainsi se déployer, c'est nécessairement en un lieu qui n'est pas mis, dès le départ, sous la tutelle de la domination ou du mensonge.

Nous attendons de vous non la manipulation, et pas davantage, d'ailleurs, la complaisance qu'il y aurait pour vous à être manipulés par nous, mais bien plutôt les remarques incisives qui nous feraient découvrir que nous outrepassons nos limites ou qu'au contraire nous rechignons frileusement à les atteindre et à venir y buter. Dans les deux cas, il y a infidélité à l'esprit d'un projet. L'esprit d'une activité humaine ne se révèle que dans l'ordre de la limite où elle s'exerce. Si la limite devient formelle et déshabitée, la parole au Jardin Couvert tombera dans le stéréotype, dans l'inflation ou, pire encore, dans l'idéologie. Si elle reste vivante pour nous, elle indiquera ce lieu précieux d'une rencontre et d'une articulation avec vous : elle sera symbolique – au sens fort de ce mot qui fait de la rencontre et de l'accord la condition première de l'identité des partenaires.

Alors nous ne craindrons pas qu'au Jardin Couvert notre action, silencieuse ou intervenante, s'enlise dans l'ennui ou dans les contrefaçons du prestige.

C'est de l'exercice de cette limite éprouvée de manière vivante à l'intérieur d'elle-même que l'Apelipa a besoin pour que fonctionne, dans son véritable esprit, le Jardin Couvert.

Vous venez à notre rencontre et nous allons à la vôtre dans la gestion de cette petite affaire. Et ça fait *discussion de vote.*

LA QUESTION DE LA CONFIANCE

Enfin, nous avons besoin de vous et de votre présence. Car, si nous ne prenions pas acte de ce besoin, cela voudrait dire que, pris au piège d'une petite paranoïa sociétaire ou d'un fantasme de toute-puissance infantile, nous prétendrions au monopole de la parole !

Nous avons besoin de vous pour que soient évacuées — autant que faire se peut, et c'est parfois douloureux ou malaisé — les scories de la connivence qui instille la mort là où elle prétend donner du plaisir, ou les retombées fallacieuses de la complicité qui se fonde sur un silence coupable, même et surtout quand ce silence se fait passer pour délicatesse.

Nous avons besoin de vous, et voilà ce qui explique les invitations que nous avons lancées et les réponses que vous y avez données.

Et alors, ça fait la *confiance* sans laquelle aucune parole ne résonne dans le champ de la vérité... et sans laquelle le Jardin Couvert deviendrait vite une foire d'empoigne !

*

Voilà. Ce quadruple besoin de rendre compte dans *une assemblée*, d'être autorisé par *un vote*, de faire l'épreuve de ses limites dans *une discussion* et de s'en remettre à d'autres dans *la confiance*, ce quadruple besoin se nomme légalement : *association loi de 1901*, dont nous constituons ici la première *assemblée générale*, « Association pour l'accueil du petit enfant et de ses parents dans un lieu de parole ».

Sans cette association, le Jardin Couvert ne saurait fonctionner correctement ni dans l'espace — l'ouvrir, en effet, et le tenir ouvert suppose une gestion saine —, ni dans le temps — qu'il dure dans cette ouverture implique un lien véritable avec la société dont il naît. L'esprit de ce projet inspiré de Françoise Dolto nous invite à miser sur la parole vivante, dans l'écoute de nos enfants, à travers les aléas de la santé ou de la maladie. Si c'est de nous qu'ils ont à apprendre leur humanité, c'est bien d'eux que nous avons à apprendre la nôtre.

C'est sur ce fond que les jardiniers apprennent eux-mêmes le désintéressement qui fait qu'ils s'intéressent au Jardin Couvert autrement que pour la finance, pour la curiosité ou pour le prestige.

Ils ne cessent pas pourtant de déployer des trésors d'activité pour que le Jardin soit propre, les jardiniers dédommagés, les finances bien tenues et le travail de l'esprit et du cœur poursuivi. Cela représente d'ailleurs les conditions nécessaires pour que nous arrivions à présenter les solides dossiers qui nous obtiendront les non moins nécessaires subventions de fonctionnement.

Et, vous le savez tous, pouvoir continuer à s'intéresser à cela, ce n'est pas ce qui demande le moins de désintéressement.

Denis Vasse
30 septembre 1985

La fécondité et la rigueur du Jardin Couvert

Ce texte fut présenté lors de la deuxième assemblée générale, le 18 avril 1986.

« Pour parler la vie de tous les jours et permettre aux mères aussi bien qu'à leurs enfants (de 0 à 4 ans) de sortir de l'isolement et parfois du désarroi, le Jardin Couvert propose un espace de jeu et d'échange réciproque afin que Pères, Mères, Grands-parents, Nourrices, Promeneurs s'y rencontrent en en rencontrant d'autres[1]. »

Il n'est pas facile de soutenir votre intérêt pour nous en vous rendant compte de l'esprit qui anime la pratique de notre démarche. C'est pourtant la tâche qui m'est dévolue et c'est la seule manière, véritablement, pour que vous nous souteniez, pour que vous nous subventionniez. Pour que vous nous souteniez dans la mesure de vos moyens. Pour que vous nous subventionniez dans la mesure où vous aurez reconnu l'esprit de notre démarche.

C'est la seule manière car, du côté de ce qui est comptable, vous pouvez vérifier, encourager ou critiquer nos manières de tenir les comptes, et du côté des statistiques, vous constaterez que le nombre d'individus fréquentant le Jardin Couvert aug-

1. Cette phrase, inscrite dans les statuts, définit l'objet de l'association loi de 1901 qui gère le Jardin Couvert.

mente et que la file active[1] y est croissante. Notre maison est traversée d'un renouvellement rapide et, somme toute, nécessaire. Car un individu ne fréquente le Jardin que pendant quatre années environ.

Comment maintenir la comptabilité et les statistiques dans l'esprit qui anime la maison ? Cet esprit n'y est soutenu que par le rapport que le petit d'homme entretient durant ses premières semaines, mois et années, avec ceux qui ont charge de lui. Alors, compter les sous et compter les individus n'a de sens que si ces comptes qui tournent rond restent au service de ce qui ne saurait se compter : la vie humaine dont la parole est lieu de l'ouverture au sens. Quand manque cette ouverture des sens au Sens dans le jardin du monde, la société, la famille et l'individu ne tournent plus rond. C'est alors qu'on se met à tourner en rond sans trouver d'ouverture.

Outre l'aide qu'elle peut apporter, dans la pratique, à chacun des membres du Jardin Couvert — des jardiniers —, la psychanalyse nous offre un appui pour expliquer le travail qui s'y effectue. Sous l'égide de la psychanalyse, notre présence au Jardin Couvert se doit d'être discrète aux deux sens du terme :

— elle ne se fait pas remarquer ;

— elle donne lieu à des interprétations ponctuelles que nous nous interdisons de synthétiser et qui ne s'inscrivent pas dans une logique de cure.

Au premier sens du terme, la discrétion est l'art de ne pas se faire remarquer par un savoir-faire même pertinent, même ingénieux. Elle est la marque d'une présence à soi et aux autres qui est, à elle seule, un acte. Cet acte de la présence n'a rien à voir avec l'ostentatoire acte de présence. Nous avions dit, dès le départ, que le Jardin Couvert ne devait pas être le lieu où nous nous ferions remarquer par notre savoir-faire professionnel.

Au second sens du terme, la discrétion signifie le discernement sans tapage de ce qu'il convient de faire. Ce discernement est nécessairement lié à la question de la présence que nous avons les uns par rapport aux autres et à nous-même.

De la rigueur de cette discrétion et de ce discernement, vient la possibilité qui nous est donnée de recevoir parfois beaucoup d'enfants. Même s'ils sont dans une relation difficile à eux-mêmes et à leurs parents, cela se passe sans manifestations ostentatoires, sans excitation et sans colère, sans inflation de gestes et de mots.

1. Terme administratif : nombre de personnes venues dans une année au Jardin Couvert.

Ce devoir de discrétion s'impose également entre nous, lors de nos réunions mensuelles, et nous essayons, non sans succès, d'y être fidèles. Entendons-nous bien, lorsque je parle de psychanalyse, il ne s'agit pas d'idéologie, ni même de théorie systématisée, mais bien plutôt de la prise en considération des effets de la parole sur et entre les corps, effets que la psychanalyse étudie. Il nous faut bien en effet une langue et une référence théorique qui, à la fois, nous soient *communes* et permettent de rendre compte de la particularité de *chacune de nos expériences*. Ainsi peut se percevoir et s'exprimer la modalité des relations dont nous sommes les témoins au Jardin Couvert : *nous en sommes le lieu*. Pour reprendre la formule de Françoise Dolto, il y a, au Jardin Couvert, transfert sur le lieu. Même si ce transfert sur le lieu ne peut se faire indépendamment des personnes qui y travaillent ou qui le fréquentent, il est vrai — expérimentalement — qu'il n'est pas de l'ordre d'un transfert exclusif sur une personne, comme on le constate habituellement dans une cure psychanalytique. Pour surprenant qu'il soit, ce concept de transfert sur le lieu, dont nous sommes redevables à Françoise Dolto, rend compte, d'une façon particulièrement pertinente, du fondement de notre pratique.

Quand il nous arrive d'avoir des cas difficiles, ceux-ci sont vite et aisément repérables. Pendant un temps qui peut être long à supporter — et qui s'étend parfois sur plusieurs semaines —, nous devons être, comme « à vide », les témoins d'enfants « automatiques » ou « automatisés ». C'est apparemment pour rien que nous sommes là. Des enfants se précipitent, dès l'entrée, sur tout et partout comme s'il n'y avait personne dans ce Jardin, même pas eux.

Cette précipitation qui ignore est toujours liée à un comportement maternel uniquement préoccupé des soins de culotte (ou de bouche). Elle se manifeste souvent de manière répétitive, induite par les deux protagonistes, dans un contexte pulsionnel d'agressivité et d'exhibition qui sont les signes d'une perturbation de la présence à soi et aux autres. Cette précipitation est occultation de la présence. Elle est refus d'entendre l'angoisse qui naît chez l'enfant lorsqu'il est réduit à un objet de préoccupation, objet à faire manger ou à nettoyer, mais aussi l'angoisse qui naît, chez la mère, de l'exaspération ou de la culpabilité à être réduite, elle aussi, à un objet utile.

J'ai pris un exemple simple et dur. Mais comment répondre ou simplement être présent dans de telles situations, sachant qu'elles peuvent se répéter de façon quotidienne (et il y a bien d'autres modalités : les jeux sexuels, les endormissements, les jalousies, les morsures, les tirages de cheveux, les hurlements) ? Comment se tenir présent à... sans répondre à l'agression par le retrait narcissique derrière le bon droit. Quand il légitime le retrait du sujet, le droit n'est jamais bon ! Comment se tenir à cette présence sans répondre à l'exaspération par une agressivité en retour ou par le laxisme d'une compréhension tous azimuts transformant en confiture et en glu le rapport que nous avons avec l'enfant ou avec les parents ?

Comment faire jouer les limites que toute vie en société implique pour qu'à travers le jeu des séparations et des rencontres nous gardions la place de témoin de la parole qui aide enfants et parents à prendre socialement corps ? C'est alors en effet qu'ils vivent autrement. D'être le lieu où nous leur parlons et d'où ils nous parlent (même sans mots), le Jardin Couvert révèle discrètement l'ouverture cherchée en chacun à l'Autre du désir[1]. Non pas « comme ça »..., dans une métaphysique nuageuse ou une psychologie de bazar... Mais comme il se doit pour des êtres de parole, dans et à partir de l'organisation des choses intimes qui intéressent le corps de chacun, aussi bien que dans et à partir de l'organisation du corps social, celui de tous !

Dans le trois fois rien où nous acceptons de nous tenir présents au Jardin Couvert, s'ouvrent tout à la fois la question de ce qui se passe dehors — dans la société — et celle de ce qui se passe dedans — en chacun de nous.

La référence à la psychanalyse autorise ce double mouvement, mais le Jardin Couvert permet, en retour, de découvrir que l'ouverture à la parole que celle-ci indique est dans l'homme dès avant la naissance. Il naît « chair parlante » (ce qui est un concept que nous n'arrivons pas vraiment à penser). Le Jardin Couvert nous fait réaliser que, si la science et la psychologie ne sont pas en nous ordonnées à cette fin de la présence à soi et aux autres, dans et par la parole, nous n'habitons plus notre corps. Quoi que nous en disions, le corps devient alors quasi exclusivement l'objet qu'il s'agit de faire bien fonctionner, objet mangeur et digérant, objet scolaire ou fiscal, objet de domination ou de soumission.

Au bout de vingt mois de fonctionnement et de quatre années de travail commun, certains d'entre nous disaient, lors d'une réunion de travail, que la manière dont « on » ressentait actuelle-

1. Denis Vasse, *L'ombilic et la voix*, *op. cit.* (chap. « Le sujet, l'objet et l'Autre », p. 98 à 105).

ment le Jardin Couvert (ils parlaient de ceux qui le fréquentaient) avait beaucoup changé. Mais d'autres s'interrogeaient pour savoir si ce n'était pas nous qui avions changé ! Cela bien sûr ne veut pas dire, ne peut vouloir dire, que nous bouleversons nos techniques ou que nous revêtons une autre identité. Cela veut dire que, sans le savoir, nous devenons davantage nous-mêmes ou ce que nous sommes en réalité. C'est aussi parce que nous sommes là — simplement — que parents et enfants, enfants et parents viennent faire l'expérience d'une présence à soi et aux autres.

C'est dire que si nous cherchons de l'argent, si nous en demandons, ce n'est pas seulement pour l'entretien de nos équipements et de nos locaux — encore qu'il en faille —, mais c'est pour que nous soyons en mesure de verser des salaires, aussi modiques soient-ils, sans lesquels toute gratuité, c'est-à-dire toute présence, devient suspecte car elle n'obéit plus qu'au plaisir et à ses variations.

Denis Vasse

18 avril 1986

4. Être au travail

Le fil de l'histoire...

Les premières années — pour un lieu comme le nôtre — sont difficiles. Combien d'après-midi passées à attendre enfants et parents dans une incertitude à peine avouée ! Et puis, tout à coup, une dizaine d'enfants arrivent, et nous avons l'impression d'être submergés. Tout, en effet, est à apprendre. Les repères ne sauraient être les mêmes que ceux dont nous disposons dans un cabinet d'analyste ou de pédiatre. Notre attitude ne saurait être calquée sur celle d'une pratique de soin ou d'éducation. Les modalités de nos interventions restent à inventer dans le respect des liens entre parents et enfants. Les rapports entre accueillants s'établissent progressivement en fonction d'une sorte de répartition souple dans l'espace et le temps. La confiance et les repères que nous nous donnons lors de nos réunions mensuelles permettent de coordonner le travail au sein et entre les équipes qui se relayent chaque après-midi. La question de « qui fait quoi » se résout en marchant. Y a-t-il une différence entre l'intervention d'un analyste et celle d'un autre accueillant ? Comment faire respecter les zones de jeux, de repos, de change ? Comment dire les limites ? Comment consentir à la nécessaire discrétion des confidences ? Quelle est la meilleure façon de demander de l'argent aux parents ?

Lorsque nous avions commencé à travailler pour ouvrir et faire fonctionner le Jardin Couvert, la tentation avait été grande de demander à la Maison Verte comment *ils* avaient fait. À l'époque, la tentative de *récupérer* les statuts, nos demandes de conseils sur la façon d'obtenir des subventions et de faire fonctionner un tel lieu ont vite été découragées. Par la suite, nous n'avons cessé de remercier la Maison Verte pour son attitude à notre égard. C'était la meilleure.

Nous avons travaillé tous ensemble sur des textes de Françoise Dolto, sur des idées, sur des projets. Nos réunions mensuelles étaient consacrées aux nécessités de la gestion (trésorerie), bien sûr, à l'élaboration des dossiers pour obtenir des subventions (Direction départementale de l'Action sanitaire et sociale, Caisse d'Allocations familiales de l'arrondissement de Lyon, Mairie, sponsors...), à la manière de les transmettre ou de les faire aboutir.

Nous avons rencontré aussi les responsables des municipalités et des institutions régionales en leur expliquant ce que nous n'étions pas tout à fait sûrs de comprendre nous-mêmes, mais en sachant ce que nous ne voulions pas : au Jardin Couvert, il n'était pas question pour nous de donner des conseils, d'animer des jeux, d'éduquer, de faire des consultations, d'orienter.

Nous ne voulions pas faire ce que nous étions censés savoir faire ailleurs (puériculture, éducation, animation, médecine, orientation, psychanalyse).

Soutenir une demande de subventions à partir de telles prémisses n'était pas facile.

Inlassablement, il nous fallait reprendre les points essentiels : la discrétion, l'impossibilité de faire appel à un prix de journée, le discernement, la rigueur et le transfert. Tout ce qui fait la qualité et la légèreté de la présence en ce lieu, tout ce qui autorise la parole à atteindre le cœur dans la libération ou l'apaisement du corps.

NE PAS FAIRE CE QUE L'ON SAIT FAIRE

Nous voulions être présents dans un lieu de rencontre. Et pour supprimer tout alibi à la non-présence et à l' évitement du désir, nous avons défini cette présence dans l'acte de ne pas faire au Jardin Couvert ce que nous savions faire ailleurs. Le savoir-faire dispense souvent de la présence.

Cela n'a l'air de rien. Mais, expérience faite, c'est une discipline exigeante et qui exclut la satisfaction du devoir accompli. Elle ouvre plutôt à la question du sens : quand il s'agit du lien parents-enfants, une telle discipline consentie est la seule manière d'être à l'écoute de ce qui se transmet dans la génération.

Ce lien est encombré et noué, en général, par tout ce que les parents font ou ne font pas, et tout ce que les mômes y rajoutent. Il est souvent affecté d'un *trop* ou d'un *pas assez* qui signent la difficulté dans laquelle se trouvent la mère, le père et l'enfant. La liberté retrouvée dans la parole autorise le surgissement du sujet dans l'échange et souvent dans la joie. Alors la nécessité ne pèse plus comme une contrainte.

Nous parlions beaucoup, au début, à propos du Jardin Couvert, de jardin public ou de place du village. À travers jeux, silence consenti et mots échangés, la parole pouvait naître. Mais là comme ailleurs — au jardin public ou à la maison —, la mère et l'enfant, trop préoccupés l'un de l'autre, et l'un par l'autre, s'étouffent ou s'abandonnent. Ici, à condition que nous ne campions pas sur nos savoir-faire et que nous apprenions à lire une demande dans les réactions de défense, la sensation de manquer d'air ou d'être exclus pouvait disparaître au profit d'une nouvelle circulation de la parole.

Ne pas faire ce que l'on sait faire n'implique pas que nous nous interdisions de parler. Car, la psychanalyse nous l'apprend, et pas seulement elle d'ailleurs, parler vraiment n'est pas nécessairement savoir parler. Parler la bouche ouverte, c'est effectivement dire ce que l'on ne sait pas : la vérité. Se risquer dans la présence qui se dit, c'est rester ouvert à ce qui arrive et ne pas occulter par la préoccupation ou la projection d'un savoir de nous-même la dimension d'altérité vivante au cœur de la rencontre.

Parler sans faire (sans prétexte, donc), c'est donner à la parole une dimension d'acte faisant vivre la différence là où le lien mère-enfant se fait, se défait, se refait et se contrefait sans cesse. (Il nous est arrivé d'évoquer à ce propos la fonction paternelle du Jardin Couvert.) La parole devient, si besoin est, présence dans le silence. Alors, elle ne sombre pas dans le reproche devant la provocation et autant que faire se peut, elle désamorce les attitudes réactionnelles. À la suite de Françoise Dolto, force nous était de reconnaître qu'il y avait de la psychanalyse là-dedans... Ou du moins, nous découvrions que l'outil analytique pouvait nous permettre de travailler dans ce champ, nous, les dix-sept dont la présence « à ne rien faire » définissait un champ où d'autres, petits et grands, pouvaient venir se dégager d'une tension où les uns « croient » faire quelque chose pour les autres : par le regard, par les mains, par le pipi ou le caca, par la bouche.

Après avoir analysé l'activité du Jardin Couvert, évoqué les difficultés que nous y rencontrions, constaté avec un étonnement joyeux ce qui s'y passait, nous nous sommes interrogés, et nous continuons à le faire, sur les effets de cette présence qui ne se dérobe pas (pas trop) dans le « faire » et qui accompagne la rencontre de l'enfant et de la mère en restaurant le lien parent-enfant qui peut jaillir en mots ou en rires ou respecter un silence.

Pour tenir cette position, il se révèle que l'exercice de la « réunion de synthèse » et l'appel à une théorie idéologisante ne servent pas à grand-chose. Cette position d'interlocuteur se situe davantage du côté de l'écoute psychanalytique et d'une « compréhension de soi-même » telle que la psychanalyse permet de la concevoir.

Par le biais des psychanalystes présents dans l'équipe, mais sans que pour autant cela leur donne une place ou une rémunération particulière, quelque chose de la psychanalyse a pu se transmettre entre nous dans un rapport de confiance. Il fallait pour cela que les psychanalystes se détachent de leur expérience, mais aussi que les non-psychanalystes surmontent la peur réactionnelle que provoque toujours leur « supposé savoir ».

À partir des signifiants qui circulent ponctuellement et répétitivement dans le Jardin Couvert, s'est constituée ainsi une chaîne autour de la question du lien de la génération, en tant qu'il touche tous ceux qui fréquentent ce lieu : les usagers et nous.

Ce travail a permis à chacun d'approfondir l'expérience qu'il nous est donné de vivre au Jardin Couvert. Chacun de nous renouvelle la connaissance qu'il a de lui-même dans la rencontre avec les autres. Certains d'entre nous le disent : l'appui qu'ils trouvent ici les a détachés d'une référence trop imaginaire à la Maison Verte et à Françoise Dolto.

LES RISQUES DE L'INSTITUTIONNALISATION

La plupart d'entre nous reconnaissent que la fréquentation du Jardin Couvert a modifié la pratique de leur métier, qu'il s'agisse de pédiatrie, de puériculture, de psychanalyse ou de médecine.

Ils reconnaissent aussi que, si leurs interventions étaient, au début, gauches, gênées et risquées dans la crainte d'une comparaison toujours paralysante avec leur pratique professionnelle, elles sont, aujourd'hui, toujours aussi gauches, mais risquées au contraire avec assurance, fondées sur une confiance qui permet la libération de la parole.

La conscience de ce que nous faisons s'ouvre dans deux directions antinomiques.

D'un côté, celle d'une confirmation de l'idée de Françoise Dolto. Il s'agit bien d'une expérience aussi nouvelle qu'a pu l'être celle de l'école maternelle en son temps. La socialisation dont s'accompagne la séparation de l'enfant et de la mère rend nécessaire la référence au sujet, et pas seulement à l'organisation imaginaire de la société. Notre manière de travailler sur les limites, les postures, la séparation et la rencontre n'a de sens que dans l'ouverture à la dimension d'altérité qui fonde la parole même. Là, le sujet sourit, parle, surgit, et les symptômes se taisent.

D'un autre côté, nous savons que ce que nous réalisons se développe de façon pragmatique à partir des petites choses qui se produisent dans le lieu. Cette action n'est pas l'expression d'un mouvement (idéologique) ou d'une fédération de « maisons », qui, pour se maintenir, ne pourraient que viser à une institutionnalisation plus grande.

Ces deux directions sont antinomiques car nous sommes déjà, et toujours de manière plus affirmée, dans l'institutionnalisation. Comment faire autrement ? Et pourtant, ce n'est pas ce que nous voulons : seule la circulation de la parole, la respiration qu'elle donne à la chair institutionnalisent le Jardin Couvert, non la façon dont se conforte un statut dans le temps et dans l'espace.

Cette question de l'institutionnalisation de notre pratique allait se poser après quatre ans de travail de façon tout à fait inattendue.

Les subventions « exceptionnelles » de démarrage accordées à l'association n'étaient pas renouvelables. Le budget de fonctionnement du Jardin Couvert se réduisait comme une peau de chagrin. La précarité de notre entreprise ne dépendait pas seulement des fondements de notre tentative, tenir un lieu de parole, avec tous les risques que cela comporte. Elle était aussi matérielle.

Dès la deuxième année, un déficit important se dessinait. Il fut comblé par des dons généreux et inattendus. Mais que réservait l'avenir ? Chaque année, nous nous posions la question avec quelque anxiété.

Ce qui nous attendait devait grandement nous surprendre : un don anonyme de un million de francs. Il nous fut adressé par l'intermédiaire de la Fondation de France. Nous sortions enfin de la précarité financière. L'annonce de ce don, à la réunion mensuelle, fit l'effet d'une bombe. À la joie et à un formidable soulagement se mêlait un sentiment d'inquiétude. C'était si imprévu, si énorme ! Le travail de fourmi de nos quêtes et de nos demandes de subventions était comme balayé par cette nouvelle, et nous basculions d'une pauvreté assurée dans un confort inespéré.

Des questions tournaient autour du donateur. Qui pouvait faire un tel geste ? Que faudrait-il faire en échange ? Ne risquerions-nous pas de nous vendre, de nous perdre ? Anonyme ? ça veut dire que, vraiment, on ne nous demande rien ? Cela signifie aussi que quelqu'un souhaite fonder notre existence et nous en donne les moyens, dans une générosité et un détachement authentiques !

Nous étions heureux, touchés. Nous étions graves aussi, conscients que ce geste était la marque d'une confiance à laquelle il fallait répondre. Cela fondait notre travail. Nous mesurions aussi que l'élargissement et la mise en place de l'Association Apelipa portaient des fruits imprévus.

M.-J. O.

Essai sur la limite vivante

Des limites au Jardin Couvert aux frontières entre les peuples

Ce document a été travaillé durant les deux premières années d'ouverture du Jardin Couvert. Écrit en deux temps, son intérêt est de montrer le travail fourni lors des réunions mensuelles de tous les jardiniers.

Un premier texte fut écrit en 1985 par Denis Vasse. Il témoignait de la façon d'être présent au Jardin Couvert et théorisait les points d'appui et les concepts en jeu dans notre travail. Lors des réunions du lundi, ce texte fut lu avec attention. Les questions qu'il suscita renvoyaient à des exemples cliniques qui furent l'occasion de développements et de nouvelles élaborations.

Une deuxième écriture (composée ici en plus petits caractères italiques) rendit compte de ce travail de relecture et de précision. Tous les points soulevés au cours de ces deux années de lecture y sont traités.

Le ou la psychanalyste — au Jardin Couvert — travaille plus dans *l'écart* que dans *l'accueil*. Une telle formule ne veut pas dire que le psychanalyste n'accueille pas et qu'il se tient à l'écart ou en retrait. Cela veut dire qu'il intervient par la parole partout où l'écart entre l'enfant et l'adulte tutélaire est trop grand ou trop étroit. Il intervient : il *vient-entre*, et, de ce seul fait, il redonne un espace là où l'entassement du *trop* l'avait comblé et réduit à *rien*. Par son intervention, le rapport enfant-adulte se trouve médiatisé par un tiers. Le tiers est médiation. Il est celui qui peut s'adresser à l'un ou à l'autre, à l'un et à l'autre, à l'un dans son rapport à l'autre, sans être complice de l'un ou de l'autre. Faire ainsi revient à ouvrir le trop de la manipulation inconsciente à l'ordre symbolique de la parole.

Le « trop »

Le « trop » est ce qui n'est organisé par aucune limite symbolique. Le « symbolique » est l'ordre selon lequel la séparation, la ligne de séparation, entre deux interlocuteurs, témoigne d'un accord ou d'une promesse préalables, accord ou promesse ordonnés à la vie de chacun des partenaires aussi bien qu'à leur vie ensemble.

Dans le cas contraire, la promesse devient menace et la parole semble — secrètement — ordonnée à l'intolérable fusion ou à l'exclusion qui font, l'une et l'autre, apparaître l'ombre de la mort. L'accord devient trompeur. Il apporte le désordre dans l'ordre de la parole. Là où la promesse autorisait l'espoir confiant de vivre, là même s'installe la méfiance qui infiltre tout et ramène au jugement de chacun la question de la vérité : la vérité ne se cherche plus dans la séparation des vivants, elle est ramenée à l'opinion que chacun a de ce qu'est la vie pour lui. Aucun accord ou contrat ne peut ici tenir : c'est le plus fort qui gagne ou le plus rusé.

L'éclatement ou la disparition de la limite qui organise l'espace et le temps de la vie de chacun entraîne toujours la manipulation formelle de toutes les limites. La loi est là pour indiquer les limites à ne pas dépasser ou transgresser : c'est pourquoi le rapport avec la loi ne peut alors être vécu que comme violence, oppression, chantage, séduction. Son respect — comme son non-respect d'ailleurs — ne fait plus vibrer la dimension d'un ordre vivant ou d'une parole échangée entre deux sujets et échangeable entre tous. La limite non vivante, rigidifiée par cette référence à la force ou à la ruse, la limite formelle, n'est plus le lieu signifiant d'une parole échangée qui fait vivre. Elle n'est plus que délimitation dans le temps ou dans l'espace au-delà et en deçà de laquelle il n'y a rien ou, plus exactement, il n'y a personne à qui parler, personne avec qui vivre puisque, avec elle, il n'y a pas eu rencontre.

Si la limite — quelle qu'elle soit finalement — ne renvoie pas à ce qui parle en nous et hors de nous, l'homme qui vit dans ses limites est condamné à ne jamais habiter la loi humaine sans laquelle il ne vit vraiment que pour autant qu'il vit avec d'autres, justement.

Quand il n'y a personne, ni au-delà des limites ni en deçà, l'homme fait la paradoxale expérience d'un vide effrayant. Même aux limites, même à la limite, il n'y a pas rencontre possible : c'est qu'il n'y a personne, ni en lui ni hors de lui. Alors, comment rencontrer quelqu'un au-delà, quelqu'un qui l'appellerait, quelqu'un en la promesse duquel il se confierait ? Alors, com-

ment se recueillir en soi-même ou dans le souvenir d'une rencontre qui l'autoriserait à continuer de vivre pour qu'à nouveau elle ait lieu? Ni avec. Ni sans.

Voilà qui indique la dévitalisation des limites.

Du coup, la vie devient invivable et dedans et dehors, car aucune limite n'organise le monde intérieur ou extérieur pour l'homme vivant. Aucune loi n'y fait vibrer la dimension d'Altérité [1] *qui délivre l'homme de l'inceste* [2] *dans la logique duquel il se trouve confisqué. Le sujet ne peut pas naître dans cette vie. Il se heurte sans cesse à une limite formelle et vide, à un mur de langage. Les blessures que provoquent ces heurts lui permettent, dans une indéfinie répétition, d'appréhender qu'il vit encore : vous reconnaissez les coups de tête sur les murs, les automutilations, les accidents en série, les défis de la délinquance.*

Mais nous reconnaissons aussi, au Jardin Couvert, les hurlements stridents déclenchés par la colère dès que la dimension de l'autre intervient : ils ferment les oreilles et crispent le visage. Ils n'autorisent pas l'attente préalable à toute rencontre, attente appuyée sur une confiance déjà expérimentée.

Là où le support symbolique de la rencontre, la parole en forme de bras ouverts, n'accueille pas le sujet en répondant de lui dans l'initiative prise, tout ce qui change, tout franchissement devient persécutoire. Ce peut être le seuil, au moment d'arriver comme au moment de partir, la déclivité du sol entre nos deux pièces, la rupture de l'équilibre que suppose le passage de la position debout à la position « tombée », ou la modification des sensations internes liées au relâchement d'un corps-porté qui devient l'acte de porter son corps. Cette différence où s'inscrit le concept de limite est encore plus sensible dans le domaine des idées et de l'affectivité — quand elle n'est pas articulée à une parole de vie qui permet de parler la séparation, ou de garder le souvenir d'une rencontre qui interdit la fusion de la voracité animale comme l'abandon sans retour. Partout la peur entraîne la paradoxale crispation du désir, quand la limite devient paroi lisse de la mort : le grimpeur ayant perdu confiance dans le dynamisme vivant qui le sépare de la roche pour le conduire de ce (lui) qu'il a quitté à ce(lui) qui l'attend reste tétanisé contre la paroi. Il est livré à la panique et au vide. Dans le vertige où il n'y a rien ni personne, il s'identifiera à en mourir à la paroi fixe, incapable de le tenir, ou de le retenir, de le détacher en le séparant d'elle-même.

Le « trop » se manifeste toujours cliniquement et socialement par une autoconfiscation de soi dans une limite qui devient clôture.

La parole est à l'œuvre — en tant que limite symbolique —

1. Altérité : rapport à l'Autre (voir note p. 48).

2. Ce mot est entendu dans un sens large. « L'inceste met l'homme dans la situation périlleuse de vivre d'une vie qui ne serait pas la sienne en vérité. Avec lui, le désir de l'homme n'est plus le désir de l'Autre et, par là même, le sujet avorte » (Denis Vasse, *Inceste et jalousie*, *op. cit.*, p. 127).

partout où la séparation n'est pas vécue imaginairement comme exclusion ou abandon, partout où la jonction des corps n'est pas ressentie comme inclusion ou fusion.

Elle œuvre à la rencontre dans un espace intersubjectif. Entendons par rencontre l'*être-ensemble* qui autorise la séparation des partenaires ou leur union, sans nier la vérité de leur lien. Le « trop » de l'inflation ou le « pas assez » du retrait rend la rencontre douteuse ou illusoire parce qu'elle n'a plus le poids de réel d'un désir qui nous est chevillé au corps. Dans la mesure où le désir vise à se réaliser, le bébé et la mère, le mari et la femme, les parents et les enfants, les êtres humains... tendent à se séparer et/ou à se réunir sans en être coupables. La culpabilité plus ou moins consciente produit le sentiment du *trop* ou du *pas assez* : elle en est le ciment. Elle veut cimenter l'être-ensemble en niant la différence. Faute d'y parvenir, elle pousse à l'exaspération de la haine. Elle donne à la séparation le goût de l'abandon dans la détresse. Comment se séparer, au Jardin Couvert, sans avoir à prouver — dans la répétition fallacieuse du corps à corps ou du corps à œil, dans le jeu des braillades ou des provocations —, qu'on est ensemble ? Ici se monnaie l'écart nécessaire à la manifestation du désir. Dans l'ordre humain, l'être-ensemble du corps à corps n'est vrai que pour autant que les êtres sont séparés, différenciés. Ainsi, ils entretiennent avec *la vérité qui parle* — en eux et/ou entre eux — une relation de sujet. Ce qui toujours déjà parle en eux, c'est un autre, un « il ».

Le « il »

Une rencontre autorisant la séparation sans qu'elle s'éprouve comme abandon ou exclusion est une réunion où les deux partenaires ne sont pas tout l'un pour l'autre. Cela veut dire que le partenaire est toujours déjà quelqu'un pour quelqu'un d'autre, voire pour d'autres que son interlocuteur du moment, que sa qualité de sujet existant ne dépend pas uniquement de cette rencontre-là.

S'il n'y a pas cet écart différentiel et différenciateur, la place du « il » est occultée, déniée. Que ce « il » soit le seigneur dont je dépends ou l'enfant à venir qui dépend de moi, il représente un tiers. Sans lui la rencontre ne peut alors que devenir asphyxiante (si l'un des deux est tout, l'autre n'est rien) ou rejetante (si seul « je » suis tout — être tout seul —, l'autre n'est pas absent... il est rien !).

Cet élément différenciateur réside dans la parole en acte. La parole agit quand elle répond de quelqu'un en lui donnant un nom, quand elle articule un tu *à un* je*, un sujet à un autre sujet. Cette nomination réfère nécessairement le* tu *au* il*, car sans lui il n'y aurait même pas de* je*. Le* il *est toujours du côté de* *l'origine. Il fonde le nom donné et/ou reçu dans l'Altérité d'une Parole en acte. La référence à cette présence-absence fait vibrer toute séparation au souvenir d'une rencontre originelle comme à l'espoir d'une rencontre nouvelle, ce qui donne à la vie son sens, sa direction. Sans cette vibration dans les mots, il n'y aurait plus absence mais vide, sans attente et sans souvenir !*

Cette manière d'appréhender les choses est précieuse entre toutes.

Pour l'enfant, ne pas supporter l'absence, ce que l'on met souvent au compte de la délicatesse, de la timidité ou de la peur, c'est ne pas être inscrit dans le registre de la confiance en la parole de la mère : « Je reviens ». Lorsque l'espace ne résonne pas de cette promesse, la fausse assurance vient de ce qu'il est rempli d'une « présence » alimentaire (physique). Et la moindre interruption ou séparation fait peser la menace du vide évoqué qui est, à mon avis, refus d'attendre et/ou de se souvenir.

Ce refus d'attendre et/ou de se souvenir peut signifier un non-vouloir de la rencontre qui, en un « premier » temps, n'a pas tenu sa promesse, n'a pas donné ou rendu sa liberté au sujet...

On comprend alors comment la haine qui sous-tend ce non-vouloir exige d'être voilée par une toute-présence, une présence sans absence, une matérialité occupante, n'autorisant plus ce jeu de l'écart où la parole résonne en joie ou en pleurs dans l'attente et dans le souvenir. Cette haine exigeante dont les signes sont ceux de l'amour exaspéré deviendra, au cours du temps et souvent dans un renversement fulgurant, indifférence glacée de l'oubli.

Dans l'exaspération du cri de l'enfant jusqu'à la suffocation, on peut entendre cette dissimulation de la haine, ou cette accumulation du trop. La méfiance coupe le souffle. La suffocation évoque alors une demande et une plainte qui, de ne pouvoir se dire et être entendues, provoquent un redoublement de manipulation de l'adulte qui étanche le sentiment de culpabilité éprouvé. Il ne s'agit plus dès lors dans la rencontre que d'éponger l'angoisse, ou, dans la séparation, de la nier.

Alors disparaissent et la demande et la plainte qui sourdent du cœur de l'angoisse qui nie et qui confond les deux modalités de l'appel à un Autre. Le verrouillage de la méfiance se manifeste toujours d'abord par la disparition désespérée de cet appel à qui me ferait vivre, à qui ne voudrait pas ma mort. La méfiance dit : l'autre ne me désire pas. Ma demande est sans espoir et le désir qui m'anime est vain. Il n'y a pas de il, *ni de* je. *Parler ne sert à rien. Il n'y a pas de parole véritable sur laquelle* je *puisse compter quand quelqu'un d'autre s'adresse à moi, ou que, moi, je m'adresse à un autre. Il n'y a donc pas d'échange des prérogatives du sujet dans la parole en acte qui lie le* je *au* tu, *et pas davantage il n'y en a entre le* il, *le* je *et le* tu.

Sans le il, *il n'y a pas de* nous, *il n'y a que du « on », ce pronom indéfini de la confusion des pronoms ayant perdu leur différence.*

Le Jardin Couvert me parait être un endroit privilégié où se révèle la manière dont les adultes dits « tutélaires » peuvent s'occuper des enfants pour éviter une certaine présence à eux-mêmes et aux autres : celle qui résulte du silence et de l'absence. L'enfant qui *apprend*, comme on dit, à voir, à parler, à marcher incarne l'émergence impérative d'une présence. Ce point d'émergence peut être occulté par la pré-occupation — l'occupation d'avance — des soins ou des mots. Les incitations gestuelles ou verbales de l'adulte peuvent occuper d'avance le corps de l'enfant. Cette préoccupation du corps de l'enfant, comme d'ailleurs sa désoccupation subite lorsque la préoccupation cesse, renvoie à la jouissance narcissique de l'adulte dont l'enfant est « l'objet. » Le psychanalyste repère cette pré-occupation de la chair par l'armée envahissante des mots, des biscuits, des biberons, des mains. Il y met des mots comme il peut et s'il le peut, mais, surtout, il est témoin que, sous les soins nécessaires qui honorent l'adulte, se cachent les troupes d'occupation. Aux prises avec l'angoisse et avant de s'armer du bazooka de la révolte, l'enfant ne cessera de fonctionner au radar de la peur. La pré-occupation ne supporte pas d'être remarquée par un témoin. Ou plutôt, dans la mesure où la pré-occupation ne supporte pas d'être dénoncée, c'est qu'elle est faite dans l'intérêt de l'occupant, et non dans celui de l'occupé comme elle le prétend.

Disons qu'une préoccupation dont on ne peut pas parler, à propos de laquelle personne ne peut intervenir, est suspecte. Bien sûr, le repérage désintéressé d'une préoccupation qui ne l'est pas a des répercussions. Ce n'est pas pour autant que le psychanalyste devra renoncer à la position qui est la sienne : il interviendra dans l'écart et le transfert, par une parole adressée à un sujet, l'enfant, que le trop suffoque. Comme dit Françoise Dolto souverainement : « Je parle à sa personne ».

Ainsi l'acte de parler devient la limite constitutive du rapport entre deux êtres aussi bien qu'avec soi-même. C'est à cette limite en acte que sont ordonnées toutes les autres au Jardin Couvert. En vérité, toutes celles aussi qui organisent le monde vivant. Les interdits édictés par la loi des hommes mettent une butée à l'indéfini de la répétition pulsionnelle qui conduit à la décharge et à l'épuisement. Sans la loi fondée sur l'interdit, le désir se perd dans les sables de l'inceste. *Là où il n'y a pas d'interdits référant le jeu pulsionnel à ce qui parle en l'homme depuis le début, la limite n'est plus socialisante.* L'énergie du petit d'homme s'épuise de manière perverse, à la recherche d'une limite matérialisée de son corps, jusqu'à l'explosion meurtrière et au morcellement, ou dans l'implosion paralysante de l'inhibition, du sommeil ou du retrait psychotique.

L'émergence impérative de la présence et le « se tenir debout »

À condition de ne pas faire jouer cela comme un truc de psy, il me semble qu'il y a une relation constitutive — au niveau symbolique — entre l'émergence impérative d'une présence, qui va de pair avec l'éclosion de la parole en mots, et le se-tenir-debout, la position verticale.

La préoccupation, l'occupation d'avance, du corps de l'enfant par l'invasion des mots d'un autre peut être « matériellement » perçue dans les troubles qui accompagnent ce passage de l'être-porté au porter son corps, de l'être porté par un autre au se porter soi-même à la rencontre d'un autre. De passive qu'elle était, la rencontre devient active. De comblante qu'elle était, elle devient jubilante. Les places s'échangent, le rencontré devient le rencontreur, et inversement. Dans le jeu consenti de l'amour, les mères font cela spontanément. Cet échange des positions relativement à un tiers (sans lequel ça ne marche pas) interdit que la position passive ou que la position active soit celle que l'enfant ait à rejoindre absolument comme si c'était sa loge. Cet entre-dit qui soutient le jeu de renversement entre les pulsions passives et les pulsions actives situe le sujet parlant à la charnière des deux : dans la rencontre justement, à cette limite où il n'est pas en son corps seulement passif ou seulement actif, états qui ne dépendent pas de lui seul et qui ne peuvent être dépassés que par un renversement de position où l'Altérité se dit en lui et hors de lui, dans la rencontre. En lui, car nous « savons bien » ce que représente en nous-même l'abandon de la position passive pour l'initiative que suppose la position active : en cette limite « intérieure », c'est de la chute de l'image de soi qu'il s'agit, mais aussi de la confiance faite au désir de l'Autre. Nous savons bien aussi, inversement, ce que représente en nous-même l'abandon de la position active pour le laisser-aller confiant de la position passive.

Quand cette interaction subjective entre la position passive et la position active ne s'inscrit pas dans la chair et n'est pas éprouvée dans un corps à corps parlant, l'homme reste coincé dans la toute-puissance fantasmatique d'une pensée. Il s'enfonce dans un dédoublement[1] qui n'en finit plus de se répéter. La parole ne le touche pas et il ne prend pas véritablement corps dans une rencontre où l'autre témoigne de ce qui le fait vivre séparé de cet autre ou uni à lui.

L'intimité de la présence à l'autre dans l'absence sensorielle rend vrai pour le sujet le corps à corps charnel quand il a lieu : il est alors inscrit dans une histoire qui autorise son souvenir et son attente. Le souvenir et l'attente

1. « Quand "ça ne parle plus dans le corps humain", quand il n'y a plus de rencontre, c'est que, inconsciemment, l'homme ne se cherche plus dans la parole qui le spécifie, mais dans une image de lui qu'il fait parler en croyant que c'est d'elle qu'il tire son identité » (Denis Vasse, *Inceste et jalousie*, *op. cit.*, p. 175).

donnent son poids à la rencontre. S'il n'y a pas attente de l'autre, il n'y a pas de rencontre.

C'est un peu paradoxal, mais l'on perçoit qu'une telle analyse du rapport mère-enfant rend compte aussi du rapport de l'homme et de la femme. Si la référence au père et/ou au mari manque dans le lien de génération ou si, dans l'alliance conjugale, la référence (non nécessairement explicite) à l'enfant, à la parole qui s'engendre, fait défaut, l'enfant — ou le mari — devient tout ou rien pour la femme, et réciproquement. Et nous voilà précipités à nouveau dans la problématique d'une invasion totalitaire ou d'un rejet n'autorisant plus la position debout qui permet à chacun (au père, à la mère, à l'enfant) de prendre la parole. L'un ne peut être que porté par l'autre. C'est d'être porté que l'enfant justifie passivement l'invasion de la mère, à moins que ce ne soit l'inverse. Jusqu'à l'exaspération d'êtres qui ne sont censés vivre qu'en se couchant tour à tour.

Lorsque certaines limites sont marquées de l'inter-dit[1], elles deviennent le lieu où s'intériorise la parole dans la rencontre. Positivement, dans l'obéissance. Négativement, dans la transgression. À l'articulation des deux, se rejoue la provocation qui cherche la tendresse ou, faute de l'avoir rencontrée, l'exaltation d'une toute-puissance moïque[2]. Quand l'accueil a lieu dans la parole, la limite renvoie à un « nous » (elle est vivante). Quand la limite ne fait pas seuil, lieu de rencontre dans la parole échangée, elle renvoie à l'isolement et induit le clivage d'un moi dédoublé.

Tout cela n'a l'air de rien. Mais cette limite est ce qui permet que s'établisse un discernement entre le « vrai » et le « faux », entre l'esprit qui fait vivre dans le désir et celui qui fait vivre dans l'imaginaire redoublé.

Le vrai serait plutôt du côté du *nous* : c'est la vie partagée avec d'autres qui authentifie l'intimité de la mienne. Le faux serait plutôt du côté du *moi isolé* pour lequel la vie des autres est une atteinte à la mienne. Et pourtant, nous le savons, dans l'aveuglement du dédoublement, rien ne ressemble au « vrai » comme le « faux » !

Au Jardin Couvert, la psychanalyse nous apprend à ne pas renoncer aux interventions créatrices d'espace et de respiration. Cela se fait toujours à l'occasion ou autour d'une limite (c'est la question de la castration et de son ouverture au désir). Ainsi se rétablit l'écart que toute limite, finalement, symbolise dans la

1. Cf., *infra*, p. 101.
2. Du « moi ».

mesure où elle autorise la naissance du sujet parlant qui se dégage de la matrice d'un moi totalitaire toujours plus ou moins confondu avec l'image de la mère. Porteuse de l'inter-dit, la limite devient porte ou issue. D'y être convoqué, l'homme accède à la parole qui l'habite. Et c'est bien dans la parole que l'homme réside : c'est là qu'il est nommé dès le début. Ainsi, si l'accueillant au Jardin Couvert a à tenir la position d'un intervenant qui fait entendre la parole, au prix même de la maladresse ou de l'erreur, il lui faut renoncer à toute position moïque : celle de la conviction, du souci, de l'obstination ou de la prétention à légiférer par soi-même.

L'inter-dit et/ou l'entre-dit

La limite marquée d'un interdit réfère le corps à une parole souveraine qui oriente le vouloir de chacun à travers la rencontre de deux sujets, que cette rencontre se fasse dans l'adhésion d'une volonté à l'autre ou dans la contrariété. En tant que lieu de rencontre, l'inter-dit est symbolique : c'est relativement à la limite indiquée que surgissent les sujets, qu'ils naissent l'un par rapport à l'autre et dans leur rapport à l'origine[1].

Si, par la force ou par la ruse, l'inter-dit n'est pas la manifestation inaugurale d'une alliance dans la reconnaissance, il n'est plus que la conséquence d'un vouloir dominateur : il n'est plus un interdit (entre-dit), mais la projection d'une défense animale de territoire, ou d'une position arbitraire qui dénie tout accord, tout contrat.

En ce qui concerne le petit enfant, cette défense arbitraire et rigide du territoire (ou son organisation tyrannique) empêche d'accéder à un corps qui serait le sien. L'interdit, alors, dé-symbolise, pourrait-on dire, et ne renvoie plus au désir dans le corps, à ce qui, en lui, parle avec. C'est du contraire qu'il s'agit au Jardin Couvert : la limite y renvoie à ce qui se dit dans l'enfant, dans son corps. Que celui-ci soit interrogatif, grincheux ou jubilant, c'est sur la limite que vient prendre appui la demande à être entendu par le témoin ou le garant de la Parole, qui, en lui, organise l'univers et le crée.

Quand la roue du tricycle passe la ligne verte marquée de l'interdit — et il ne faut pas avoir peur de le signifier et de le resignifier puisqu'elle est aussi, pour nous, la ligne de rencontre avec lui —, il y a toujours une sorte de suspens chez l'enfant avant même la provocation dans le regard ou dans les cris. Cet arrêt sur image signe l'intensité de la recherche de quelqu'un qui « tienne » dans un échange symbolique, dans une rencontre où c'est bien de désir qu'il est question, et non seulement d'objet. Là, au lieu marqué par cette limite, il saura

1. « Dans l'acte de la naissance, l'homme découvre jusqu'à la mort et de génération en génération qu'il est le lieu d'un lien à la parole qui crée l'univers » (Denis Vasse, *Inceste et jalousie*, *op. cit.*, p. 64).

qu'il est bien assuré, ou qu'il est dans une position de transgression. Jouant avec la limite, il met à l'épreuve celui qui interdit. Il vérifie qu'il témoigne en vérité de ce qui s'y entredit pour lui. Comment mieux s'assurer d'une présence ?

Même si la limite est au service de l'organisation de l'espace et du temps, ce peut être avec plus ou moins de pertinence : ici, par exemple, il faut bien dire que la ligne verte n'en a pas beaucoup. Ce qui compte dans la structuration du petit d'homme, c'est aussi et surtout que l'interdit que cette ligne matérialise renvoie au sujet naissant en lui, dans son rapport à l'autre et au monde.

Peut-être même faut-il avancer que dans un lieu comme le Jardin Couvert une limite qui n'a pas une grande utilité objective fait surgir avec plus d'évidence la question de l'inter-dit comme entre-dit. Viendront alors y buter avec éclat les jeux de la provocation et/ou ceux de la séduction.

Si l'interdit et la limite ne convoquent pas le sujet agissant ou voulant du côté du nous, *dans l'adhésion à une parole d'alliance, la loi authentifiant la reconnaissance de tous et de chacun comme sujet revêtira l'allure d'une pure contrainte sociale, une contrainte qu'il faut respecter parce que « c'est comme ça ». Ce renvoi au ça, au surmoi « qui ne veut pas de ça » engendre une confusion entre le surmoi et l'Autre. Seule, la sortie de cette confusion ouvre à la question du sujet et à l'altérité. Sans ce discernement, le dédoublement s'installe et se consolide. L'homme prête alors un discours à une partie de son* moi, *prise pour la vérité qui parle.*

Le vrai alors n'est plus ce qui renvoie à la vérité du sujet dans la demeure de la parole, rencontre à partir de laquelle et pour laquelle s'organise le monde (et nous organisons le monde pour vivre). Le vrai, ça devient : avoir raison !

« C'est vrai », devrait-on dire à l'enfant quand il nous montre que la malheureuse ligne verte ne sert pas à grand-chose ou que les tabliers ne les empêchent pas de se mouiller jusqu'aux os..., « c'est vrai, tu as raison ». Certes, en disant cela, nous nous rendrions à la raison et à la fierté suspecte de la rationalisation, mais nous éviterions alors, pour son plus grand dam, d'aller, par la parole, à sa rencontre, en lui évitant de venir, par elle, à la nôtre.

Attention ! Ne dites pas que puisque c'est comme ça, on peut poser dans l'arbitraire n'importe quelle limite et que c'est bon : ce n'est bon que si c'est instauré pour la vie et l'organisation qu'elle suppose, que si la sagesse ou du moins la mesure et la justice président à l'établissement de la limite.

Mais, en humanité, la mesure des choses ne peut que renvoyer à la démesure du don de la vie, et la justice de l'organisation au pardon qui le fait vivre.

La conséquence ou les effets de la position moïque de l'obstination, du souci, de l'exaspération et de la prétention à légiférer par soi-même sont difficiles à pointer. Et, d'une certaine manière, nous n'avons pas à le faire dans l'espace et les limites du Jardin Couvert.

L'autre face de cette position regarde en effet le rapport des jardiniers entre eux. Cet espace entre nous s'organise, lui aussi, autour de lois, de la gestion du Jardin et de la manière dont chacun cultive sa propre fleur, dans son jardin personnel. Là aussi, inévitablement, il est question des limites en nous et entre nous. Si ces limites fonctionnent comme nous l'avons dit pour le Jardin Couvert, nous voilà renvoyés aux mêmes exigences de discernement et de discrétion. Pour intimes qu'ils soient, discernement et discrétion ne vont pas forcément sans bouleverser les rapports entre les personnes. C'est en effet la parole qui nous fait sortir des tentations de retrait, d'invasion ou de récupération que la jalousie inhérente à l'homme tisse au cœur de toute institution. Elle est le soc qui travaille le terreau de notre premier jardin : celui de la scène primitive sur laquelle la mère se donne comme objet à posséder, le père comme objet à exclure ou inversement, et l'enfant comme objet d'une toute-puissance qui va jusqu'à l'aveuglement tyrannique ou suicidaire. Mirage d'un jardin œdipien où finalement aucune rencontre n'aurait lieu si la tendance incestueuse n'y était pas dénoncée !

Le jardin œdipien

Si nulle rencontre n'a lieu dans le jardin œdipien et si rien n'y pousse vraiment, c'est que sa terre n'est pas travaillée par le soc de la parole. Je veux dire que la vérité qui fonde chacun — le père, la mère et l'enfant —, dans un rapport à une Parole qui n'appartient en propre à aucun d'eux, n'y est jamais entendue. Les ronces incestueuses qui poussent dans le jardin œdipien sont celles de ce malentendu, elles repoussent sans cesse et rendent impraticables les chemins : elles effacent toute limite. À quoi les reconnaître pour pouvoir les arracher quand il est temps ? « Arracher » veut dire ici mettre en œuvre le soc de la parole : leur donner un nom, les reconnaître, évite la confusion entre ce qui fait vivre, la parole, et ce qui y met obstacle en obstruant les chemins de la parole.

Les fruits de ces ronces s'appellent sentiment de culpabilité et accusation de l'autre. Avez-vous remarqué que jamais le sentiment de culpabilité ne va sans l'accusation de l'autre et que pourtant, toujours, se prévaloir de l'un suffit à dissimuler l'autre ? Autrement dit, le sentiment de culpabilité que nous avons et qui se manifeste — même à notre insu — est la marque visible et manifestée de l'accusation invisible, inconsciente, où nous tenons l'autre. Et inversement d'ailleurs, l'accusation de l'autre (voire sa condamnation) sert à dissimuler mon propre sentiment de culpabilité. Il suffit que l'autre soit coupable pour que, moi, je sois innocent !

Cette tenaille dont les deux branches du manche sont le sentiment de culpabilité et l'accusation de l'autre ne peut se rouvrir qu'à la condition que le tranchant de la parole défasse la fascination que procure, de manière plus ou moins consciente, l'admiration et/ou le rejet de ma propre image en l'autre.

Le Jardin Couvert est alors un lieu intermédiaire qui n'a d'existence, pour ceux qui le fréquentent comme pour nous — qui le fréquentons aussi —, que d'être ouvert, d'un côté, sur le jardin œdipien et, de l'autre, sur le jardin social. Ce lieu est intermédiaire parce que s'y effectue non seulement le passage des limites de la famille à celles de la société, mais aussi et surtout celui de l'imaginaire familial à l'imaginaire social, par la médiation de la parole. C'est dans cet écart que se rejoue sans cesse la question de l'homme, celle de sa fin et de son origine.

Lieu de socialisation. La chair et le droit

En relisant ce papier, il m'a semblé que l'on pouvait réfléchir davantage sur le Jardin Couvert comme lieu de socialisation. Et ce n'est pas si facile que ça.

Au Jardin Couvert, nous sommes en un lieu intermédiaire qui n'a d'existence que d'être ouvert, d'un côté sur le jardin œdipien et, de l'autre, sur le jardin social. Or sortir de l'un et entrer dans l'autre sont un seul et même acte. Cet acte combine deux mouvements qui ne s'accomplissent vraiment que pour autant qu'ils s'articulent : c'est au lieu de leur articulation qu'ils s'accomplissent. Cela veut dire que « ça » n'est jamais fait une fois pour toutes. Cet accomplissement dans le temps est notre histoire.

Séparons ces deux mouvements pour mieux comprendre leur articulation.

— La sortie du jardin œdipien s'accompagne de la résolution du complexe d'Œdipe. Elle ne va pas sans mal pour le petit d'homme, amené qu'il est à constater que ses parents et lui-même sont des hommes pas comme les autres *— ils ont un rapport privilégié entre eux —, et* comme les autres *— ils naissent, meurent et désirent dans un corps qui parle ; ils sont égaux au regard de la loi qui régit la société.*

— L'entrée dans le jardin social est l'accès à la socialisation. Françoise Dolto parlait volontiers des « citoyens ». La découverte de la citoyenneté ne va pas sans mal non plus : non seulement le fait d'être soumis à la loi de la société, dans laquelle je suis né et dont ma famille parle la langue, me sépare de ma famille en faisant prévaloir des liens de droit sur les liens de chair, mais encore elle me fait devenir sujet de droit dans ma famille. Elle introduit ipso facto *l'expérience qu'être homme, c'est ne pas être assujetti seulement à la chair. Il en résulte qu'il y a plusieurs manières d'être un homme et que la société humaine se constitue de peuples différents. Entrer dans le jardin social,*

c'est faire l'expérience, qui n'est pas forcément consciente, que nous sommes des hommes comme les autres et pas comme les autres. *Nous sommes comme les autres dans la mesure où l'Autre qui nous constitue comme sujet n'est pas l'image de notre mère. Mais nous ne sommes pas comme les autres dans la mesure où, parlant, notre manière d'être nous différencie les uns des autres selon le lait que nous avons bu et la culture dans laquelle nous sommes nés. Reconnu sujet de droit à l'articulation de ces deux sphères — œdipienne et sociale, particulière et universelle —, l'homme ne peut au nom de ce droit exiger que tous les autres hommes soient comme lui. Et pas davantage, il ne peut prétendre à n'être pas comme les autres.*

La question de l'homme se joue bien là. *Être comme les autres*, car référé à l'origine unique, et *n'être pas comme les autres*, car référé à une mère et un père particuliers, ouvre chacun à la possibilité d'une rencontre avec tous. Tous et chacun, nous sommes dans un rapport à la parole originaire irréductible à aucune des manières dont nous parlons, à aucune langue maternelle.

La famille et les peuples

On peut dire, ici, que la parole originaire est intime et souveraine. Elle nous est plus intime que notre langue maternelle. C'est pourquoi elle est souveraine. Parler en vérité nous fait sortir d'une humanité imaginaire dont les commencements s'inscrivent « d'abord » dans l'image de notre mère. Cette image qui apparaît à nos sens la première et qu'à bon droit on peut dire primordiale n'est pas notre origine. C'est la référence inconsciente à la parole originaire qui nous fait entrer, « ensuite », au plus intime de nous-même : elle nous constitue sujet de droit. Par le biais des lois et dans la reconnaissance de la diversité des peuples et des frontières, se trouve instruit notre procès au tribunal de « la vérité qui parle ». La diversité du droit des peuples interdit à chacun d'eux de transformer sa force en totalitarisme... comme si la seule manière de devenir homme était de les soumettre tous à sa loi particulière, sans tenir compte de leur histoire et du jardin de la jalousie[1] *dans lequel ils sont nés ! En tant qu'intime et souveraine, la parole originaire n'est la propriété exclusive d'aucun peuple. Chacun y a droit.*

Ce qui caractérise un peuple ou une société d'hommes vivant ensemble est le rapport que chacun de ses membres entretient avec l'imaginaire dont il a à s'affranchir et le rapport que tous entretiennent avec la parole où ils ont à demeurer. Mais autant un peuple est enraciné dans l'image qu'il a de lui-

1. « Au stade précoce, dans ce moment où le cri échoue à être interprété [...], la violence de la jalousie où il naît, faute d'être entendue et symbolisée par un adulte, sera tapie, comme une bête [...] au cœur du mutisme, de l'anorexie ou de l'indifférence » (Denis Vasse, *Inceste et jalousie*, *op. cit.*, p. 14).

même et qui fait son identité, autant il ne peut jamais prétendre être le seul à avoir droit à la parole en obligeant tous les autres à se soumettre à sa loi. Quand l'homme prétend à ce totalitarisme, il est retombé, sans le savoir, dans l'identification imaginaire à un seul — le tyran — qui n'est rien d'autre que le double indéfiniment répété en miroir de l'image de sa mère.

La diversité des peuples, dans le rapport à la parole qui organise le monde en un univers, renvoie à la diversité des individus. Il n'y a pas de peuple sans familles (œdipiennes), mais il n'y a pas de famille vraiment humaine sans peuple, c'est-à-dire sans rapport à une langue et à un droit qui inscrit, pour un ensemble d'individus, le rapport à la parole originaire que la jalousie œdipienne des commencements occulte en y substituant une image de l'origine (mère). Aucune langue, en effet, n'épuise le fait que ça parle. Pas plus qu'aucune image de commencement ne peut, dans le rapport différentiel qu'elle inaugure, égaler l'unité de l'origine.

N'y a-t-il pas là où nous sommes, au Jardin Couvert, un secret rapport entre les frontières qui séparent les peuples et les limites qui différencient les êtres ?

Les unes et les autres ne sont-elles pas le lieu de langues qui s'échangent et se traduisent dans une ouverture des uns aux autres, ouverture qui n'est jamais faite une fois pour toutes, mais qui témoigne de ce qui parle, et dans l'individu, et dans un peuple ? Avec cette ouverture, l'individu se trouve toujours à nouveau délivré de son fantasme de toute-puissance imaginaire et l'humanité, de sa tentation de totalitarisme politique.

Les frontières

Les frontières entre les peuples n'ont-elles pas, en définitive, une fonction comparable à celle des limites au Jardin Couvert ? Les unes et les autres fonctionnent comme le lieu où, dans un échange de paroles, deux volontés s'affrontent, se reconnaissent et se différencient. Mais si les frontières sont le lieu de reconnaissance de ceux qui parlent au nom du droit qui est le leur, elles peuvent devenir à tous moments des clôtures, des barbelés, des rideaux, des murs manifestant le refus de la rencontre dans la négociation. Des deux côtés de la limite, ou, au moins, d'un côté, le droit du sujet n'est plus alors référé à la parole qui spécifie le genre humain. Là où le droit ne régit plus le rapport des hommes à la parole qui les constitue comme sujets, là grandit le spectre de la peur, de l'enfermement en soi et du mutisme.

Sous l'effet du mépris du droit, les frontières — ou les limites — peuvent aussi se dissoudre. Et le prix payé de cette dissolution, c'est l'impossibilité de vivre dans un pays ou dans un organisme, dans un corps social ou individuel, dans l'espoir de devenir un homme. La dissolution des frontières est aussi destructrice que leur transformation en béton. Dans les deux cas, la limite n'est plus vivante, et ce qui parle en l'homme, comme ce qui parle entre les peuples — la parole —, est voué à n'être plus entendu. Cela est inévitable dès lors qu'aucun lieu n'indique plus la ligne de partage où chacun, chaque peuple, vient témoigner de la manière dont il parle, manière qui témoigne de la diversité qu'a la parole de se dire sans s'aliéner jamais tout entière à un seul langage.

Si l'enfant ne sortait pas du jardin incestueux de l'œdipe, il ne saurait jamais trouver sa place d'homme dans le monde. Dans la confusion où il s'ignore être et où il ignore les autres, l'enfant qui est tout pour sa mère qui est tout pour lui ne sera jamais soumis à la loi d'un ensemble fraternel et égalitaire.

De la même façon que le jeu de la séduction et l'absence de castration l'auront aliéné à l'image de lui-même dans l'autre, le jeu de la délinquance ou de la tyrannie ne l'autorisera pas à rencontrer d'autres hommes et à vivre avec eux dans la question ouverte de ce qu'est l'homme. Il ne sera jamais un parmi d'autres. Il est exposé à devenir un tyran réduisant les autres à rien, ou un exclu réduit à rien par les autres.

Là où le rapport des frontières entre les peuples, aux limites du corps entre les hommes, ne trouve pas son Jardin Couvert — pourrait-on dire —, l'homme échoue à devenir homme.

La portance

« J'ai pas d'appui dans la vie...
un appui... comme on prend appui sur l'eau ou sur l'air,
comme une portance, quoi ! j'ai pas de portance... c'est le néant...
j'ai trop pas eu de parole... dans ma famille...
je crains de mourir sans avoir parlé !...
Petit, je me souviens d'un tiroir à moi, il me faisait peur...
celui de ma sœur était bien rangé...
le mien était comme un nid de pie [non humain], *je farfouillais dedans...*
c'était tout plein de morceaux, des morceaux de morceaux...
des fois ça pissait par regorgement dans le buffet
ça me faisait peur, ce tiroir [son corps].

Ainsi, dans une plainte incessante, annulée aussitôt qu'émise, cet homme[1] *disait que ses parents n'avaient su que lui donner à manger et qu'ils ne savaient pas parler : les limites au milieu desquelles il se mouvait ne le portaient pas, elles n'étaient pas vivantes, et du coup il n'avait pas été porté — « j'ai pas de portance » —, personne ne s'était adressé à sa chair comme à un*

1. Un patient en analyse.

sujet parlant — « j'ai trop pas eu de parole dans ma famille » —, il vivait dans la crainte diffuse de mourir sans être parvenu à vivre en tant que membre du genre ou du Corps humain — « Je crains de mourir sans avoir parlé ! ». Son tiroir, la case qu'il occupait dans le monde, lui faisait peur : elle était le chaos qu'aucune parole n'organise en en différenciant les objets ou en y pratiquant des chemins. Dans un chaos offert à la jacasserie de la pie comme à un farfouillage sans espoir, l'homme est impuissant à discerner la limite des objets et leur articulation en univers — « ce sont des morceaux et des morceaux de morceaux ». Ce chaos fait éclater la limite même d'un contenant devenu passif et déstructuré — « ça pisse par regorgement dans le buffet ». De par sa profession, il sait de quoi il parle : le corps lui-même est inondé par ses humeurs dont l'expression ou l'élimination ne tissent pas la chair signifiante d'un sujet. Et, d'une certaine manière, les mots lui sortent de la bouche par regorgement, comme pour quelqu'un qui ne pourrait ni en naître ni en vivre. Non seulement les mots qui sont brillants chez lui, poussés par une intelligence sans régulation interne, mais aussi ses actions qui sont tout à fait « opératoires » : il est capable d'exercer, par intermittence, son métier à un très haut niveau de compétence et il n'a pas son pareil pour restaurer un vieux meuble ou bricoler une mécanique. Tout cela « pisse par regorgement » en et hors lui-même dans une sorte de dénégation perpétuelle de soi comme sujet désirant. Son peuple, d'ailleurs, est celui des clochards et des délinquants d'un quartier plutôt déserté de la ville où il habite.

Si ce ne sont pas que des mots, cette réflexion sur les limites et les frontières indique assez la position que j'ai dit être celle de la psychanalyse au Jardin Couvert[1] : une position de précarité, une position qui n'attend pas de son exercice d'autre gain que celui qui est partagé avec les autres membres du Jardin Couvert, ni d'autre ouverture (ce peut être un gain, mais il est d'un autre ordre) que celle de la parole consentie avec les autres jardiniers, ceux de l'accueil.

Dans ces rencontres, ces retours, ces réunions, nous prenons sans trop le savoir, mais non sans rigueur, la mesure sans mesure de ce qui pousse dans le Jardin Couvert : des fleurs dont nous ne verrons pas les fruits ou des chimères qui dévorent déjà nos énergies ?

La précarité (la mesure sans mesure)

Elle s'exerce dans nos réunions et nos rencontres où notre pratique fait retour sur le mode d'une confrontation entre nous comme sur celui d'un rendre-compte « théorique. »

1. Cf., *infra*, p. 150.

La confrontation dans l'ouverture met l'accent porté sur la nécessité de l'élaboration théorique et nous détourne du risque inhérent à toute réunion de ce genre : celui du bavardage et de la jouissance narcissique du « rapporté ». Ces deux ouvertures de la pratique, aux autres et à la théorie, mettent nécessairement en question nos structures. Non qu'il faille se délivrer de tout narcissisme (Françoise Dolto défend avec rigueur la nécessité du narcissisme basal pour qu'un individu puisse exister et œuvrer), mais afin que notre narcissisme reste ouvert à la vibration de l'altérité et/ou de la vérité qu'il n'est jamais à lui seul.

« Les fleurs dont nous ne verrons pas les fruits »... poussent dans cette ouverture. « Les chimères qui dévorent nos énergies » profitent de l'absence de vibration en cet endroit pour se développer dans le redoublement de l'imaginaire qui envahit tête et corps à la recherche ornementale de l'image de nous-même.

Là aussi, question de limite... mais en nous-même. Et de cette limite qui nous constitue, nous pouvons dire tout ce que nous avons dit de la limite jusqu'à présent : ou elle est vivante, et le désir du sujet naît de la division où elle s'instaure ; ou elle est morte, rigidifiée ou absente, et nous ne sortons pas du dédoublement où nos énergies s'épuisent.

C'est cette double ouverture (aux autres et à la théorie) qui nous fait éprouver comme précaire notre position ; elle nous interdit de nous enfermer en elle ou en ce que nous croyons, par elle, posséder comme assurance.

Il me semble qu'il n'y a d'ouverture véritable à d'autres que dans la transmission balbutiante d'une expression qui puise dans l'expérience particulière en même temps qu'elle s'en détache et s'en abstrait pour se confier à des mots, à des articulations, dans lesquelles d'autres reconnaissent aussi leurs propres expériences.

Mine de rien, cette double ouverture de la précarité — aux autres et à la théorie — est, je crois, le seul passage qui peut nous éviter la perte d'énergie dans le bavardage, les accusations qu'il fait naître ou la tendance à nous prendre pour des victimes... ou de croire que d'autres, ceux dont nous avons la charge, le sont ! Et que grâce à nous — à notre discours — ils ne le seraient plus !

Il faudrait rouvrir, ici, le dossier que nous tentons pourtant de clore aujourd'hui et reprendre les différents points parcourus : le « trop », le « il », le pointage de « l'émergence de la présence » et le « se tenir debout », le repérage de « l'interdit » comme support de « l'entredit », la dénonciation de l'étau œdipien dont les deux mâchoires sont « sentiment de culpabilité » et « accusation des autres », le jeu de « la socialisation », enfin, qui va des limites du Jardin Couvert aux frontières des pays et des peuples.

À travers le travail que nous avons fait, il me semble que le rapport enfant-adulte, celui des générations, s'est déplacé. Il n'est plus simplement une réalité extérieure, sociologique, favorisant le dédoublement : ou enfant, ou adulte, il devient une réalité intérieure, celle d'une division d'où naît le sujet parlant[1].

Ce déplacement est ce qui manifeste la vie des limites qui constituent l'homme. Celui-ci n'est pas enfant ou adulte comme si l'un excluait l'autre ou dominait sur lui, il n'est pas non plus enfant et adulte dans une confusion qui pervertirait le jeu et l'histoire des générations. L'homme est enfant et/ou adulte. Dans ce rapport enfant et/ou adulte, se joue l'humanité en tant qu'elle surgit constamment d'une dimension de parole constitutive de la chair qui l'engendre et qui veut que la vérité de l'homme n'est ni l'enfant, ni l'adulte, mais c'est qu'il parle.

Alors, il me semble que nous n'avons pas trop de souci à nous faire :

— ou nous allons dans le sens des fleurs, et notre précarité durera (cette précarité ne saurait être celle des seuls psychanalystes, elle est celle du Jardin Couvert tout entier) ;

— ou nous allons dans le sens des chimères, et notre durée sera fort précaire.

N'est-ce pas le côté vivant de notre entreprise ?

En ce sens, en effet, que ce n'est pas tout à fait nous qui faisons vivre le Jardin Couvert. C'est bien plutôt le rapport enfant-adulte qui s'y développe. Il vient, toujours à nouveau, interroger l'écart où nous sommes par rapport à ce qui parle en nous et entre nous : *là où les limites font question et où la question de l'altérité fait limite.*

Étant bien entendu — mais cela, c'est la mise de fonds — que, quoi qu'il en soit des nécessités, des contraintes et des déceptions, nous n'aurons jamais à renoncer à ce qui parle. Même si, paradoxalement, cette position nous conduit à d'autres renoncements.

Denis Vasse
Année 1985-1986

1. Dédoublement : cf. note p. 99.
Division : « Dès lors qu'il écoute et qu'il parle, l'homme est divisé entre savoir et vérité : il est sujet » (Denis Vasse, *Inceste et jalousie*, *op. cit.*, p. 178).

La jalousie structurante

Comment travailler dans le monde de la petite enfance sans être constamment confronté aux effets de la jalousie? Elle éclate en cris, en pleurs, en colères et en violences. Elle est rarement reconnue et nommée, souvent déniée, gommée. Chez les adultes, le rapport à la jalousie se révèle dans l'attitude réactionnelle qui les met en difficulté. La théorisation que peut fournir la psychanalyse est ici précieuse. Elle donne des repères qui décèlent la souffrance et autorisent le sujet à se structurer dans la traversée de l'épreuve.

Ce texte en est le témoignage. Document de travail interne, il a été, par son abord théorique, l'occasion d'échanges autour des manifestations de la jalousie infantile comme autour des attitudes des parents et de nos propres difficultés lorsque nous y sommes confrontés.

Lorsque la jalousie n'est pas massivement déniée chez l'adulte, alors elle peut être abordée, parlée, reconnue, symbolisée chez l'enfant. Elle devient le dénominateur commun ou originel de notre humanité. Avec elle, nous reconnaissons en nous ce qui est vicié dès le commencement : une chair[1] qui, au lieu de s'ouvrir dans un rapport à l'autre, veut *tout* pour elle.

1. Denis Vasse, *La chair envisagée*, Seuil, p. 215-217. Note à propos du mot *chair* :

« Le mot chair est équivoque. Et il n'est pas sans intérêt de laisser jouer cette

Dans l'humanité jalouse, l'enfant, comme l'adulte, éprouve la vie qui fait vivre l'autre comme une exclusion de sa propre vie. Quel que soit l'objet apparent et circonstanciel de la jalousie, il est toujours, dans l'imaginaire, le support de la jubilation ou de la joie de celui qui le possède : ce peut être un gâteau, une personne, une qualité, un organe... N'importe quelle « petite différence » manifestera aux yeux du jaloux le refus inconscient qu'un autre soit, comme lui, vivant. Ce refus inconscient s'exprime toujours sous une forme inversée et conditionnelle : « Si l'autre est dans la vie, moi j'en suis exclu », ou sous la forme d'une alternative excluante : « Ou lui, ou moi ».

La jalousie s'indique dans la négation de l'altérité qui constitue pourtant la vérité du sujet humain. Alors, c'est sous la forme d'être nié que l'autre « existe » en nous.

La jalousie devient *structurante* du *sujet* quand la négation qui la sustente est dénoncée. *Quand la dénonciation de cette négation* a priori *est l'acte d'une parole vraie, elle autorise la mise en suspens du déni et la remise en jeu du désir dans la reconnaissance de l'amour et du pardon.* Alors la rencontre peut avoir lieu à nouveau : elle est la trace du don originaire de la vie, qui toujours se reçoit et ne peut pas être créée par nous.

Il n'y a d'accès à cette vie-là que dans l'acte d'une parole qui témoigne de sa présence dans le jaloux, là-même où, de n'être pas le seul vivant, il se venge — pour ainsi dire — en la niant.

Voilà, trop rapidement ouverte, notre perspective de travail. Elle s'enracine dans la pratique du Jardin Couvert et, en même temps, se trouve confirmée en chacun d'entre nous : à cet endroit précis où d'être, un jour ou l'autre, sortis de la jalousie, nous avons retrouvé la parole. Ce mouvement d'ouverture n'est

---

équivoque dès lors que nous l'employons. En percevant l'équivocité du mot, l'esprit est déjà au travail : il distingue les différents sens en dénonçant la confusion. Il fait jouer dans le mot une articulation des points de vue, au lieu d'en privilégier un en excluant les autres. Il est vrai que ce travail sur les mots présuppose la confiance portée à ceux qui les emploient comme à ceux qui les écoutent. La confiance et aussi le désintéressement.

« La "chair" indique l'état d'une créature : l'être charnel n'existe que dans la mesure où il reçoit l'être dans la génération. Il ne vit que pour autant que la vie lui est donnée et que, par lui, elle se donne à d'autres.

« Contrairement à la parole qui l'anime — mais pas sans elle —, la chair est de l'ordre du visible, du comptable, du mesurable, du séparé.

« [...] Le mot chair oscille entre deux extrêmes : ou il signifie une médiation vivante, un vivant qui reçoit la Vie pour la donner, ou il signifie un refus de médiatiser la Vie, dans la prétention d'une toute-puissance à l'être. Dans le premier cas, elle obéit de la naissance à la mort, à la Vie qui se donne en elle et par elle : elle est chair d'un vivant qui ne confisque pas la vie. Dans le second, elle se donne à elle-même comme fin en déniant l'altérité de l'origine. »

jamais accompli une fois pour toutes, mais il structure la manière dont nous consentons à la vérité du désir dans l'acte où nous reconnaissons que nous ne voulions pas de ce qui le fonde, dans la différence et le partage : l'autre.

J'étais arrivé, dans la journée, chez des amis. Les rares rencontres que j'ai avec eux ne sont pas de peu d'importance. Elles le sont si peu que, pendant la journée qui précédait, Marion — sept ans — avait mimé mon arrivée dans le patio : franchissant la porte, elle avait poussé une exclamation... qui m'est, paraît-il, propre. Tout le monde, en riant, m'avait reconnu. Pourtant, plus tard, Marion troublera la soirée puis le sommeil de ses parents par des pleurs et des exigences indéfinies.

Le lendemain matin, nous étions assis tous les deux sur le banc entre table et cheminée. Je prenais mon petit déjeuner. Elle venait de se lever et était venue s'asseoir contre moi, ne voulant pas me dire bonjour, encore embrumée, emmitouflée dans une couverture et feignant de m'ignorer. Après l'avoir saluée sans attendre de réponse, je lui dis que je travaille en ce moment sur la jalousie et que j'ai pensé en parler avec elle. Ce n'est pas la première fois que nous avons ensemble des conversations touchant au cœur et à ses difficultés. Lorsque je lui demande si elle sait ce que c'est que la jalousie, elle me répond, sur un ton qui en attend davantage, qu'elle ne sait pas.

Je prends l'exemple d'une situation dans laquelle un morceau de chocolat est mangé par quelqu'un d'autre.

« Est-ce du chocolat qu'on a envie ? Ou bien est-ce qu'on est jaloux du fait que c'est un autre qui mange du chocolat et pas moi ?

— Ça dépend », me répond-elle en minaudant.

Je lui dis que le chocolat, ça se partage, qu'on peut en manger à plusieurs et je m'entends ajouter : La parole aussi se partage, et tout le monde peut l'entendre. Mais, le soir, quand on est couché et qu'on entend quelqu'un parler avec sa maman, on voudrait être à la place de ce quelqu'un. On a besoin d'être entre lui et elle. On voudrait même être ce quelqu'un. On pense que la maman ne peut vraiment parler qu'à nous, en nous. Et on a mal dans son cœur. Alors on réclame un tas de choses et on pleure parce qu'il n'y a même pas de mots pour dire ce qui nous arrive.

— Eh ben, moi, c'est tout le temps comme ça !

Et son visage s'illumine... comme s'éclaire et s'arrondit le visage de n'importe quel enfant lorsqu'une parole touche juste et le rend à la joie de la rencontre.

« Et tu es plus jalouse quand quelqu'un d'autre parle à ton papa, ou à ta maman ?

— À ma maman. »

Bien sûr, il y a fort à parier que le « quelqu'un d'autre » c'est aussi moi.

Le lendemain de ce jour, je travaille dans ma chambre quand Marion vient frapper à ma porte. Elle entre avec deux livres sous le bras et me dit qu'elle lit elle aussi, et qu'elle vient travailler avec moi. Je lui installe une chaise et lui dis que moi, je continue à travailler sur la jalousie, et nous reprenons la conversation de la veille. Je venais de terminer la page précédente. Je la lui lis.

« Des fois, dit-elle, j'aime faire les dessins des autres... Mais, des fois, j'y arrive pas. »

Elle revient sur le fait que le soir où elle résistait à s'endormir et qu'elle avait demandé à sa mère de venir, elles avaient lu le livre — un livre que je lui ai offert en effet en lui disant que chaque soir elle pouvait le faire lire à son papa ou à sa maman. Je lui demande ce que ça raconte et ce qu'elle a retenu... Rien.

« Tu vois... tu n'as pas vraiment écouté et, au fond, ce n'est pas le livre qui t'intéressait... c'était que ta maman soit à parler avec toi et pas avec nous... Et alors, si c'est comme ça, tu es jalouse de ton papa aussi ?

— Mon papa, quand même c'est différent !... parce que c'est quelqu'un qui est avec moi, quoi... dans ma famille... mais je suis quand même un peu jalouse. »

Ceci dit, elle entend sa mère revenir et elle file.

Je reprends mon travail, qui n'a pas été interrompu mais fécondé, voire confirmé, par cette visite.

Dans l'amour préférentiel pour la mère, la problématique de l'alter ego joue déjà pour la petite fille. Et, avec elle, l'exclusion œdipienne du père pour se substituer à lui ou du moins pour être à la fois le père, la mère et leur rapport ! L'enfant est jaloux de ce que la parole s'échange entre les parents : c'est à partir de là qu'il vit et qu'il est appelé à devenir sujet parlant. C'est pour y demeurer, voire pour maîtriser sa propre origine qu'il cherche à coucher dans le lit conjugal. Surtout, quand, dans la réalité ou dans le fantasme, la parole de l'alliance risque de se disloquer ! C'est alors que la jalousie et sa tentative de maîtrise de la vie, sa tentative d'être la parole et/ou le sexe, cherche à contrecarrer le spectre de la séparation ou de l'abandon.

Alors, dans la mesure où homme et femme sont unis par un lien de parole vraie, l'homme, dans sa position de mari et de père, attend tranquillement, sur le seuil de la relation dont il est exclu au moment de la crise œdipienne, le retour de l'enfant qui a voulu sa place pour vivre d'une vie qu'il croit être sienne. Le père reconnaît son enfant de loin : à partir de ce qui parle de lui en son cœur et depuis toujours.

Il le reconnaît *de loin*, il le reconnaît à travers l'épaisseur de la confusion dans laquelle tout enfant humain s'enferme, celle qui lui fait prendre sa vie pour la Vie et qui, du coup, le fait mourir dans l'isolement. Si la promesse échangée avec sa femme s'origine en la parole vivante, alors le père pourra, même si c'est difficile, ne pas répondre à l'exclusion infantile par une exclusion en retour. Il pourra aussi ne pas se précipiter pour faire revenir à de meilleurs sentiments son enfant. Il attendra en vérité, ce qui est le contraire de ne rien faire. Cette attente suppose que nous nous laissions constamment travailler par la parole qui fait vivre en nous délivrant du sentiment de culpabilité. Le père qui répond à l'exclusion œdipienne de son enfant par un raidissement offensé à son égard (c'est d'ailleurs souvent sa femme qui écope) n'est pas sorti de sa jalousie infantile. Et pas davantage celui qui se précipite sur tous les moyens possibles pour s'assurer l'attachement de son fils ou de sa fille.

Le même homme qui a été le lieu du rejet peut devenir le lieu de l'accueil et du retour. Ce double mouvement d'une vie qui se veut pour elle-même jusqu'à la rupture, et qui ne se découvre vraiment qu'en retournant à sa source, s'opère dans un ordre nouveau qui rétablit l'ordre originel du don : celui-ci a un nom, c'est le pardon. En nous faisant sortir de la jalousie, la parole donnée à nouveau la rend structurante. C'est qu'il s'agit, justement, non de l'éviter ou de ne pas l'éprouver, mais d'en sortir.

Dans l'horizon du pardon, la jalousie humaine devient structurante. L'enfant fait l'expérience — et il ne la fait que là — qu'il peut s'être abandonné lui-même ou s'être exclu jusqu'au désespoir, et que la vie lui est rendue.

Mais hors de l'horizon du pardon, la jalousie perverse de l'enfant est déstructurante. Elle mutile et elle tue dans l'exaspération d'une vengeance sur soi-même.

La jalousie que j'appellerais *déstructurante* touche le sujet au cœur de ce qui le fait vivre et l'organise. C'est elle qui avorte le sujet dans un processus psychotique de mutilation. Telle est la jalousie qui s'ignore parce que aucun pardon ne l'a révélée.

Le symptôme majeur de cette jalousie-là réside dans la conviction jamais remise en question de n'être pas jaloux, c'est-à-dire de « n'être pas comme le reste des hommes ». Cette jalousie subtilement déniée se pare insidieusement du sentiment parfois aigu de la responsabilité filiale. L'enfant se croit responsable d'une position paternelle (ou maternelle) à la place du père (ou de la mère). Par un jeu dont l'inconscient détient les ruses, l'enfant se vit comme celui qui maintient l'union parentale ou est responsable de sa dissolution. Dans une filiation inversée où comme il le dit lui-même, il se trouve « être le père de son père », et, sous couvert de « devoir » vis-à-vis de sa mère, il flirte à son insu avec le fantasme de la toute-puissance. Une telle « générosité » se reconnaît aisément : sa modalité est la rigidité, et son moteur, la peur — peur de la mort de l'autre, qui cache la peur de la découverte du mensonge sur lequel l'amour est fondé. Je connaissais une dame qui la justifiait en disant que, petite, elle pensait (désirait) que ce serait bien que son père meure avant sa mère : ainsi, il n'aurait pas à souffrir de la séparation qui serait insupportable pour lui !

Cela a toujours lieu quand la jalousie inconsciente — celle qui, dans l'œdipe, lie l'enfant à la mère par l'exclusion du père — n'a pas été dénoncée comme l'obstacle à la naissance du sujet. Sans cette dénonciation, l'homme reste lié aux autres sur le mode jaloux qui lie sa chair à son père et à sa mère, mode œdipien et mythique qui voudrait que, pour être soi-même enfin, il faut coucher avec sa mère, tuer son père et être banni dans les ténèbres de l'aveuglement. Vous reconnaissez la triade œdipienne.

> « J'ai l'impression que tout mon être est vicié par la jalousie pour Daniel [son frère]... La cause du refus de tout, c'est : la jalousie... Le refus n'existe pas en lui-même... il est créé par la jalousie... Tout mon sang est pourri par ça..., putréfié par ça, et c'est ça qui me fait agir n'importe comment... C'était mal qu'elle existe [la jalousie]... et il a toujours fallu que je fasse comme si elle n'existait pas (pleurs). Cette impression de malsain m'étouffe complètement... rien ne suit ! Tout ça, c'est pas lié à l'extérieur. C'est lié à quelque chose qui a pris racine en moi. C'est cette jalousie qu'il faudrait enlever, mais je veux pas, je peux pas[1]. »

La parole — qui prend racine en l'Autre — sépare le sujet de l'image de sa chair. Elle le fait naître de la parole originaire dont

1. Un patient en analyse.

le père est le représentant en étant le porteur de *la loi*, qui n'est pas sa loi à lui seul. Dans le rapport triangulaire à la parole qui engendre, qui sépare et qui ramène à l'origine, l'homme vivant prend naissance. Délivré de la jalousie, il sort seulement du dédoublement où il s'isolerait à en mourir.

Génération, séparation, retour à l'origine, voilà le triple effet charnel de la parole en acte dans l'histoire. Sans ce triple effet dans la chair, il n'y a pas d'ouverture pour un sujet historique à la question du réel et/ou de la vérité. L'homme ne prend sens que relativement à une promesse et à une alliance, au désir et au pardon.

Hors d'une promesse et d'une alliance, la génération n'a pas de sens. On dit même qu'elle n'est pas humaine. Hors du désir et de la loi, il n'y a ni altérité ni rencontre : ni la séparation ni la naissance n'ont de sens. Hors du pardon, le retour à la vie qui se donne dès l'origine n'a pas de sens.

En déniant l'Autre en tant que vérité du désir et dimension de la parole même, la jalousie va inconsciemment jusqu'à l'excès de l'enfermement en soi-même. Sous prétexte d'objectivité, le jaloux ment. Il dit que l'autre jouit de la vie à sa place. Et il proclame qu'il n'y a pas plus de pardon pour l'autre qu'il n'y avait de don pour lui. D'une certaine manière, il tue parce qu'il est mort !

Denis Vasse

Lyon, le 12 septembre 1986

Effets de seuil : l'inhibition

L'intérêt de ce texte est d'établir un rapport entre un tout petit fait — une hésitation sur un seuil — et ce qu'il a provoqué — une attention portée au moment de l'accueil et une lecture. Les mots permettent de symboliser des vacillements du comportement, non encore organisés en symptômes. La répétition sans symbolisation de tels comportements favorise la formation de symptômes qui ancrent dans la chair ce qui n'est pas dit et qui, apparemment, n'a pas de sens. Lorsque les symptômes s'installent, il n'est pas toujours facile d'en retrouver, après coup, le sens.

La lecture psychanalytique éclaire ces situations si souvent rencontrées chez l'enfant et qui peuvent devenir des difficultés sérieuses dans la vie de l'adulte. En déjouer précocement la ruse inconsciente en leur donnant sens au moment voulu, n'est-ce pas cela qui fait du Jardin Couvert un lieu de prévention ?

Lorsqu'un enfant a dépassé l'âge maximal de fréquentation du Jardin Couvert — quatre ans accomplis — et qu'il y est cependant conduit sous l'impulsion de la curiosité maternelle, qu'elle cache mal et qui traduit la nécessité pour elle de rencontrer quelqu'un, l'enfant se trouve dès le seuil en porte à faux. Il hésite à dire la vérité, il ne doit pas être reconnu par celui qui l'accueille dans l'*allant-devenant* de son âge. Vivre dans la liberté de sa force serait révéler le contrat mensonger qui le lie à sa mère, la trahir, ce dont il ne veut ni ne peut porter la responsabilité. Alors tout son corps s'immobilise, hésitant, sur le seuil, comme entre deux forces.

L'accueil et l'écriture du prénom de l'enfant au tableau « obligent » à être attentif au dénouement de l'inhibition que le franchissement d'un seuil peut provoquer. Le petit travail nécessaire pour préciser son âge et réclamer l'attention à l'entrée permet que se développent les effets de libération dont l'enfant est porteur, même à notre insu.

Avec l'articulation des repères hors de toute intention morale ou mondaine, le mensonge ou la contrainte imaginaire disparaissent et laissent apparaître un chemin de vie et de libération du corps. Le « mensonge » reconnu devient médiateur de la parole de vie. Il suffit que l'accueillant prenne en compte l'immobilité subite, voire le refus d'entrer, d'autant plus manifesté qu'il est l'expression d'une lutte contre l'envie de venir, pour que ce temps de suspens permette à l'enfant de dire : « J'ai pas l'âge », ou à l'accompagnatrice de laisser se dénoncer le subterfuge.

Alors ce qui faisait obstacle intérieur à la rencontre est levé et l'enfant et la mère sont rendus à eux-mêmes en étant dégagés de l'imaginaire qu'ils incarnaient : l'un se laisse aller à l'impulsion qu'il n'osait avoir — il va jouer... ou il repart en direction de sa maison — et l'autre, l'adulte, se laisse aller à la confidence désirée qui le propulsait au Jardin Couvert non pour l'enfant, mais pour lui-même.

Ces effets de seuil — simples en vérité — nous situent d'emblée dans le lien de la génération et dans ce que ce lien supporte nécessairement d'arrangement et de mensonge. Ils révèlent ainsi les obstacles qui balisent le chemin de la vérité.

Réfléchissant à ce comportement si quotidien que l'analyse nous en échappe la plupart du temps, il m'a semblé que tout franchissement de seuil interroge sur la constance du chemin qui y conduit (le passé), sur l'accomplissement (relatif) du désir ou d'un désir, sur la visée qui se laisse espérer dans et par ce franchissement.

Si le seuil franchi n'interroge pas de manière vivante et inconsciente — et non de manière réfléchie et intentionnelle — avec des effets repérables dans la quotidienneté, c'est qu'il s'agit d'un seuil sans importance — il n'y a pas de seuil — ou d'un franchissement sans demande — il n'y a pas de passage. Ou, si l'on veut, le seuil ou le passage sont déniés par le passant. C'est « comme si », en venant, il ne venait pas...

Au Jardin Couvert, nous n'avons pas à nous jeter dans l'interprétation analytique de ce « comme si ». Nous avons à le signifier à notre manière : la plus simple est la meilleure. Elle varie infiniment selon la liberté de chacun... Nous avons à le signifier pour ne pas faire « comme si »... il n'y avait pas de « comme si » : processus qui pervertirait toute institution (même à son tout début) et qui confisquerait dans les rets de la mondanité aussi bien ceux qui la font fonctionner que ceux pour lesquels elle fonctionne.

Nous n'avons pas à interpréter de manière psychanalytique (nous ne faisons pas ce que nous savons faire), mais c'est la psychanalyse qui nous permet de rendre compte de l'importance de cet arrêt du seuil et de pointer — quand nous travaillons ensemble — ce « comme si », porteur de distorsion et de mort.

La psychanalyse — si l'on va plus loin — nous autorise à percevoir combien la détection de « petits » phénomènes d'inhibition référés au mensonge, comme celui qui vient d'être examiné, peut être préventive. Elle enraye ce processus de somatisation redoutable qui veut que le *refus* ou la *gêne* qui ne peuvent pas se dire et ne sont pas symbolisés dans l'ordre de la parole passent dans les muscles et paralysent l'appareil locomoteur. Au stade précoce, c'est-à-dire entre la naissance et l'apparition du langage constitué, le refus ou la gêne peuvent couler dans les jointures d'un individu et le réduire à l'immobilité, provoquer une hypotonie inexplicable physiologiquement, ou donner lieu à l'agitation incessante qui lutte contre elle. Cette tendance à la sidération inconsciente peut aussi se servir de n'importe quel petit accident ou trouble pathologique pour en profiter et y insister, soit dans la répétition, soit dans l'installation de la gêne fonctionnelle. La maladie somatique devient symptôme non interprétable d'un mensonge qui se répète depuis le début et qui fait que le corps ne parle plus, noué qu'il est dans l'ambivalence folle de l'amour et de la haine.

Écoutez plutôt.

> Le premier mensonge,
> c'est au niveau du mot « je t'aime »,
> c'était pas par rapport à moi... comme je suis,
> mais c'était par rapport à eux...
> et moi, je suis rentré dans ce truc-là pour répondre à cet amour-là,
> ça a eu lieu très très tôt...
> Rien que d'en parler ça me contracte les muscles, ça les tend...

y a une violence là-dedans...
c'est rempli d'une violence cachée,
comme si entre je t'aime et je te hais y avait pas de frontière...
et si je me mets à aimer quelqu'un, la haine, elle est juste à côté.
Elle apparaît en même temps.
Y a une barrière de haine qui apparaît à ce moment-là[1]...

Denis Vasse
Octobre 1987

1. Un patient en analyse.

Il suffisait d'un pas

Je venais d'ouvrir la porte et de lui dire bonjour. La personne l'accompagnant avait juste eu le temps de me dire qu'ils venaient pour la première fois, et il s'était arrêté net de l'autre côté de la petite dénivelée qui matérialise le seuil du Jardin Couvert.

Il devait avoir deux ans environ. La jeune femme derrière lui l'incita à entrer d'une légère pression de la main dans le dos. Celle-ci provoqua une résistance immédiate du corps de l'enfant, qui se raidit imperceptiblement, tandis que son visage manifestait un vif mécontentement.

Accroupie, de l'autre côté du seuil, je lui parlais du Jardin Couvert en lui disant que j'écrirais son prénom sur le tableau quand il aurait franchi le pas de la porte, et que je mettrais une étoile devant son nom, puisque c'était la première fois qu'il venait ici.

La jeune femme que je pris pour sa mère le sollicita une seconde fois, de la main et de la voix : « Mais avance donc », ce qui ne fit que renforcer le blocage de l'enfant sur sa position. « Ta maman a très envie que tu entres, et toi non », dis-je. « Mais je ne suis pas sa mère », répondit-elle, en m'expliquant qu'elle était sa gardienne et que c'était la mère de l'enfant qui lui avait demandé de l'emmener au Jardin Couvert pour qu'il rencontre d'autres camarades.

Tandis que nous parlions elle et moi, les yeux du petit s'étaient fixés avec un vif plaisir sur un point précis à l'intérieur du Jardin Couvert, où deux enfants jouaient à un jeu qu'affectionnent beaucoup ceux qui fréquentent ce lieu, et qui consiste à faire glisser une petite balle le long d'une pente en spirale pour la récupérer en bas par un petit trou. Je fus touchée par le visage du petit garçon. Ses yeux dévoraient littéralement les deux enfants jouant et cette petite boule qui descendait et dont le bruit un peu métallique nous parvenait. Son regard captivé était complètement dedans, et son corps, sidéré, immobilisé dehors.

Comme j'évoquais cette grande envie dans ses yeux d'aller lui aussi mettre une petite balle dans le trou et que je lui disais que je ne pourrais écrire son nom que lorsqu'il serait entré, la gardienne pour la troisième fois lui dit d'entrer, s'apprêtant même à le prendre sous le bras. Je lui dis de ne pas le forcer.

Celui-ci, d'une main, s'était accroché à la porte et résistait de plus belle. Je le sentais près des larmes, alors que ses yeux étaient toujours comme hypnotisés par le jeu de la petite boule qui glissait et suscitait la joie de ceux qui jouaient.

Désemparée par le tragique de la situation dont je n'entrevoyais pas l'issue, je lui dis qu'au Jardin Couvert, on n'était pas obligé d'entrer, qu'aujourd'hui il était venu parce que sa maman surtout le voulait, mais que lui il ne savait pas trop. Il y avait quelque chose en lui qui disait oui, surtout avec ses yeux, et autre chose qui disait non avec son corps, et du coup il ne pouvait plus ni bouger ni décider d'entrer. Par contre, maintenant, il avait vu et il savait ce qui se passait au Jardin Couvert, aussi s'il le voulait il parlerait avec sa maman de sa visite aujourd'hui et pourrait revenir un jour avec elle, parce que, peut-être au fond, c'est avec elle qu'il aurait voulu franchir la porte. Il n'était pas du tout obligé d'entrer aujourd'hui. On pouvait très bien en effet venir à un endroit et, une fois arrivé, au moment d'entrer, décider de ne pas entrer. Ça pourrait être une autre fois.

Alors, très rapidement, ses yeux croisèrent les miens, je crus même percevoir un éclair fugitif sur son visage, mais déjà il s'était détourné vivement vers la rue et s'en allait, me laissant là, dans l'étonnement.

« Eh bien, puisque c'est comme ça, on va se promener dans le quartier », me dit la gardienne en souriant.

Il était reparti. Je n'ai pas su son prénom, ni même s'il est jamais revenu.

Cet épisode de l'accueil d'un enfant au Jardin Couvert et du non-franchissement du seuil m'est revenu dans toute sa netteté et sa précision à l'écoute d'un texte écrit par l'un d'entre nous.

Au-delà de la notion classique et banale de « liberté » d'entrer ou de ne pas entrer, il apparaît plus clairement, maintenant, que tout franchissement d'une porte nécessite un passage, le consentement à un mouvement du corps qui fait aller d'un espace à un autre (d'un dehors à un dedans, ou inversement). Le franchissement n'est possible que si, pour le sujet, il y a aussi franchissement *psychique*, passage d'un non, d'une hésitation, d'une retenue ou d'une peur... à un oui, à un abandon déterminé dans la confiance ; le consentement au désir libère le corps en l'autorisant à franchir librement le seuil entre deux lieux. En obéissant à ce qui parle en lui, l'enfant prend ainsi le risque de l'inconnu. Le blocage de cet enfant dans cette contradiction interne qui le paralysait sur place et lui interdisait de franchir la limite pourtant autorisée avait quelque chose de pathétique, et il me semblait pourtant très important de respecter ce temps d'impossibilité pour lui, et d'impuissance pour moi. Le temps d'attente de part et d'autre du seuil n'a en définitive pas duré plus de cinq minutes.

Cinq minutes où la frontière n'était franchie que par ma voix d'un côté, son regard fasciné de l'autre, sans aucun point de rencontre apparent.

Il arrive parfois que l'on joue avec un enfant autour de cette limite qu'indique le franchissement de la porte, surtout au moment du départ, difficile à accepter pour certains.

Dans le cas de ce petit garçon, ce jeu-là n'était pas possible, car, pour pouvoir jouer à entrer et à sortir, il faut au moins être entré une fois. S'il n'a pu entrer, du moins a-t-il pu partir, et ce n'est pas rien. Car c'est bien de lui-même qu'il s'est détourné, manifestant par cet acte à la fois la fin de notre rencontre et du même coup sa réalité.

Christiane Morand
3 octobre 1987

Intimité et extériorité
Comment passer de l'une dans l'autre ?

À propos d'un incident survenu avec un petit garçon qui venait au Jardin Couvert accompagné de son père et de sa mère, un nouveau travail s'élabore sur la limite intérieure et le rapport des sujets.

Comme pour un certain nombre de concepts, revenir sur celui de « limite » nous remet au travail à frais nouveaux. Ces allées et venues entre clinique et théorie sont la méthode précieuse qui structure notre travail en commun. Celui-ci se trouve étayé sur une élaboration commune et fondé sur des références solides. Une telle méthode donne à nos interventions précision et légèreté.

Ivan est l'enfant d'un couple jeune. Il a trois ans.

Quand ils viennent au Jardin Couvert tous les trois, deux espaces se créent : celui d'une intimité apparente (un peu fausse) entre les parents assis l'un à côté de l'autre dans une incessante discussion sans ouverture à un interlocuteur éventuel, et celui d'une extériorité apparente de l'enfant qui se monnaie en agitation et tourne souvent à la provocation agressive par le truchement d'attitudes tendres vis-à-vis d'un autre enfant (ou d'un adulte) qui se transforment soudain en coups, en insultes ou en bousculades.

Toute intervention d'un jardinier à cette occasion provoque un retour de l'enfant dans l'espace de l'intimité parentale, comme pour mettre sournoisement en opposition les parents consolateurs et celui qui a osé une remarque. L'enfant dresse ainsi ses parents contre un tiers pour déranger « l'intimité parentale » constituée contre lui ou, du moins, sans lui. L'accusation du tiers vient faire effraction dans l'intimité de ses parents. C'est toujours au prix d'une manœuvre ou d'un mensonge que l'enfant apporte un trouble dont il jouit jalousement.

Ça ne marche jamais tout à fait d'ailleurs. La plupart du temps, le processus s'enlise dans la gêne d'une confrontation dans laquelle le père ne s'implique pas vraiment, ou dans l'admonestation d'une leçon de morale sans conviction et sans cœur.

Ce qui est sûr, en tout cas, c'est que la limite qui séparait les deux espaces (limite invisible mais sensible, ô combien, à tous les jardiniers) s'est brisée. Après un moment, tout repart comme avant. La répétition semble incoercible et dit assez que ce jeu de provocation fait symptôme dans la famille. Il se produit là où rien ne s'échange vraiment, là où manque une référence à la loi qui crée un espace intersubjectif ouvert par la parole, à l'extériorité d'un enfant. Par cet espace, il aurait accès au cœur de l'intimité des parents comme à une altérité qui ne détruit pas l'intimité, mais la fonde. Tant que ce chemin ne s'ouvre pas, l'intimité de deux ne peut se faire que contre un troisième, en l'excluant. L'exclusion hors de la sphère du regard, lorsqu'elle ne s'accompagne pas de cette attention intérieure à un autre dans l'intime de soi, nourrit toujours la jalousie et la provocation par laquelle elle se manifeste avant même de se savoir.

Un jour, donc, assis sur un banc, je suis témoin de cette agitation d'Ivan au cours de laquelle un trop d'exaspération peut se transformer en un trop de douceur ou inversement. Son père et sa mère, dans l'autre pièce, semblent n'avoir aucun lien avec lui, avec nous, ici. Il joue devant moi avec voiture et cheval, en compagnie d'un petit.

Mine de rien, malgré mes avertissements, et se sachant dans le champ de mon regard, il se débrouille pour faire dégringoler le grand cheval de bois sur le plus petit plusieurs fois. Mes interventions n'ont pour effet que de faire monter la provocation jusqu'au moment où, ayant failli faire tomber le cheval sur la tête du petit, ma main se trouve projetée sur sa fesse avec une fermeté relayée par mon refus de prendre en compte son pseudo-étonnement.

Il hésite un court moment comme pour jauger ma propre détermination et devant mon calme, il part en boudant faire irruption dans l'espace des parents, dans un appel à faire scandale parce que je l'ai frappé. Ça ne marche pas.

Après quelques consolations de rejet et un petit tour ailleurs, il revient jouer avec les voitures et le toboggan devant moi. J'échange quelques mots avec lui qu'il fait semblant de ne pas entendre. Mais je lui reste tranquillement présent pour signifier que sa bouderie intime ne peut pas me mettre hors de moi et que je lui reste ouvert. (Bien sûr, c'est après coup que j'écris les choses comme ça, mais c'est bien l'esprit dans lequel elles se font.)

Le lundi suivant, je suis sur le même banc quand Ivan arrive sans que je le voie. Dès l'entrée, il court vers moi, le visage rayonnant et, avec une certaine fierté libre, il me dit, tout en se mettant à jouer : « C'est toi qui m'as donné une fessée la dernière fois ! »

Je reçois cela comme une qualification paternelle, non pas l'anecdote de la fessée que je n'ai pas vraiment donnée, mais cette reconnaissance d'une limite symbolique à partir de laquelle il peut être assuré d'exister pour moi autrement que dans l'extériorité. J'apprendrai après qu'au cours de la semaine il était venu plusieurs fois au Jardin Couvert.

Ainsi s'est amorcé un mouvement de détachement d'une position d'opposition alternative entre une extériorité qui devient abandon... et une intimité qui devient insupportable fusion.

Par la suite, j'essaierai de parler avec la mère de la distance apparente du père et de l'absence de loi dite. La réponse ne s'est pas fait attendre qui confirmait l'hypothèse :

« Mais vous savez, quand Ivan va trop loin, mon mari est très violent. »

Je retrouvais dans l'horizon paternel le trop de douceur qui se convertit soudainement en agressivité, déjà inscrit dans le comportement d'Ivan.

À la rentrée de septembre, Ivan et sa mère viennent au Jardin Couvert, et le regard d'Ivan a tellement changé que j'hésite à le reconnaître. L'éclat sournois n'y est plus et, au contraire, une sorte de sérénité bleue me fait lui dire qu'il a changé et qu'il a dû prendre de bonnes vacances.

Et sa mère de me le confirmer, mais elle ajoute qu'il est surtout très content de retourner à l'école où il avait commencé d'aller avant les vacances en alternant avec la garderie pour éviter qu'il en souffre. La mère est ravie, le fils aussi. Nous parlons de l'école où il va retourner et où il est content de travailler.

Là aussi, il découvre la loi qui régit l'alternance entre les espaces, sans réduire cette alternance à une opposition entre le dehors et le dedans. Soumis et se soumettant à la loi de l'école avec son cortège d'acquisitions symboliques, Ivan peut devenir présent à l'intimité parentale. Il ne se sent plus exclu. Il peut aller et venir à partir de l'espace maternel retrouvé.

C'est dans des exemples aussi modestes que se lit la fonction paternelle du Jardin Couvert : cette fonction d'articulation des espaces, voire des images du corps, ne peut avoir lieu, pour un petit d'homme, que relativement à une loi médiatisant, pour lui, la parole qui le fait homme.

Denis Vasse
Septembre 1987

Les yeux d'Armand

À l'occasion des vacances d'été, le Jardin Couvert ferme ses portes. Jacqueline en profite pour relire le texte « Essai sur la limite vivante ».

Six années ont passé, et Jacqueline redécouvre ce qui s'y dit, éclairée par des années de pratique.

C'est à la lumière de ce texte qu'elle relit et repère ce qui s'est joué de souffrances, de provocations et d'appels chez Armand.

Nous avons beaucoup travaillé sur la limite : limite « vivante », « qui organise l'espace et le temps de la vie de chacun, renvoie à ce qui parle en nous et hors de nous et fait vibrer une dimension d'altérité qui donne la vie ».

La limite rigide, la limite-clôture, le vide, ce sont, parmi d'autres, les yeux d'Armand. Ils me parlent de quelque chose que je ne comprends pas, que je reçois en profondeur, parfois jusqu'à l'exaspération.

Depuis quinze mois, répétitivement, nous nous sommes tout dit sur la limite, avec Armand : triomphant, traînant un xylophone à roulettes sans franchir la ligne alors qu'il en avait le droit, retournant, sans me quitter des yeux, chercher un tracteur et franchir dessus la ligne interdite, rouler parallèlement, empiéter un tout petit peu... hurler, provoquer, enjôler et reprendre, recommencer, refaire inlassablement, accepter sans problème, puis enfreindre avec toujours ce même regard, triste, tendre, insistant, vide, et toujours ce même regard de sa mère, disant des mains et des yeux son impuissance, passive et fortement demandeuse. Jaloux de Camille à qui je venais de faire traverser tout le local en tirant son camion pour le ramener dans l'espace permis, Armand, qui ce jour-là acceptait la limite, l'a immédiatement transgressée, pour que je la lui redise, à lui personnellement, encore une fois.

Au retour de vacances, Armand est particulièrement mal en point. Il joue avec la ligne verte, un petit coup de roue qui mord, son regard rivé au mien, il m'écoute lui répéter qu'il n'a pas le droit de passer avec son tracteur, ni lui ni personne d'autre, qu'il le sait depuis longtemps, mais que je lui redis la règle du Jardin Couvert. Il m'écoute et, sans me quitter du regard, il passe outre, résolument. À bout de parole, je réponds par une profonde exaspération et le ramène sur son camion dans l'espace vert. Il bloque ses jambes au-dessus des roues et hurle, me laissant croire que je lui ai fait mal. Je le démêle et lui redis encore la limite. Au moment de partir, il file dans tous les sens et je laisse faire sa mère. Alors il prend un jouet du Jardin Couvert et, en me regardant, fait mine de sortir avec. Je lui redis que personne ne peut rien emporter en partant. Il reste agrippé sur ce jouet qu'il ne veut pas rendre, jusqu'à ce que j'avise une petite auto à lui qu'il avait déposée en arrivant. Je la prends et lui dis : « Alors je peux prendre cela ? » Content, confiant, il fait l'échange et part tranquille. Il revient trois jours après, triste et docile.

Devant ce regard qui souffre et qui cherche, je suis profondément pénétrée de mon impuissance. Je peux lire un texte lumineux sur ce sujet ; il n'empêche que l'essentiel de ce qui se passe m'échappe : « On ne peut pas parler de l'inconscient, la question est de savoir s'il parle... Aucun discours ne dit ce qu'est la parole... »

Alors je repense à ces paroles d'espoir : « Parce que vous vous êtes aimés, tu peux lui faire confiance pour ce qui s'est déposé d'amour en lui; pour le reste, il se débrouillera. »

Être jardinier c'est être là, simplement, parfois dans le désarroi, à se laisser interroger par les enfants. Comment dire ce qui nous porte dans ce travail et ce qui nous structure ?

Libres les uns par rapport aux autres, nous nous référons à des principes externes et à des repères internes. Les premiers sont palpables, solides. Les seconds demandent un travail sur nous-mêmes.

En ce qui me concerne, je me suis rendu compte brutalement que les parcelles d'« esprit » qui me sont venues m'ont imprégnée discrètement, de l'intérieur vers l'extérieur. Un peu émerveillée, comme à chaque fois que la lumière me vient d'un coup, tel un gel qui cristallise, j'ai réalisé que « ce lieu d'intersubjectivité où nous convoquent enfants et parents » se nichait au fond de moi. J'ai réalisé aussi que « le regard du tout-petit fore et recherche ce qui échappe à l'adulte, l'endroit où l'adulte n'est plus pris à son propre narcissisme ». « Entendre l'appel à l'amour derrière la haine et être ratiboisé », ça voulait bien dire aussi que la psychanalyse avait travaillé en moi, jardinière, pas vraiment à mon insu, mais plus régulièrement et plus profondément que je ne l'imaginais. Mes retraits, mes colères internes, mes doutes, mes bavardages m'apparaissent comme des défenses et non plus systématiquement comme un simple manquement à mon travail. Et ça me soulage beaucoup.

Entre la théorie qui nous est transmise et les repères internes que nous cherchons, le partage de nos expériences et de « toutes ces choses qu'on apprend parce qu'on les sait de non-savoir » permet une large ouverture entre les jardiniers.

Le Jardin Couvert est une terre incroyablement fertile, nourrie de la parole qui s'y donne, pétrie d'humanité, enrichie des terreaux les plus divers amenés là par les enfants, les parents, les gardes, les accueillants, les psychanalystes...

Jacqueline Boulanger
20 septembre 1991

Contrepoint : premières rencontres d'institutions avec le Jardin Couvert

Le Jardin Couvert reçoit des enfants venant d'institutions diverses : crèches, foyers, placements en nourrice par l'Aide sociale à l'Enfance (A.S.E.) ou par décision de justice.

Les adultes viennent aussi parfois d'institutions diverses telles que la Maison des Mères ou l'Hôpital psychiatrique.

Nous avons été attentifs aux relations que le Jardin Couvert entretenait avec ces différents pôles. Contacts et échanges nous ont amenés chaque fois à préciser nos réponses et à redéfinir en les affinant les règles que nous nous donnions pour que soient respectées discrétion et indépendance.

Pour la première fois, une petite fille entre au Jardin Couvert. Elle est accompagnée de deux dames. Après avoir inscrit son prénom, je présente le Jardin Couvert. Quand je parle de la contribution libre que nous demandons, la mère de la petite fille s'excuse, très inquiète de n'avoir aucun argent sur elle. À ce moment, l'autre dame intervient, se présente comme infirmière psychiatrique et m'explique que la maman de la petite fille vient de l'hôpital psychiatrique de... Aussitôt j'arrête les explications en disant que cela ne nous regarde pas, que Sophie vient avec sa maman passer un moment au Jardin Couvert, c'est tout. L'infirmière se rend compte qu'effectivement la connaissance de la situation de cette mère n'est pas dans nos préoccupations, très discrètement elle s'excuse et quelques minutes plus tard se retire.

Sa discrétion, sa non-intrusion dans le cadre institutionnel ont permis l'immédiate insertion de Sophie et de sa maman parmi les enfants et les parents. Elles étaient là en tant qu'elles-mêmes et non comme malade et fille de malade.

Un peu en contrepoint de cette heureuse relation avec une institution, je voudrais vous conter une autre histoire.

Trois personnes accompagnant quatre ou cinq enfants arrivent au Jardin Couvert. Parmi les enfants, une petite fille avait incontestablement plus de quatre ans. Nous en parlons avec les accompagnateurs, les informons de la limite d'âge et des règles du Jardin Couvert. C'est alors que nous apprenons qu'il s'agit d'enfants d'une institution. Les accompagnateurs contestent les règles du Jardin Couvert pour cette petite fille dont l'*âge mental* n'est pas censé être l'*âge réel* puisqu'il s'agit d'une enfant débile ou psychotique.

Je suis obligé de me mettre quelque peu en colère pour que la discussion s'arrête en affirmant que ce n'est pas à eux de définir les règles de ce lieu et qu'ils n'aident pas Régine en l'enfermant dans sa « débilité ».

Effectivement, accepter Régine hors des normes du Jardin Couvert, cela revenait :

— à la fixer dans un statut d'enfant anormal ou débile et à ne pas la reconnaître en tant que personne (c'était, pour nous, l'enfermer dans la débilité puisque, au nom de ce label, nous aurions enfreint les règles du Jardin Couvert) ;

— nous instituer imaginairement comme un lieu qui aurait quelque chose à faire avec des enfants débiles ou psychotiques et nous substituer ainsi aux accompagnateurs comme pouvant éduquer ou soigner cette petite fille, sinon mieux, du moins aussi bien qu'eux (or nous ne sommes ni un lieu d'éducation ni un lieu de soin).

Si une institution utilise le Jardin Couvert, cela suppose, pour qu'il y ait rencontre, une reconnaissance des limites, des règles, des statuts qui nous définissent ; sinon, il n'y a pas rencontre — au sens symbolique du terme — mais assimilation ou engloutissement dans le même.

Éric Van der Stegen

10 janvier 1988

Du désintéressement qui fait que l'on s'intéresse au Jardin Couvert (suite)

Plusieurs dons, déjà, avaient sauvé la mise au Jardin Couvert. Mais le don anonyme et son effet de surprise nous incitait à reprendre le thème du « désintéressement ». C'était un soulagement pour nous de pouvoir en parler à l'assemblée générale suivante. Y rendre des comptes, témoigner de notre travail, bénéficier de l'attention et de l'écoute de tous ceux qui, par leur présence, venaient nous soutenir, prenait alors tout son sens. L'écart entre le Jardin Couvert et l'Apelipa, loin de dissocier l'unité de notre projet, nous offrait un champ de travail et de dialogue inespéré.

Ce texte, qui reprend trois ans après le thème du désintéressement abordé lors de la première assemblée générale, fut présenté lors de la quatrième, le 18 novembre 1988.

— Mesdames, messieurs, nous avons toujours besoin de vous...

Le 30 septembre 1985, il y a trois ans, alors que s'achevait la première année de fonctionnement du Jardin Couvert, nous tâtonnions pour mettre en place et accroître l'association loi 1901 qu'est l'Apelipa, association dont vous êtes les membres et dont le Jardin Couvert est l'œuvre. Je ne sais quel esprit nous avait soufflé alors de vous persuader que nous « avions besoin du désintéressement qui faisait que vous vous intéressiez au Jardin Couvert ».

Et maintenant que l'un de vous — sans doute — a doté l'Apelipa d'une somme d' argent qui en fonde le fonctionnement dans l'intéressement des banques, nous craignons — à tort sûrement — qu'un intérêt pour le Jardin Couvert vienne se substituer au désintéressement qui est le vôtre et dont nous avons besoin. En somme, votre intérêt pour une affaire qui marche sur le plan financier ne risque-t-il pas d'entraîner un désintérêt pour nous ? Nous aurions gravement perdu au change si, à cause de la gestion du nécessaire argent, votre désintéressement se muait en désintérêt.

Nous y avons déjà réfléchi.

Et déjà, nous savons que, si cela arrivait, ce ne serait pas votre faute, mais bien la nôtre : c'est que nous aurions perdu l'esprit qui nous a mis en route et nous a fait réclamer votre présence. Nous aurions perdu l'esprit du « parler vrai » qui fonde dans l'action de Françoise Dolto celle du Jardin Couvert.

Dans l'ouverture au présent de la rencontre, ce « parler vrai » ne s'intéresse pas plus à la condition sociale, riche ou pauvre, de l'enfant qu'à sa condition physique, bien portant ou malade, ou à la hiérarchie des professions parentales. Ce « parler vrai » se repère aux effets de patience, de libération et de vie — voire de bonheur — dans la relation parents-enfant. Il s'adresse sans désemparer à un petit d'homme que son prénom réfère à la chair dans laquelle il a pris naissance et dans la rencontre de laquelle se révèle son statut de sujet parlant. Et ce prénom, que nous connaissons, le confirme dans la découverte d'un corps qu'il apprend à connaître. De l'histoire de ce lien de la génération ou du « roman familial », comme dirait Freud, nous ne savons rien que ce que nous en disent les rencontres successives. Pourtant, notre présence à la mère comme à l'enfant atteste de ce lien, et la référence tierce[1] que nous venons ainsi à représenter en ce lieu permet de l'éprouver sans mettre en péril l'enfant et sans angoisser la mère. Ainsi se trouve permise dans un espace repéré en commun, la jouissance d'un câlin restaurateur après l'audace, assumée de part et d'autre, de la séparation du regard. Rencontre et séparation, fierté de la démarche et humiliation de la chute viennent à se symboliser dans les mots de la joie ou de la souffrance. Dans cette possibilité d'éprouver sa filiation dans un espace plus large que celui de la famille, se renouvelle et se manifeste la vérité de la vie qui le fonde. Nous ne nous substituons ni à la mère pour l'enfant, ni à l'enfant pour

1. La mère et l'enfant risquent de s'enfermer dans une relation duelle s'ils ne sont pas référés l'un et l'autre à la parole incarnée par un tiers.

la mère : nous sommes dans une position tierce détachée d'un savoir ou d'un savoir-faire qui viendrait à se faire valoir comme explication ou comme soin.

Notre action, nous la reconnaissons dans la parole qui touche à la chair et au lien dans lequel s'engendre le corps humain qui est corps individuel et social.

Vous le voyez, cette action ne se fonde sur aucun fonds bancaire. Et nous avons d'autant plus besoin de vous en rendre compte que nos comptes financiers nous libèrent en ne pesant finalement que sur la nécessaire et rigoureuse gestion par nos têtes trésorières.

Partis pour durer — puisque nous voilà « fondés » — aujourd'hui autant qu'en 1985 et peut-être davantage, nous avons au moins quatre raisons de nous associer à vous :

1° pour rendre compte de notre action,

2° pour être à nouveau autorisés à travailler,

3° pour traverser la bienfaisante épreuve de nos limites,

4° pour que la confiance, qui est le ressort de toute parole vraie, ne cesse de ressourcer notre action au cœur de la génération, dans la vie.

RENDRE COMPTE DE NOTRE ACTION

Oui, il est vraiment et hautement nécessaire de vous rendre compte de la manière dont nous gérons nos fonds. Mais il n'est pas moins nécessaire que nous vous rendions compte de la manière dont vous continuez à manifester, par vos cotisations et vos dons, votre désintéressement pour une action qui, nous vous le disions en 1985, s'origine dans l'acte d'une parole qui fait résonner la présence dans le silence, dans l'écoute ou dans le discours. Il est vrai que la rigueur de la gestion de notre petite affaire garantira de manière nécessaire la rigueur de notre action dans l'ordre de la parole. De manière nécessaire, mais non suffisante.

Nous aurons d'autant plus besoin de vous rendre compte de la manière dont nous nous y prenons pour parler et nous taire que nous aurons à vous demander des cotisations en étant délivrés de la mendicité — ou peu s'en faut — qui témoignait jusqu'ici de notre précarité matérielle. Il demeure, en effet, que c'est à la résonance de la parole dans la chair qu'est ordonné le Jardin Couvert, malgré nous sans doute et parfois contre nous, mais jamais sans nous.

Nous devinions bien que notre précarité n'était pas de l'ordre matériel. Nous savons mieux maintenant qu'elle est de l'ordre de l'esprit, un esprit qui se corrompt et disparaît dès lors qu'on croit le posséder par la force, par l'argent ou par la ruse.

C'est dans cette précarité-là que nous continuerons de convoquer des assemblées générales. Et il s'agissait bien d'elle depuis le début.

ÊTRE À NOUVEAU AUTORISÉS À TRAVAILLER

Rendre compte à quelqu'un d'une action de l'esprit ne se fait que dans la promesse — qui est impliquée dans le contrat passé avec lui — qu'il nous confirmera, ou nous infirmera, ou nous contredira, dans la recherche commune de l'esprit qui nous guide.

Vous aurez donc à vérifier nos comptes. Quant à la manière dont vous persistez dans votre désintéressement à nous aider, c'est pour qu'aux termes de la loi vous soyez les garants de l'esprit que nous cherchons. Et cela, d'autant plus que Françoise Dolto nous a légué, avec une vigueur sans pareille dans la mort, ce qui n'a cessé de la traverser dans la vie.

Cette autorisation médiatise l'esprit d'un travail qui se partage : vous nous la devez en participant aux votes qui manifestent l'attention que vous portez à nos rapports ou à nos appels de candidature. Et, comme vous en avez déjà fait l'expérience, toutes ces choses ne vont pas sans maladresse. (Faut-il en profiter pour nous en excuser ?)

LA BIENFAISANTE ÉPREUVE DE NOS LIMITES

La mécanique des votes, à elle seule, tombe vite du côté du désintérêt. Or c'est le fait que vous nous écoutez, que vous prenez goût à lire nos courriers, que vous discutez éventuellement avec nous, c'est ce fait-là qui atteste que vos votes et notre action relèvent toujours du désintéressement.

Nous disions en 1985 que nous n'attendions pas de vous la manipulation et, pas davantage, de nous, la complaisance qu'il y aurait à être manipulés.

Aujourd'hui nous ne désirons pas davantage la manipulation par l'argent que nous avons reçu. Que le don soit anonyme est à porter à l'honneur et à la discrétion de celui qui le donne, mais s'il le donne ainsi, c'est en référence à l'esprit qui nous anime : c'est au nom de cet esprit. Si nous en doutions, nous tomberions sous la coupe réglée de la pire des manipulations : celle de l'argent devenu anonyme et qui ne cautionne une entreprise que pour autant qu'elle l'enrichit. Avec l'anonyme argent, et pourvu qu'il rapporte, personne n'est plus responsable de la complaisance qui pervertit le jeu des partenaires. C'en serait fini et de notre action, et de votre désintéressement.

La parole humaine est finalement la seule butée qui soit opposable à l'extension ou à l'effondrement d'un système monétaire. Si elle reste vivante pour nous — et nous y sommes tenus par l'esprit de notre contrat — , elle nous conduira sans cesse au bien, précieux plus que l'argent, d'une rencontre avec vous. L'argent reçu restera ainsi ordonné à la manifestation du symbole qui fait l'homme.

Sinon, et selon les termes du même contrat, nous aurons à nous en dessaisir au profit d'autres qui sauront vivre de l'esprit qui nous aura déserté.

Il n'est pas accessoire mais essentiel qu'à travers paroles et silences, à travers assemblées et votes, vous veniez à notre rencontre pour parler de ce que nous faisons, même et surtout si nos hésitations et nos limites ne rendent pas toujours la chose facile.

LA CONFIANCE QUI EST LE RESSORT DE TOUTE PAROLE VRAIE

Sans tout ce qui constitue la mise en place d'une association vivante dont nous venons d'évoquer les grands traits, il n'y aurait pas de lieu pour manifester la confiance sans laquelle, disions-nous en 1985, aucune parole ne résonne dans le champ de la vérité, et le Jardin Couvert deviendrait vite une foire d'empoigne.

Sans le renouvellement de cette confiance, il suffirait que le trésorier vous adresse par la poste les bilans et les tableaux où les histoires d'argent se racontent avec une précision exemplaire, mais aussi dans la clôture d'une perfection narcissique et glacée.

Sans la rencontre avec vous — suscitée par le désintéressement de l'intérêt que vous prenez au Jardin Couvert, rencontre prise en relais par les quelques lettres que nous vous envoyons, inscrite dans la réalité sociale et matérielle par vos cotisations —, notre action et la fréquentation de ce lieu ne seraient plus l'expression du lien véritable avec la société dont il naît.

Avec le dynamisme de la rencontre avec vous, la réalisation de notre projet n'en finira pas — sur la lancée de Françoise Dolto — de nous maintenir dans une ouverture aux tout-petits d'hommes auxquels nous apprenons leur humanité et qui nous apprennent la nôtre, celle qui parle, en eux comme en nous.

Et, nous le savons tous, pouvoir continuer à s'intéresser à cela, ce n'est pas ce qui demande le moins de désintéressement.

Je vous remercie de votre attention.

Denis Vasse

18 novembre 1988

5. Élaborer

Le fil de l'histoire...

Les années de fonctionnement du Jardin Couvert ont confirmé l'importance de notre travail d'élaboration théorique. Nous devions inventer nos repères car, si la psychanalyse éclairait notre praxis, c'était dans des conditions qui n'étaient pas celles d'une cure.

La réflexion théorique qui soutenait notre pratique se révélait de plus en plus essentielle. Mais la mise à l'épreuve de cette théorisation l'était tout autant. Nous la réinterrogions à travers nos difficultés, nos découvertes, notre chemin.

Ces allées et venues entre pratique et théorie ont porté notre travail et permis une avancée fondamentale. *Le lieu s'inventait.* Notre outil de référence était précieux. Il fécondait notre écoute. Il nous faisait repérer, à travers les colères, les caprices, mais aussi dans les mouvements minimes, imperceptibles, ceux du corps ou du visage, le retrait ou l'opposition dans lesquels un enfant pouvait s'enfermer. Au fil des années, nous apprenions à y être attentifs, et à en parler librement. Nous redécouvrions la vertu de la fermeté dans l'énoncé et le respect de règles ou d'interdits pleins de promesses.

Les effets de la présence ne se confondaient plus avec la *bonne volonté.* Ils devenaient une pratique précise pour chacun. Cette précision jouait à l'intérieur même des équipes, dans la répartition des charges et de l'espace comme dans la façon de nous relayer dans les situations difficiles. Nous en avons fait l'expérience avec étonnement !

La réunion mensuelle s'est révélée être le pivot de notre travail. Souvent, nous y lisions et étudiions un texte. À cette occasion, des écrits qui relataient un moment passé avec un enfant étaient exposés. Ce n'était pas une illustration mais plutôt une évocation. Nous avons mis longtemps avant d'oser écrire ces instants de rencontre. Cinq ou six ans ont été nécessaires pour vaincre notre retenue, mais aussi pour percevoir que la pointe de notre travail résidait bien là, dans ces toutes petites choses dont la répétition, à la longue, balisait le chemin. Dans cette pratique quotidienne, la position de l'enfant s'affirmait. Il s'appuyait sur notre présence, invité à grandir en se dégageant de la jalousie, du refus, de l'enfermement dans la colère ou dans la bouderie.

Les textes qui suivent démontrent cette façon d'œuvrer. Ce qui a fonction d'illustration dans les chapitres précédents se trouve désormais au cœur du texte théorique. Cette façon d'écrire a donné plus de vigueur à notre réflexion et a permis de préciser sa visée.

M.-J. O.

Parler à l'enfant

Le travail qui s'effectue au Jardin Couvert nous frappe quelquefois avec une évidence éclatante et nous échappe souvent tant il est subtil, pour ne pas dire imperceptible. Je le comparerais au glacier qui charrie n'importe quoi sur des kilomètres : le regard ne peut rien percevoir de la force qui l'anime.

Pour ma part, ce chemin que me fait parcourir le Jardin Couvert, parfois à mon insu, est une réalité de tous les jours, dans ma relation aux autres, dans mon travail et ma perception des enfants qui ne cessent de changer au fil des années. Cette expérience riche et féconde qu'il m'a été donné de partager prend sa source dans la parole adressée à l'enfant.

Oser s'adresser directement à un bébé, même *in utero*, est une pratique récente et relativement peu usitée. Faire cela implique la croyance que le petit de l'homme perçoit et décrypte *à sa façon* le flot d'échanges dans lequel il est plongé : la musique des voix, la tension des mouvements, les nombreux affects intraduisibles en mots, le désir qu'ont eu ses parents de le concevoir, de lui donner naissance. Lui-même, dès sa conception, est porteur du désir de la vie, d'un consentement à la rencontre des autres hommes dans la parole. Une communication s'établit entre lui et ses parents, avec ses temps forts et ses ratés.

Au Jardin Couvert, nous mettons l'accent sur le *parler vrai*, et nous nous adressons directement à l'enfant. Pour Françoise Dolto, pionnière en ce domaine, « parler vrai signifie considérer celui qui est en face comme un homme ou une femme en devenir qui est tout entier langage dans son être, ayant un corps d'enfant mais comprenant tout ce que nous disons[1] ».

Pour nous qui la croyons parce que nous l'avons vue faire et obtenir des résultats parfois magiques, s'adresser de cette façon à un tout-petit c'est être convaincu qu'il nous entend. Pourtant, scientifiquement, nous savons qu'un nouveau-né n'a pas les structures cérébrales qui lui permettent de saisir le sens d'une phrase. Malgré cette contradiction apparente, la seule façon de communiquer avec un tout-petit est bien celle de Françoise Dolto.

Nous avons tous saisi chez un très jeune enfant cette réaction d'arrêt, le moment où son attention se laisse capter, une lueur particulière dans son regard. Ceux qui n'ont pas cette expérience nous font part de leurs doutes avec quelquefois un peu d'impatience : « Il ne peut pas comprendre ce que vous lui dites. »

Il m'a fallu un certain temps pour réaliser que ce doute venait naturellement à l'adulte parlant, chez qui la communication est langage. Inconsciemment, instinctivement, il continue à émettre et à percevoir d'autres signaux, mais il s'en abstrait et croit se limiter aux mots. Il oublie les perceptions inscrites dans ses viscères et dans ses gènes, il rationalise, il parle avec sa tête. Il ne retrouve la richesse de ses sensations archaïques qu'au prix d'une régression naturelle à l'état de grossesse et de jeunes parents « bêtifiant », a-t-on coutume de dire. Cependant, il note un regard, une main qui tremble, il continue à communiquer « de l'intérieur ».

L'enfant tout petit commence par utiliser ce *langage préverbal*. Il distingue le vrai du faux avec une acuité sans défaut, largement émoussée chez l'adulte. Il reçoit, en plus des paroles dont il ne perçoit pas tout le sens, l'intonation de la voix, l'expression du visage — que l'adulte lui livre sans contrôle —, le désir sincère de lui donner une parole vraie qu'il puisse recevoir. Le langage de l'adulte lui est accessible. Non seulement il y accède, mais il en a un besoin aussi vital que celui de nourriture et de soins à son corps. L'amour et la chaleur communicative de ses proches renouvellent jour après jour son désir de vivre et d'accéder à la parole.

Leur absence fait des ravages.

Au Jardin Couvert, nous parlons à l'enfant, accueilli par son prénom, directement. Nous lui signifions par là qu'il est notre

1. Françoise Dolto, Juan David Nasio, *L'enfant du miroir*, Rivages, 1987, p. 68.

interlocuteur, le sujet de notre attention et que nous n'allons pas, comme cela se pratique le plus souvent, parler entre adultes de lui en tant qu'objet de notre intérêt.

Il y a dix ans, quand a été réfléchi et fondé le Jardin Couvert, je m'interrogeais sur la façon de demander son prénom à un nouveau-né. Là n'est pas le problème. Il s'agit simplement d'accueillir, en lui parlant du fond de soi, un petit enfant, avec une parole vraie qu'il pourra recevoir. Il n'est pas question de lui dire à lui des mots que nous destinons en réalité à sa mère.

Il est vrai que la parole adressée à l'enfant, nous la lui disons en présence de ses parents ou de ses accompagnateurs et aussi, parfois, d'un jardinier. Trouver dans la simplicité et le naturel la place de chacun sans exclusion ne se fait pas tout seul et participe à ce qui se joue au Jardin Couvert.

La parole simple et vraie adressée à l'enfant en présence de ses parents nous place dans une position tierce, instituant une certaine distance — parfois bouffée d'oxygène — entre lui et sa mère ou son père. Cette manière de parler ne nous met ni en compétition ni en complicité avec la personne qui s'occupe de lui. Nous ne sommes pas là pour donner une leçon d'éducation, pour nous faire obéir, pour trouver des solutions miracle ou prodiguer des conseils. Nous ne détenons pas le savoir, la vérité.

Je ne me sens plus tout à fait au diapason, quelquefois plus du tout, dans certaines réunions de pédopsychiatres : un exemple un peu déconcertant est celui d'un film présenté à des pédiatres (dont je suis) par l'équipe de Camer à Genève. Il s'agissait de psychothérapies de couples mère-enfant dont la relation précoce avait été perturbée et qui furent filmées en temps réel. Pas une fois le thérapeute ne s'adresse à l'enfant. Nous nous en sommes étonnés, et la réponse qui nous fut faite m'a plongée dans une certaine perplexité : « Il ne faut pas s'occuper de l'enfant pour ne pas dérouter la mère et lui laisser supposer qu'on ferait mieux qu'elle. »

Parler à l'enfant, c'est sans doute se laisser interroger par lui, accepter de perdre quelque chose de son savoir, prendre le risque de l'erreur, de la maladresse. Ce peut être le silence ouvert, une attention flottante, une parole en nous.

Parler, c'est aussi s'adresser aux adultes proches de l'enfant, c'est savoir se taire, écouter, et même savoir qu'on ne peut pas tout écouter, pas plus qu'on ne peut tout dire — certaines choses ne pouvant être entendues dans le moment.

Parler, c'est parfois pouvoir arrêter un bavardage, un flot de *paroles vides* de sens et d'affects, placées là pour combler un *vide de parole*, de la même façon qu'un flot de nourriture ou de cadeaux cherche à combler un vide d'amour.

Parler, ce peut être ne pas se laisser entraîner dans une rationalisation des événements, dans une théorisation évitant toute parole vraie. Comme le dit Denis Vasse, « on ne peut pas comprendre avant de parler, on ne peut pas parler de l'inconscient, la question est de savoir s'il parle ».

Parler, ça vient de l'intérieur, ça ne se maîtrise pas vraiment. C'est assurément donner quelque chose de soi dans un échange plein de richesse avec un ou des autres : ouverture à l'amour, au désarroi, à la souffrance.

De la rencontre dans la parole peut naître une seconde de clairvoyance, une lueur de compréhension de ce qui nous étreint, une trace de pulsions bien enfouies, de sentiments négatifs qu'on préférerait plus nobles, lueur laissant entrevoir avec une certitude brutale une vérité que l'on aurait aimé continuer à essayer d'ignorer.

Entrevoir une vérité qu'il serait tellement plus facile de refuser, c'est difficile. Vers qui se rebiffer si ce n'est vers celui qui a aidé à cette prise de conscience ? Comment éviter de laisser surgir une certaine agressivité ?

Au Jardin Couvert, on apprend à recevoir le poids d'une souffrance sans se terrer dans une culpabilité stérile. On apprend aussi l'humilité : notre travail se résume à peu de chose. La nature humaine se montre capable de puiser en elle des ressources infinies, et la petite aide ponctuelle que nous pouvons apporter de temps en temps, même si elle ne permet qu'un seul pas en avant, même si ce pas est ressenti d'abord douloureusement, cette petite aide nous permet parfois de voir un enfant se transformer, sortir d'une ornière et continuer seul son chemin.

Je voudrais illustrer cette façon d'être avec les enfants par un incident survenu dans mon cabinet et qui fut à l'origine de ces quelques réflexions.

Depuis neuf ans, je m'occupe de Rémi et Bastien, deux frères dont le père est négatif et rigide. « Il est anormal, ton fils », reproche-t-il à sa femme. Elle est gentille, de bonne volonté, surprotectrice, dépassée.

Bastien est l'aîné, il a douze ans. Rémi en a neuf. Il présente des troubles graves du comportement. Il refuse tout : l'école, le médecin, les autres et a commencé une psychothérapie il y a trois ans. Je n'ai jamais pu examiner son corps sans rencontrer une farouche opposition. J'ai tout essayé, sans succès.

Ce jour-là, à l'automne 1992, je dois les examiner tous les

deux. On commence par Bastien. Rémi ne cesse d'interrompre l'examen et d'accaparer sa mère. Je finis par lui demander d'attendre son tour. Il s'assoit sous le fauteuil de sa mère et répète qu'il ne se déshabillera pas. Le moment venu, sa mère n'essaie même pas. Lui parler ne sert à rien, il répète la même phrase sans écouter, dans un total refus. Je finis, maladroitement, par lui enlever quelques vêtements et faire un examen physique rapide. Manifestement, le problème n'est pas dans son corps. Au moment de se rhabiller, refus catégorique. Il se met à hurler comme un sourd en se roulant dans tous les sens. Je me traite intérieurement de tous les noms et propose qu'on lui fiche la paix : il se rhabillera après, dans la salle d'attente. Ses cris et ses gesticulations deviennent impressionnants. Je suis saisie par la pâleur de Bastien essayant, épouvanté, de s'interposer et de retenir son frère qui, maintenant, se rue sur la porte. Je réalise que ces « crises » impressionnantes sont habituelles, et je touche du doigt la souffrance de Bastien et sa totale impuissance. C'est de cela que nous parlons.

À bout de ressources, je finis par traîner Rémi et ses vêtements dans le hall. L'enfant que je dois voir après lui est arrivé. Lui, ses parents et moi sommes obligés d'enjamber le corps de Rémi étalé, hurlant par terre.

Mécontente de moi, j'en reste là.

La suite des événements me montre que la seule chose que j'avais su faire — entendre et dire la souffrance et la peur de Bastien, le grand frère — n'avait pas été inutile. La mère a réalisé les difficultés de son aîné. Quand ils sont revenus, le regard de Bastien extraordinairement confiant et ouvert m'a beaucoup touchée. La mère était discrètement fière d'elle : « Ça va mieux », a-t-elle dit. Rémi, pour la première fois, non seulement ne s'est pas opposé, mais était demandeur de soins pour son corps.

Je n'avais rien su faire, pire, j'avais été d'une extrême maladresse, et pourtant il s'était passé quelque chose d'important, une rencontre imprévue, pas celle qu'on attendait.

L'unique raison en est que le Jardin Couvert travaille en moi, discrètement, par petites touches, lentement mais continûment. Plus que jamais je suis partante pour poursuivre cette route avec les petits enfants et les autres.

Jacqueline Boulanger
19 août 1993

La psychanalyse au Jardin Couvert

La première version de ce texte, écrit par Denis Vasse, a été communiquée lors du colloque de la Fondation de France sur « Les Maisons Vertes, dix ans après, quel avenir ? », le 25 avril 1989. Il fait partie des *Actes du colloque* publiés par la Fondation de France.

Le thème avait été choisi en commun avec l'ensemble des « Maisons » qui participaient au colloque. La question traitée ici est d'importance. La psychanalyse autorise à entendre et à élaborer, pour en rendre compte, ce qui se passe dans des lieux comme les nôtres. C'est au génie de Françoise Dolto que nous devons de voir la psychanalyse mettre au service des plus petits et de la société ses découvertes. Pour ce faire, il fallait que soit présent un psychanalyste là où se forme le lien de la génération, entre les tout-petits et leurs parents. L'occasion s'offrait de mettre en mots ce qui, faute de symbolisation, s'inscrit dans des symptômes névrotiques ou psychotiques, ou dans des comportements phobiques ou pervers.

Ce texte a été retravaillé par les jardiniers. Il a été enrichi d'exemples pour la présentation qui en a été faite lors d'une assemblée générale de l'Apelipa en novembre 1989.

J'ai été chargé d'aborder la question : *« La psychanalyse au Jardin Couvert ».*

Le « Jardin Couvert », c'est le nom de la « Maison Verte » à Lyon, comme la « Maisonnée » l'est à Strasbourg. Il est évident que la parole — ce qui parle dans l'homme — ne peut pas être réductible à la psychanalyse comme telle. Ce serait exposer notre action à un mauvais procès que de faire du Jardin Couvert, ou des Maisons de ce type, des lieux d'exercice de la psychanalyse. Ce qui parle n'est pas réductible à la psychanalyse, mais c'est elle qui nous permet d'éclairer, avec le plus de pertinence, les modalités de notre travail.

Pour aborder la psychanalyse au Jardin Couvert et ce que sa rencontre avec le travail d'accueil implique de théorisation nouvelle, j'évoquerai de manière brève et, je l'espère, précise, huit points :

1° il n'y a de psychanalyse que là où il y a un psychanalyste ;

2° le transfert, au Jardin Couvert, s'appelle le *transfert sur le lieu* ;

3° la circulation de la parole et ses effets ;

4° ce que nous appelons, au Jardin Couvert, le *lien de la génération*, le rapport mère-enfant et père-enfant ;

5° la loi du langage et les règles ;

6° le *prénonymat* (c'est un mot que nous avons inventé : ce n'est pas l'anonymat) ;

7° les *réunions mensuelles*, c'est-à-dire les réunions qui rassemblent ceux qui travaillent au Jardin Couvert (sans ce travail commun, je pense qu'une structure comme le Jardin Couvert ne saurait durer) ;

8° enfin, et pour conclure, je parlerai de la *légèreté*, selon un mot de Françoise Dolto, et de la *discrétion*, légèreté et discrétion qui marquent l'esprit avec lequel nous travaillons dans ce champ social que représente le Jardin Couvert.

IL N'Y A DE PSYCHANALYSE QUE LÀ OÙ IL Y A UN PSYCHANALYSTE

C'est particulièrement sensible dans le monde de l'enfance, et Françoise Dolto en était une preuve vivante, *la psychanalyse n'est que là où il y a un psychanalyste. Un psychanalyste est quelqu'un qui écoute l'enfant comme un corps structuré par la parole et qui, en retour, lui parle comme à une personne.* Il n'y a de parole « pleine » et qui fait corps que là où il y a une personne qui écoute. Auprès d'un enfant et, plus encore, au cœur du rapport mère-enfant ou père-enfant — ce cœur-là étant ce autour de quoi est édifié un lieu, le Jardin Couvert —, le psychanalyste ne saurait être quelqu'un qui sait et qui cherche à convaincre du bien-fondé de son savoir ou d'un savoir quelconque. Au Jardin

Couvert, même si elle a eu cette tendance ailleurs, la psychanalyse n'est pas une idée puisqu'elle exige un corps qui parle, et encore moins une idéologie ; elle ne se transmet pas comme un savoir et l'inconscient ne saurait y être objet de conviction. Il y a de la psychanalyse dans un lieu comme le Jardin Couvert quand quelqu'un écoute sans prendre au comptant le discours conscient et qu'il n'encadre pas ceux qui le tiennent dans le langage médical des symptômes et encore moins — c'est peut-être plus difficile — dans le langage social des convenances. Écouter et parler ainsi suppose, certes, qu'ait été prise au sérieux la psychanalyse. Ce que cette dernière nous apprend — ailleurs qu'au Jardin Couvert — nous autorise à intervenir avec légèreté dans le lien ouvert à ce qui parle en chacun, le lien de la génération et de la vie qui s'y transmet. Il s'agit bien, ici, d'accueillir le petit d'homme, de l'écouter et de lui parler d'emblée comme à un être structuré par la parole. C'est bien la structure de ce corps parlant que la psychanalyse éclaire.

Erika Bertrand-Oschwald

Simple témoignage parmi tant d'autres possibles, de la présence aussi discrète qu'indispensable de la psychanalyse au Jardin Couvert ; témoignage qui me semble, à travers les mots de la vie de tous les jours, laisser transparaître l'appui sur le travail qui donne une tenue à ce qui est presque impalpable, et pris dans une subjectivité risquée.

Alain avait deux mois quand il vint avec sa maman pour la première fois au Jardin Couvert. Elle le portait dans son « kangourou » et, au moment où je les accueillis, il était plongé dans un profond sommeil.

Je le sentais paisible. Sa maman, par contre, l'était beaucoup moins. Elle manifestait de la hâte à me le dire et elle m'entraîna dans le tourbillon de ses inquiétudes. Encore tout près du seuil, j'étais mise au courant du déroulement de cette journée qui avait été particulièrement agitée — un déjeuner avec une amie avait fait basculer quelque chose dans la relation déjà bien difficile d'Alain et de sa maman.

« Eh oui ! même avec de bons amis, on ne retrouve pas toujours la paix espérée... », dis-je en l'invitant à entrer vraiment et à prendre connaissance des règles du lieu qu'elle avait choisi pour déposer ce qui déborde en elle. Installées confortablement dans les fauteuils, j'apprends que la vie avec Alain ressemble à un étrange calvaire, et ce depuis sa conception. Grossesse tardive, une amniocentèse a été conseillée et a cristallisé l'anxiété et la culpabilité maternelles. La maman d'Alain en parlait encore avec beaucoup d'émotion.

« Quand j'ai su que 10 % des accouchements des femmes de mon âge étaient des naissances d'enfants anormaux, j'étais convaincue qu'il fallait courir le

risque. Je n'ai jamais eu peur pour mon enfant, mais ce mois d'attente pour avoir le résultat, c'était l'enfer. Et pourtant, je ne doutais pas une seconde... »

Ce qu'elle redoutait, en fait, c'était d'être mère d'un petit garçon, à cause des « mauvaises relations qu'elle entretenait avec tous les hommes de la famille ». Ce qui hantait maintenant son esprit, c'était l'agitation créée en elle et autour d'Alain, après le retour de la clinique à la maison, à cause de la présence intrusive et pleine de reproches de sa propre mère.

Avec son mari, ils se relayaient autour de ce bébé qui semblait les mobiliser nuit et jour, avec ses pleurs incessants et l'insupportable semblait se glisser entre eux comme un fantôme.

Au fil de ce récit, Alain s'était réveillé et il commençait à réclamer le sein avec de plus en plus d'insistance. La maman hésitait, ne sachant pas si c'était le moment de la tétée. La journée avait été tellement décousue... Avec des mots simples, je m'adressai à Alain qui, après avoir goulûment bu, ne put trouver d'apaisement. De violentes coliques semblaient secouer tout le bas de son corps et provoquer des pleurs de plus en plus déchirants.

J'essayais de lui parler de ce que sa maman m'avait confié, de leur souffrance commune. Peut-être pleurait-il les larmes qu'elle n'avait pas pu pleurer elle-même, pendant leur épreuve. Sûrement disait-il avec tout son corps que l'inquiétude de sa maman était aussi la sienne, et qu'il était désespéré de ne pas pouvoir la bercer assez pour l'apaiser. Un dialogue étrange s'était installé entre mes mots tâtonnants et les pleurs déchirants d'Alain, entrecoupés de petits silences où il me semblait être comme suspendu à mes paroles.

Une étrange certitude me disait qu'il ne pouvait pas se calmer avant de m'avoir raconté, lui aussi, longuement, son désespoir. Ainsi, j'offrais autant à sa maman qu'à Alain mes bras pour accueillir ce dire.

Elle me dit alors qu'il n'y avait que sa sœur à elle qui pouvait calmer Alain. Consciente que je n'arriverais pas à la cheville de cette sœur, je lui dis que chacun faisait ce qu'il pouvait au moment opportun. Ce que je pouvais, moi, pour l'instant, c'était écouter ces pleurs sans culpabilité, dire à Alain qu'il me parlait d'un chagrin qu'il semblait ressentir très fort après avoir bu le lait et les paroles de sa maman. Elle, lentement, commençait à se détendre un peu et même à sourire.

Je le berçais silencieusement dans mes bras sur lesquels, comme sur un rivage, venaient se déverser les vagues d'une grosse tempête. Après un long moment, Jean-Pierre vint s'enquérir de ce qui agitait tellement ce petit bébé. Je lui dis que je ne le savais pas, mais qu'il me semblait le comprendre. La maman, enfin, pouvait parler du sevrage commencé et de la reprise de son travail prévue pour dans un mois.

Une semaine plus tard, Alain revint au Jardin Couvert avec sa mère. Il me surprit parce qu'il me semblait avoir beaucoup grandi. Sa maman sourit et me dit : « Alain va mieux ; il a pris du poids, pleure moins et, surtout, il a fait son premier sourire à son père... » Cette après-midi, on l'entendait peu ;

quand je m'adressais à lui, il souriait. Il pleura à deux reprises, comme il l'avait fait lors de la première visite, mais, cette fois, un bercement suffit pour le sécuriser.

Sa mère semblait moins prisonnière de ses inquiétudes. Elle me dit qu'elle pouvait maintenant envisager de confier Alain, sans imaginer une catastrophe, et qu'elle s'était longuement entretenue à ce sujet avec la future gardienne. Puis elle se mit tranquillement à écouter une autre maman parler de son enfant.

Depuis, je n'ai pas revu Alain.

L'autre jour, une maman, après bien des hésitations, me confiait quelque chose. Il s'agissait de son enfant qui était là, deux ans et demi, et qui faisait caca dans sa culotte. Il était propre la nuit et sale le jour. Elle m'avait expliqué qu'elle avait lu Françoise Dolto, qu'elle avait été très contente pendant les quelques jours où il n'avait pas « fait ». Elle avait essayé de ne rien lui dire, elle avait fait *comme si* ça lui était égal le reste du temps. L'enfant écoutait, là. Alors, je prends au rebond tout ce que sa mère me le dit — je ne connaissais rien de leur histoire — de son caca dans la culotte et, à mon tour, je lui dis que probablement c'est en rapport avec des colères qu'il ne peut pas dire et que, dans le langage des adultes, on sait bien ce que ça veut dire d'« emmerder » quelqu'un.

Continuant à parler avec l'enfant et la mère, je m'aperçois qu'à l'exaspération de la mère, succède une stupéfaction étonnée qui laisse bientôt place à la reconnaissance que c'était bien ce qui se passait. Elle me le dit et le dit à son enfant. Les cœurs s'ouvrent. Xavier avait effectivement de la difficulté à s'exprimer et, de temps en temps, il entrait dans des colères incompréhensibles. Au cœur du malaise dans la relation de la mère et de l'enfant, quelque chose n'arrivait pas à se dire. Il manquait les mots qui opèrent la jonction entre ce qui se passait dans le cœur et ce qui se passait dans le ventre. Cette manière d'articuler le ressenti dans le corps avec le sentiment entre les personnes — c'est aussi cela le « parler vrai » de Françoise Dolto — restaure souvent — et c'était le cas — le sourire sur le visage de l'enfant et la paix dans les préoccupations de la mère.

Voilà pour psychanalyse et psychanalyste.

LE TRANSFERT SUR LE LIEU

Quand on est écouté comme ça — le « on » que j'emploie ici, c'est l'enfant ou la mère, l'enfant ou le père, l'enfant et la mère, l'enfant et le père —, *les nœuds de la confusion se dénouent.* Ce repérage rapide de la confusion entraîne, quand il touche juste, de la joie. L'endroit du symptôme — la relation mère-enfant qu'il encombrait — et l'endroit où cette résolution a lieu — le Jardin Couvert — en sont marqués. Ainsi en est-il lorsqu'on va dans une ville, l'image de la ville tout entière bénéficiera longtemps du rapport heureux ou malheureux que nous y avons entretenu avec quelqu'un. Ainsi en est-il aussi pour une maison, ou pour le Jardin Couvert. La confiance qui existe entre les accueillants, dans cette manière de travailler, qualifie le lieu. Le transfert se fait davantage sur lui que sur une personne exclusivement. Pour Xavier et sa mère, la colère et la honte attachées à la répétition du faire caca se sont estompées avant d'être oubliées. C'est dans cette disparition qu'éclosent la parole et le jeu. Cela nous arrive à tous : quand quelque chose se dénoue dans nos vies, non seulement nous oublions ce qui nous empêchait d'y être, mais nous la trouvons belle et aimable.

Françoise Dolto parlait de « transfert sur le lieu ». Dans la sphère du jeu avec d'autres enfants, dans celle de la relation à la mère ou au père, dans les joies ou les troubles du comportement, ce qui se transfère au gré des rencontres entre nous, voilà ce qui caractérise, pour les enfants, pour les parents et pour nous, un lieu. C'est même à travers ce transfert que se « qualifie » notre corps dans un lieu.

Ce repérage, à partir de la psychanalyse, affecte un endroit, ou plus exactement une *personne dans un endroit* : n'est-ce pas en définitive ce qui est sous-jacent à ce concept de *lieu* si souvent employé aujourd'hui ? Si ce repérage est possible à un stade précoce d'édification de la personnalité, c'est bien la rigueur du transfert sur le lieu — et non exclusivement sur une personne — qui l'autorise. Le fonctionnement même du Jardin Couvert interdit les conditions du transfert exclusif sur une personne, mais il favorise le transfert sur le lieu. La variation quotidienne de l'équipe d'accueil, le renoncement à l'interrogatoire sur les antécédents personnels ou familiaux, les règles qui s'y édictent, font du travail au Jardin Couvert un travail qui, disait Françoise Dolto elle-même, *est tout à fait le contraire d'une psychothérapie. « C'est dans la vie*, disait-elle. *Il faut que ce soit léger, léger, du point de vue de la compréhension du psychanalyste. »*

Le Jardin Couvert est ainsi habité par la présence de chacun d'entre nous, à condition qu'aucun d'entre nous ne le monopolise. C'est une de nos règles : nous ne faisons pas, au Jardin Couvert, ce que nous savons faire ailleurs. Je crois en effet qu'il y a une manière de faire, avec les enfants en particulier, qui est un alibi : faire valoir ce que l'on sait faire ou la manière de le faire est souvent l'alibi de la présence. Ce principe est vrai aussi pour le psychanalyste : sauf à s'y mettre dans une insoutenable contradiction, un psychanalyste, en effet, ne saurait conduire une cure au Jardin Couvert. Même si, pour un enfant ou pour sa mère, une part du transfert peut ou doit passer par l'un ou l'autre d'entre nous, nous faisons partie du cadre et du lieu.

Marie-José d'Orazio

Caroline est une blondinette de onze mois, que nous connaissons bien. Elle vient avec sa mère presque depuis sa naissance. Bébé rieur et vif, elle a fait les délices de quelques mamans en mal de maternage, quand elle agitait vers elles ses pieds et ses bras dans un appel joyeux. C'est du moins le souvenir que j'en garde, datant du printemps et du début de l'été dernier.

Elle arrive, une après-midi de septembre. Je ne l'avais pas revue depuis les vacances. Je suis occupée ailleurs et ce n'est pas moi qui l'accueille. Je la vois rapidement passer : elle est dans les bras de sa mère. Ses cheveux sont ternes, un peu comme du duvet d'oisillon mal portant. Ses yeux sont plus petits, tristes. Sa mère est raide. Elles s'installent au fond de la pièce, sur un canapé. Très vite, Caroline se met à pleurer. Sa maman prend à témoin une accueillante et une autre mère. De loin, j'entends, sans en comprendre le sens, la plainte excédée de la mère et les pleurs de Caroline. Et ça dure, et ça se répète...

Cette après-midi-là, je change plusieurs fois de lieu de travail. Dans notre local tout en longueur, il y a, pour circuler, une sorte de couloir entre, d'une part, les étagères de jouets et, d'autre part, les chauffeuses où sont installés les adultes. Ce passage est le lieu favori des enfants. Ils y jouent en rendant quelque peu périlleuse la circulation. Au cours d'un de mes déplacements, je rencontre Caroline, en plein dans le passage, pleurant, rage et détresse mêlées.

« Eh bien, Caroline, qu'est-ce qui t'arrive ? Si on allait voir ta mère ? »

Je lui tends les doigts pour qu'elle puisse franchir la distance qui la sépare du canapé.

« Ne m'en parlez pas, dit la maman, j'en ai ras le bol ! Ça n'arrête pas. Je ne peux plus souffler une minute. Elle ne me décramponne pas. Et puis, toujours ces pleurs !...

— Ça, c'est bien une histoire de mère et de fille aînée, lui dis-je en riant. On se veut, on ne se veut plus. On s'aime, on s'exaspère. C'était comment, vous avec votre mère ?

— Oh ! ne m'en parlez pas ! » dit-elle, reprenant pour sa mère la formule qu'elle avait employée pour sa fille.

Elle me fait de la place près d'elle, sur le canapé. J'y vois une invite à m'asseoir et, justement, à parler.

La maman de Caroline me dit que ça ne va plus du tout, que ça n'allait déjà pas bien avant et, peut-être même, que ça n'a jamais été. Mais maintenant, c'est impossible. Caroline ne la lâche plus. Elle pleure sans arrêt et elle, elle ne le supporte pas.

« Ça m'a l'air d'être une vieille histoire. Vous étiez à quelle place dans votre fratrie ?... C'était comme ça pour vous avec votre mère ?...

— Oh ! tout à fait, me dit-elle, nous n'avons jamais cessé de nous disputer, de nous plaindre l'une de l'autre... »

Elle s'arrête un instant, surprise. Elle a l'air d'avoir découvert quelque chose en elle :

« Mais justement, moi, je suis la fille aînée... et vous avez raison, quelle histoire !... Vous croyez que ça a un lien ? »

Je ris.

Elle raconte alors ses déboires avec sa mère : une histoire d'amour et de haine, dont on ne sort jamais indemne.

Caroline, entre-temps, s'est calmée. Elle se redresse, saisit mes doigts et m'attire pour partir en promenade jusqu'au bout de la pièce. Une ou deux fois, en chemin, elle pousse une petite plainte à peine perceptible, comme une souffrance qu'elle ne manifesterait que pour elle seule. Arrivée au bout du local, elle s'arrête, regarde autour d'elle, comme si elle réalisait brusquement l'absence de sa mère. Elle se met à pleurer violemment, avec une détresse poignante. Je la prends dans mes bras, ce que nous faisons rarement, non pour la consoler, mais pour lui montrer sa mère au loin. Puis je la repose en l'invitant à faire le trajet en sens inverse. Caroline se lance courageusement, avec une hâte qui la désarticule et fait partir jambes et bras dans tous les sens. À plusieurs reprises, elle pleure d'impatience. Arrivée près de sa mère, elle s'effondre sur elle, comme liquéfiée. Exaspérée, sa mère la repousse, soupire et finit par la prendre dans les bras.

« Vous voyez, c'est toujours comme ça ! J'en ai assez. Mais que faut-il faire ?... »

Caroline se calme. Puis, rechargée d'énergie, elle quitte les genoux maternels, reprend ma main, et nous repartons, pour un deuxième voyage, dans la même direction que précédemment, sans plainte cette fois.

Au bout de la pièce, Caroline s'arrête et se met aussitôt à crier.

« Allons voir ta maman », lui dis-je. Cette fois, je lui parle sans la prendre dans les bras.

Le long de la route, Caroline pleure, deux, trois fois, brièvement. Mais, en arrivant, elle hurle. On sent dans sa voix plus de colère que de chagrin. Sa mère fait la grimace, la prend, la console et la repose.

Troisième départ : Caroline, cette fois, se promène toute seule ! Elle s'arrête près d'un petit garçon, examine des étagères, puis continue jusqu'au bout de la pièce. Là, elle me regarde, fait demi-tour et me signifie qu'elle veut retourner vers sa mère.

Nous repartons, plus vite qu'à l'aller, mais sans nous presser.

À l'arrivée, elle regarde sa mère et, comme elle l'avait fait avec moi, l'appelle en tendant les bras.

Mère et fille éclatent de rire, et sautent joyeusement dans les bras l'une de l'autre. « Tu m'as désarmée, chameau ! » dit la mère en riant.

Voilà comment l'une et l'autre m'ont raconté leur difficulté à vivre ensemble et comment elles ont, cette fois-là, trouvé une issue.

Voilà comment, au Jardin Couvert, nous pouvons entendre parents et enfants et, avec eux, chercher un chemin.

LA CIRCULATION DE LA PAROLE ET SES EFFETS

Qu'il y ait de la psychanalyse au Jardin Couvert implique donc qu'un psychanalyste y soit présent. Il y en a un chaque après-midi. Il n'est pas nécessaire qu'il soit systématiquement désigné à ceux qui fréquentent le Jardin Couvert, mais il suffit de savoir que, lui étant là, les choses de l'inconscient — ordonnées en l'homme autour de l'énigme du désir — peuvent éventuellement circuler. Les symptômes, certes, ne sont pas médicalement pris en compte, comme cela peut être le cas dans une consultation, mais ils ne sont pas niés pour autant. Nous sommes plutôt attentifs à la parole qui s'y trouve confisquée. Il s'ensuit que, lorsqu'elle se fait entendre, les accueillants non psychanalystes se doivent de participer à sa circulation et aux manifestations qu'elle provoque.

Mais il importe plus encore que le psychanalyste soit, lui aussi, détaché de ce qui advient dans un tel lieu du fait de sa seule présence. Il doit en être détaché au point que la circulation de la parole et les effets de libération qu'elle entraîne n'ont pas à passer par lui nécessairement. Son travail sera de témoigner sans jalousie de cette circulation auprès des autres.

Jacqueline Boulanger

Je suis accueillante et, si je m'interroge sur ce qui se passe au Jardin Couvert, je réalise qu'en ce lieu la psychanalyse est très fortement présente, toujours d'ailleurs dans la plus grande discrétion.

Au début, la peur de mal dire provoquait des attitudes plutôt guindées, surtout lorsqu'il y avait peu de monde. Nous faisions une réunion d'équipe chaque mois, consacrée surtout aux problèmes matériels, mais avec un temps ménagé pour un échange à propos de ce qui a été vécu, de ce qui s'est passé, de ce qui a été dit, de ce qui aurait pu être dit.

Pour ma part, plus que les élaborations théoriques, c'est l'esprit de la psychanalyse qui forcément imprègne nos échanges, la confiance qui règne entre nous, qui m'ont permis peu à peu de me libérer de l'idée qu'il y avait obligatoirement quelque chose à faire, à dire, à voir. J'ai essayé tout simplement d'être là, réceptive à ce que l'enfant cherche à exprimer avec ses moyens à lui, prête à lui répondre avec des mots, ouverte à l'adulte qui a besoin de parler. Invités par tous à la parole, nous sommes cependant renvoyés à nos propres limites. Je ne suis et ne serai jamais psychanalyste. Pourtant, au Jardin Couvert, nous nous appuyons fortement sur la psychanalyse. En voici une illustration.

Deux mardis, à quinze jours d'intervalle, une maman puis sa fille m'ont confié un épisode douloureux de leur histoire. La mère d'abord, en train de donner le sein à son fils Pierre, me parle de son envie d'arrêter l'allaitement : « Il passe des choses dans le lait, et puis, je ne fais pas confiance aux médecins qui disent ce qu'on peut manger et prendre comme drogue, ils ne savent pas toujours », et aussi : « On m'a dit que les toxicomanes sont souvent des gens qui ont pris des calmants lorsqu'ils étaient très petits. » Moi, tombant dans le panneau : « C'est vrai, il ne faut pas donner de calmants aux enfants. » Elle, tout de suite angoissée : « Ma fille Virginie en a eu beaucoup lorsqu'elle était petite. » Une soupape a lâché : elle parle de sa propre souffrance, des drogues lourdes qu'elle prend depuis quinze ans, de ses crises de rage, de ses cris après Virginie, des répercussions de son état sur sa fille, des peurs de l'enfant, etc.

J'ai d'abord pensé avoir déclenché ce flot d'angoisse par maladresse. Seulement capable d'écouter la souffrance que disait cette femme, je ne sais rien faire d'autre ; j'ai du mal à supporter cette douleur, je voudrais la soulager, j'écoute, j'ai peu de chose à dire. Pierre est là, dans les bras de sa mère. Virginie va jouer, revient et retourne dans la pièce à côté.

Cette mère est repartie bien plus tard. Elle était calme.

Quinze jours après, je les revois tous les trois. Virginie vient me chercher plusieurs fois. Jouant dans la pièce du fond, elle traîne notre vieux landau dans lequel elle a mis une poupée : « La poupée est vilaine », me dit-elle à plusieurs reprises. Interrogative, elle attend quelque chose de moi.

Je lui demande : « Qu'est-ce qu'on va lui faire à cette vilaine poupée ? » Elle attend que je décide. Finalement, je lui dis : « On va la mettre dans un coin sur les rayons et en prendre une autre. »

Elle m'emmène alors avec le landau et la poupée vers l'entrée du Jardin Couvert où sont rangées les poussettes. Elle jette la poupée le nez par terre. Elle me tire, nous traversons toute la pièce avec le landau vide, puis elle me ramène à l'étagère des poupées. Elle semble attendre que je prenne l'initiative du jeu. Finalement, elle se choisit une autre poupée et me demande de la déshabiller. Elle va la promener dans le landau, puis revient me chercher. Pendant tout ce temps, sa mère n'a cessé de tourner autour de nous en me disant à plusieurs reprises : « Ça m'étonne qu'elle soit venue vous chercher, ça m'étonne qu'elle vous demande cela à vous », sous-entendu : à vous et pas à moi. Chaque fois, je lui réponds simplement du regard en continuant à jouer avec Virginie.

Celle-ci joue un moment seule, puis revient me chercher. Je suis alors en train de parler avec un autre accueillant, Olivier. Elle lui dit très fort : « Laisse-la ! » Virginie me ramène vers le canapé devant lequel se trouve la seconde poupée, restée par terre ; entre les coussins, on voit la poupée vilaine. Elle m'installe à un bout, assied cette poupée près de moi. Je la laisse faire, en lui disant simplement au bout d'un moment : « Même les poupées vilaines, on les aime quand même. » Elle s'assied à l'autre bout du canapé, et se met à sauter de joie : « Contente ! contente ! », puis elle crie de façon un peu théâtrale : « Pardon ! » Je la laisse faire. Elle reprend la poupée assise sur le canapé, me ramène à l'étagère pour que je la rhabille et vient — toujours avec moi — la poser gentiment près de l'autre qui était restée à terre.

Virginie m'a raconté à sa façon ce que sa mère m'avait raconté la fois précédente. Chacune a pu parler de son histoire en présence de l'autre. J'ai été témoin, somme toute assez passivement, ce qui leur a peut-être permis de se dire leur douleur commune. Nulle part ailleurs qu'au Jardin Couvert, je n'avais participé à un moment aussi fortement imprégné, à mes yeux, de psychanalyse.

Ma présence discrète a eu un effet, beaucoup plus, sans doute, que si j'avais essayé de faire ce que je ne sais pas faire : me livrer à des interprétations et les proposer à la mère devant Virginie, ou à Virginie devant sa mère.

L'histoire de cette famille, nous ne la connaissons pas. Elle est comme un puzzle dont certains d'entre nous détiennent des pièces, parfois fort différentes, et qu'il ne nous appartient pas de rassembler. Simplement, au Jardin Couvert, parfois quelques parties de cette histoire s'éclairent. Ni par hasard ni par magie, mais grâce à la parole qui circule dans ce lieu.

DANS LE LIEN DE LA GÉNÉRATION

Selon ce principe, qui nous est devenu cher, le psychanalyste, comme les autres, ne fait pas, au Jardin Couvert, ce qu'il sait faire ailleurs. Répétons-le : même si la dimension psychanalytique est présente, elle ne l'est pas dans un savoir-faire ou une pratique qui définirait ce lieu. En référence à elle, nous gardons un esprit qui nous rend attentifs à ce qu'elle nous apprend : par exemple, qu'un enfant peut venir se laisser prendre au non-dit, aux mensonges ou aux habitudes où se conjugue, avec le sien, le désir inconscient de ses parents. Sachant cela, pourquoi ne pas tenter de témoigner, au lieu même où se constitue le lien de la génération, de la parole qui s'y transmet ? La remise en circulation de cette parole n'est-elle pas, en définitive, la manière de prévenir, dans la discrétion, la mise en place d'une pathologie psychique ou somatique ?

Les lieux comme le Jardin Couvert sont ordonnés à la réintroduction de la parole dans le lien de la génération. Cela ne signifie pas que la parole advienne de l'extérieur seulement, mais aussi qu'elle apparaît au cœur de ce lien qui, de génération en génération, surgit du dedans. La psychanalyse sert à ça. Elle tente de prévenir l'enfermement du sujet dans le symptôme d'une chair muette. Elle tente aussi de déchiffrer la répétition du passage à l'acte dans le comportement. Avec la maladresse inhérente à ceux qui se risquent dans cette aventure, de tels Maisons, Jardins ou Maisonnées remplissent, dans la société qui est la nôtre, une certaine *fonction paternelle.* Cette fonction permet à la parole d'occuper une position tierce. Affirmer cela, c'est laisser entendre que la mère et l'enfant peuvent dire, au Jardin Couvert, « je », se rencontrer et se séparer sans mettre en péril leur identité respective, c'est-à-dire sans céder à la violence de la fusion ou de l'abandon imaginaire.

Christiane Morand

Le bruit de la poignée de la porte d'entrée me fit lever les yeux. Une très jeune femme, hésitante, seule, passa la tête et ressortit furtivement. Je m'approchai de la porte. Elle me dit alors très vite, à voix basse, qu'elle venait voir sa fille, qui devait arriver à 15 heures, avec la nourrice qui la gardait. Il était 14 h 40. Je l'invitai, si elle le désirait, à entrer, pour attendre à l'intérieur. Ce qu'elle fit, avec un peu d'hésitation.

Serrant très fort un paquet de cigarettes, elle s'assit dans un fauteuil, dos à la porte. Quelque chose d'impératif se dit en moi et j'allai m'asseoir près d'elle. Une sorte de nécessité intérieure m'invitait à rester là. Avec un peu de panique, j'entrevoyais le chemin de crête où j'avais à me tenir, entre vide et angoisse.

La toute jeune femme était assise sur le rebord du fauteuil, un peu voûtée, le regard fixe et le visage d'une tristesse infinie. Je lui demandai le prénom de sa petite fille : « Claire », son âge : « 10 mois ». Ébauche d'un petit sourire, puis le silence. Je remarquai qu'elle devait commencer à marcher un peu ; elle me répondit par un petit sourire et un mouvement de tête rapide désignant la porte. Il n'était pas encore 15 heures. Je pensais intérieurement que, sans doute, cette maman ne pouvait peut-être même pas se rendre compte que sa fille grandissait.

« Ça fait longtemps que vous ne l'avez pas vue ?

— Depuis la fin des vacances. »

Je ne sais pourquoi, j'entends : « depuis le début ». J'ajoute donc que deux mois, sans la voir, c'est long, et que sa fille doit lui manquer. Elle ne me répond que par un « oui ». Elle regarde de nouveau derrière, vers la porte, soupire, me lance un bref regard, baisse la tête et, après un nouveau silence :

« Je pense toujours à elle. »

J'évoque la séparation, la tristesse qu'elle provoque, mais qu'il y a la présence dans le cœur, qui permet de vivre et d'attendre le moment de se retrouver, quand on fait à nouveau les gestes pour embrasser, porter, parler, etc., et que plus ce moment des retrouvailles approche, plus c'est long d'attendre. Et puis, il y a aussi l'inquiétude d'être reconnue ou non par l'enfant. La jeune femme hoche la tête. Elle a posé le paquet de cigarettes sur le fauteuil.

La porte s'ouvre. C'est Jacqueline qui arrive, la deuxième accueillante au Jardin Couvert ce samedi après-midi. Elle remarque d'emblée qu'il y a beaucoup de grandes personnes pour peu d'enfants.

Je lui présente cette maman qui attend sa fille. Elle doit venir à 15 heures, et il semble que Claire et sa nourrice soient en retard !

Peu après, un enfant arrive. Je vais l'accueillir. La maman de Claire regarde le bébé qui vient d'arriver et que sa mère dépose par terre, près de nous. En me rasseyant près d'elle, j'évoque la patience de l'attente, le fait qu'on se demande ce qui peut empêcher d'arriver à l'heure dite. Lyon est souvent encombré le samedi. Après un nouveau coup d'œil à la porte, elle me répond qu'elle vient de loin. Le silence et le calme se sont installés dans ces quelques mots.

Il est 15 h 20. Deux enfants arrivent presque simultanément. Il y a un peu d'embouteillage sur le seuil du Jardin Couvert. En me retournant, j'aperçois la jeune femme à la porte, qui me dit très vite : « C'est elle ». Déjà elle cherche à embrasser et à prendre sa fille dans les bras. Le visage inquiet, l'enfant se serre davantage contre sa nourrice. Je lui dis que je connais son prénom, que sa maman l'attend depuis longtemps, qu'elle est en retard, etc. La nourrice évoque alors le caca au moment de partir et la circulation importante.

Ce temps pris à la porte pour mettre des mots sur ce qui est en train de se passer empêche le corps à corps. La fillette regarde attentivement son prénom qui s'écrit au tableau. Sans un sourire, elle observe la dame que je lui indique comme étant sa maman qui se retient désormais de la prendre dans ses bras. Toutes trois vont s'installer sur une banquette avant que la nourrice ne pose Claire sur les genoux de sa mère. Je les laisse seules un moment.

Tenir entre l'angoisse et le vide, le bavardage et le mutisme, pour ne tomber ni dans l'un ni dans l'autre, tel me paraît être, après coup, l'enjeu de cette rencontre.

La surprise reste, pour moi, d'avoir été tenue dans cette position d'attente tranquille, sans volontarisme ni provocation. Cette nécessité impérative et intérieure d'être là, sans savoir d'avance quoi faire ou quoi dire, me conduisait simplement à accepter de laisser venir. Ce qui est venu, c'est la petite fille. Sa présence a eu un effet presque immédiat d'apaisement. Peu importait alors de parler ou de se taire. L'étonnant est que cette jeune femme, à l'espace inté-

rieur dépouillé de mots, n'ait pas essayé une seule fois de combler ce vide, ne serait-ce qu'en fumant une cigarette — le paquet de cigarettes a été oublié. Restant là, tout simplement, sa présence devenait étonnamment légère. La « présence-absence » de Claire habitait l'espace entre nous, et nous tenait l'une et l'autre, sous des modalités différentes, dans cette expérience qui nous était commune : attendre son arrivée.

L'attente se chargeait d'humanité. Le temps passait, et la patience donnait poids à notre rencontre, à travers et au-delà de la pauvreté des mots. Pauvres, ces mots permettaient le maintien d'un écart, dans le respect de la tension provoquée par l'attente. Ils signifiaient l'absence de celle qu'ils rendaient ainsi présente. Tout cela donnait corps au moment présent. L'impatience manifestée (soupirs, mouvements de tête), reconnue et nommée dans ses effets (tristesse, inquiétude, énervement, etc.), prenait sens d'humanité et rendait l'attente supportable.

Six semaines plus tard, travaillant de nouveau le samedi, j'accueillais Claire. Elle marchait devant sa mère qui lui tenait les mains. Derrière, suivait la nourrice. Un sourire éclairait leur visage.

LA LOI DU LANGAGE ET LES RÈGLES

Le Jardin Couvert est fondé sur la foi que la parole circule dans la chair et que cette circulation, celle du désir, obéit à la loi du langage à laquelle est soumis le sujet humain dès lors qu'il prend corps.

Consentir à la loi du langage — on le remarque au Jardin Couvert — est un moment primordial dans la croissance de l'être humain. Répondre à son invitation évite à l'enfant — comme à l'adulte d'ailleurs — l'impasse d'un refuge dans le retrait de la passivité. Ainsi en est-il lorsque l'enfant *refuse* de grandir et s'offre à la manipulation de ceux qui l'entourent. Répondre à l'invitation des mots, c'est aussi consentir au désir de la rencontre en sortant de l'exaspération d'une activité automatique et stérile. Sans la loi du langage, qui médiatise la parole originairement présente en tous, il n'y a pas d'accession, en effet, à la vérité du désir humain. Si le petit d'homme doit consentir à acquérir un langage avec d'autres — c'est une *loi* —, c'est bien pour signifier qu'il lui est donné de parler dès l'origine — c'est un *don*. Donnée et reçue, la loi du langage autorise la parole à circuler autour de la question de l'interdit et des limites. Dans la limite vivante de la rencontre[1], ce qui parle en l'homme — le

1. Cf., *supra*, « Essai sur la limite vivante », p. 93.

sujet — se révèle à travers les résistances et l'éventuelle découverte du mensonge. La chair de l'homme ne prend consistance que d'être animée par la parole. Les règles, en s'énonçant, renvoient toujours à l'acte de parler qui spécifie l'homme. Elles s'établissent dans une sorte de ritualisation verbale valable pour tous. Ici viennent prendre place les minirègles du Jardin Couvert : la nécessité de mettre un tablier pour jouer à l'eau ou l'interdiction d'emmener les jouets à roues au-delà d'une ligne qui délimite l'espace qui leur est réservé. Pour que la limite devienne, dans l'interdit, le lieu de la loi à laquelle le sujet peut obéir, dans l'éclosion du désir auquel il consent, il faut bien que l'obéissance à la loi renvoie au don de la parole et à la promesse de la liberté. La loi n'est jamais une manière de se faire obéir par plaisir ou par nécessité. Elle est le rappel de ce qui fonde une alliance véritable dans le don de la parole. Quand elle n'est plus l'armature de l'ordre symbolique, la violence et la ruse envahissent les rapports humains dès le commencement.

LE PRÉNONYMAT

Si loi du langage il y a, et si nous y sommes soumis, c'est qu'elle s'adresse à un individu nommé et prénommé. C'est ce prénonymat qui organise les rapports au Jardin Couvert. Nous avons renoncé à ce que désigne le mot d'*anonymat.* Il nous paraît, d'une part, faux et, d'autre part, dangereux. S'il indique notre attention à ne pas prendre en compte la hiérarchie sociale et les effets de prestance éventuels auxquels elle donne lieu, le *a* privatif — le sans nom — est trop fort. La parole ne circule pas en vérité en dehors du rapport qu'entretiennent entre eux des êtres nommés, des êtres qui en répondent. Le prénom est la butée solide du nom patronymique. Il l'enracine au plus intime des sensations. Nous savons bien, en effet, que ce ne sont pas nos petites règles qui valent par elles-mêmes. Elles ne valent qu'en fonction de la parole qui circule et qui, dans la rencontre comme dans la séparation, lors des arrivées et des départs, des tétées et des disputes, donne lieu à la présence à soi-même et aux autres. À cet endroit, le corps de chair s'éprouve comme corps social, et cela ne saurait se faire hors de la référence au nom.

La porte d'entrée du Jardin Couvert est certainement un des lieux fondamentaux de notre travail. Elle dit bien, en effet, l'importance de la limite — celle du *seuil* — où l'individu est *appelé* à entrer ou à sortir *lui-même*, celle-là même où le prénom résonne. Souvent, les enfants veulent rester, ce qui irrite la mère ou le père. Il faut pourtant reconnaître que, souvent aussi, l'adulte a commencé, une demi-heure avant le départ, à dire : « on va partir », tout en s'occupant à autre chose. Cette prétendue préparation au départ induit le caprice plus qu'il ne l'évite, et la colère tant redoutée et si déplaisante dans un lieu public semble souvent plus provoquée que prévenue. Il m'arrive de m'introduire, en tiers, à l'endroit et au moment de l'affrontement pour restaurer une relation avant qu'elle ne se rompe.

« Ta maman a tellement peur de ne pas savoir faire... qu'elle en rajoute... et toi, tu en profites pour la faire bisquer. »

Il s'agit de remettre en place l'importance des repères dans le temps et dans l'espace, celui du franchissement du seuil, par exemple, en entraînant l'enfant, sous les yeux du père ou de la mère, pour lui parler de la porte :

« Tu vas voir, tu vas partir par la même porte que celle par où tu es arrivé. Au Jardin Couvert, il y a une porte pour sortir et une porte pour entrer, et c'est la même. »

Tout le monde tire parti de cette façon de rendre au seuil son sens, selon les moments, en conjuguant les deux directions dont il est le lieu pour celui qui le franchit. À l'accueil comme au départ, la séparation est rendue possible pour celui qui le passe, parce que le passage est inscrit dans un récit où chacun se reconnaît. Il n'y a pas de séparation possible, en définitive, sans invitation au voyage et... sans la promesse d'un retour.

Lorsque la colère est déjà déclenchée et que l'enfant s'écroule en pleurant de rage, il m'arrive de rester près de lui en chantant :

> « Quand grand-père est en colère,
> il jette son bonnet par terre !
> Quand la colère est passée,
> il va vite le ramasser ! »

À la place de « grand-père », je dis son prénom. Intrigué par le chant qui l'appelle en symbolisant la colère qui le défait, très souvent, l'enfant retrouve son calme.

LES RÉUNIONS MENSUELLES

Que la psychanalyse puisse ainsi éclairer ce qui se passe au Jardin Couvert suffit à justifier sa présence. Lors des réunions mensuelles qui rassemblent l'ensemble des jardiniers, notre travail ne cherche pas à prendre appui sur la connaissance exhaustive d'un cas. Nous avons banni toute mise en dossier ou toute réunion de synthèse ; nous avons aussi banni toute construction de chaîne signifiante qui rendrait compte, à la manière d'une psychanalyse, de l'histoire d'un individu. Bien que cela ne nous soit pas toujours facile, nous ne nous rengorgeons pas d'une quelconque efficacité de cet ordre, qui échapperait, de toute façon, à la nécessaire vérification scientifique, du fait même de la manière dont nous travaillons. Nos échanges, à partir de ce que nous avons vécu dans tel ou tel instant, révèlent la façon dont nous sommes personnellement engagés dans ce travail et la manière dont nous sommes, psychanalystes et non-psychanalystes, présents au Jardin Couvert.

Janine Chomier

« Toute écoute véritable se heurte, dès l'abord, à l'incompréhension ou à l'apparente insignifiance de la production graphique ou verbale de l'analysant pour l'analyste. C'est ce heurt ou cette rupture dans la signifiance qui provoque l'écoute et ouvre la voie à une éventuelle compréhension. Dans le silence de l'écoute, la vérité cachée de l'énigme vient à se révéler[1]. *»*

L'incompréhension : Frédéric tape des pieds sur la porte de la petite maison installée dans le local... Cela fait un bruit important qui me touche de manière épidermique. Nous échangeons un regard et, d'un geste de la main, je lui fais « chut ». Il s'arrête quelques secondes et, dès que mon regard revient vers le bonhomme que je dessine avec Pierre, il reprend de plus belle son tintamarre. Sa mère s'approche de lui, lui parle, et Frédéric cesse son tapage. À ce moment, s'élève la voix de la mère d'Hélène : « C'était pourtant chouette cette musique des pieds. Moi, je la trouvais drôlement bien. » Je ne dis rien, mais je perçois la critique, voire la leçon. Inutile de préciser le niveau où je suis touchée : ce n'est plus à fleur de peau ! Toutefois, le côté provocant me paraît si fort que je reste silencieuse : non seulement je ne dis rien, mais je continue ce que je fais, repérant simplement l'intensité de ce qui m'habite. Cela reste en moi bien après la fermeture du Jardin Couvert.

C'est de la culpabilité, de l'irritation, mais aussi une question autour de Frédéric : pourquoi ce tapage soudain, alors que, quelques minutes avant, il m'avait longuement raconté sa balade à bicyclette, son après-midi à l'école. C'est seulement alors que je me souviens m'être laissé solliciter par Pierre. C'est à ce moment que les pieds de Frédéric sont entrés en action. Ne disait-il pas ainsi sa colère, sa jalousie... Si j'avais alors fait le lien, les choses auraient

1. Denis Vasse, *L'ombilic et la voix*, *op. cit.*, p. 10.

été plus faciles pour Frédéric, mais comment ne pas tenir compte aussi du temps qu'il m'a fallu pour que, ce jour-là, cela fasse sens en moi? Il n'y a donc pas eu de mots sur ce qui faisait difficulté immédiate. Par contre, de n'avoir souscrit ni à l'interprétation « musicale » de la mère d'Hélène ni à sa provocation a sans doute permis à Frédéric et à sa mère de trouver un espace où, discrètement, une solution est apparue.

L'apparente insignifiance : C'est la deuxième fois que René vient avec son papa. Il a quinze mois. À peine franchie la porte, il file au fond du Jardin Couvert pour revenir aussitôt près de son père et de moi, avec trois crayons-feutres bien serrés dans sa main. Je suis un peu interloquée. Son père hausse les épaules et me dit que, déjà, la dernière fois, il n'a pas lâché les crayons de l'après-midi : « Il n'écrit pas, il les garde comme ça... Bien sûr, ça l'embarrasse un peu pour jouer avec d'autres choses, mais il se débrouille. » Ces propos, loin de m'éclairer, me déconcertent un peu plus, mais je ne fais pas de commentaires. En revanche, je dis seulement à René que les crayons sont là pour dessiner, pour lui, pour les autres enfants, et que leur place est sur la table. Cela déclenche des hurlements... Cette fois, je perçois une détresse dans cette intense crispation sur cet objet. Je lui répète ce que j'ai dit et m'assois près de son père. Celui-ci me parle en me disant son incompréhension face au comportement de son petit garçon... « Il est têtu, vous savez. » À mon tour, je hausse les épaules, dubitative. Alors, tout simplement, il me parle de leur vie bouleversée après la mort brutale de sa femme, d'une rupture d'anévrisme. René avait cinq mois. Il parle avec pudeur de l'organisation qu'il a dû trouver pour concilier ses horaires professionnels, ceux de la crèche, les week-ends chez sa belle-mère une fois sur deux. Pour elle aussi, cela a été terrible. Près de nous, René joue à vider et à remplir une caisse de petits objets... Il a lâché les crayons. Silence... regard... sourire ému entre son père et moi.

LA LÉGÈRETÉ ET LA DISCRÉTION

Nous croyons que cette légèreté que Françoise Dolto, paradoxalement, possédait dans ses interventions les plus sidérantes traverse, à l'insu de tous, les résistances les plus féroces et les mieux établies — je veux dire : celles qui proviennent du milieu social. Elle les prend comme à revers parce qu'elle témoigne d'une présence qui n'a pas peur et dont on n'a pas peur. Cette présence n'est pas intrusive. Elle respecte le *roman familial* que nous n'avons pas les moyens d'analyser. Mais, en même temps, ce n'est pas en référence à ce roman familial que se fonde la nécessité de jouer, de parler ou de se taire. Avoir avec un enfant un rapport de parole et de reconnaissance non référé à la hiérarchie sociale, à l'histoire de la famille ou à la sienne propre donne, pour peu que nous nous y risquions, une liberté éclairée par la psychanalyse même. C'est un des secrets de ce genre de travail.

Le desserrement de l'étreinte imaginaire, sociale ou familiale et la tranquillité qui en résulte au Jardin Couvert rendent moins consistant le mensonge que cachent les habitudes. L'espace qui s'ouvre alors autorise la peur ou la joie à se manifester autrement, à s'inscrire relativement aux limites du corps dans la jalousie ou dans la transgression. Reconnue, parlée, l'émotion laisse réapparaître la dimension de désir qu'elle cachait. S'il faut pouvoir évoquer la haine, c'est forcément parce qu'elle cache et pervertit la dimension du désir. Si l'insomnie autorise l'évocation d'un conflit parental oublié, c'est pour permettre à l'insomniaque d'entrer à nouveau dans le repos du sommeil retrouvé. Si des mots doivent être mis sur l'intimité du puîné au ventre de la mère, c'est pour que l'aîné, qui se sent abandonné, habite enfin une séparation vécue hors de la morsure de la culpabilité ou de l'angoisse. Que cette morsure ait lieu chez la mère, chez l'enfant ou chez le père, peu importe si la symbolisation qui peut s'en faire au contact d'un tiers tend à desserrer son étau. Cette ouverture dans la parole, je crois que c'est ça, la liberté.

Je me souviens d'un petit garçon qui était venu avec sa mère au Jardin Couvert pendant très, très longtemps. Sa mère nous avait dit que son père considérait que c'était une histoire de femmes, cet endroit. La maman lui avait dit : « Mais il y a des hommes, même dans l'équipe d'accueil. » Et un jour, on avait vu arriver cet homme. Il était venu vers moi avec son enfant et m'avait dit : « De toute façon, je ne comprends rien à ce que vous écrivez dans vos livres, à ce que vous dites. » Je n'ai rien répondu à la provocation, si ce n'est en bafouillant : « Vous savez, c'est possible. » Or, dans le moment qui a suivi, a surgi le flot énorme de la jalousie qui le liait à sa sœur. Je ne lui demandais rien. Mais j'étais bien là pour que se dépose éventuellement ce qui empoisonnait le rapport de ce père avec son fils. L'enfant était là, lui aussi, jouant discrètement un peu plus loin comme pour laisser son père profiter du Jardin Couvert. Au bout de la confidence du père, il s'est jeté, heureux, dans mes bras — ce qu'il ne faisait jamais. Tout en accueillant son mouvement par un signe, je ne l'ai pas retenu — je ne retiens jamais un enfant, même s'il est mû par l'élan de la tendresse —, je l'ai reposé à terre en prenant son père à témoin. Il s'est alors jeté dans ses bras, et lui l'a reçu dans la joie. À travers un tel moment apparaît la mise en scène corporelle, le jeu qui témoigne de la nomination et de la circulation de la parole.

C'est aussi de cela qu'il est question lors de nos réunions : de cette circulation, de cette discrétion qui transforment la peur que nous avons les uns des autres — même lorsque nous travaillons au sein d'une équipe restreinte — en désir de rencontre. Sur le chemin qui s'ouvre en nous et entre nous, nous apprenons à travailler ensemble dans la confiance réciproque, avec la même discrétion que celle avec laquelle nous travaillons au Jardin Couvert et que les enfants nous enseignent.

Que ce soit dans nos réunions ou dans le travail, chacun d'entre nous peut, sans nécessairement le savoir, se laisser aller à *parler vrai*, à laisser venir les mots qui lient le ressenti aux sentiments, et qui ouvrent sur une histoire qui, pour être nôtre, n'a pas besoin pour autant d'être étalée. Qu'importe alors que celui qui parle soit ou non psychanalyste, s'il peut parler vraiment à un enfant et à sa mère, sans chercher à vérifier un prétendu savoir analytique. Ce que nous appelons non-savoir n'a rien à voir avec l'ignorance située au versant de la peur, de la vanité et du passage à l'acte. Cela indique plutôt la source des paroles vraies qui touchent au cœur les parents au moment où ils sont délivrés du *trop* d'angoisse, du *trop* de culpabilité ou du *trop* de préoccupations. Désencombré de ce trop, le lien de la génération redevient perméable au désir. S'il en est ainsi et quelles qu'en soient ses apparences modestes, la rigueur du travail que développent les structures comme le Jardin Couvert ne devrait pas avoir fini de nous intéresser et de vous intéresser.

Erika Bertrand-Oschwald
Jacqueline Boulanger
Janine Chomier
Christiane Morand
Marie-José d'Orazio
Denis Vasse
Novembre 1989

Dormir sous les ponts ou vivre à la maison

En arrivant au Jardin Couvert, vers 15 h 30, je passe devant un petit garçon blond allongé sur le tapis. Il est sur le dos et joue avec des anneaux. Au-dessus de lui, une femme qui doit être sa mère est assise sur un fauteuil.

Dans l'autre salle, Janine me rejoint. En chuchotant, elle me dit bonjour et me signale que le petit garçon a remarqué mon arrivée en suspendant son jeu et que c'est une histoire difficile. Enregistrant sans bien comprendre, je pense qu'elle était contente de me voir arriver et je me laisse aller à ce qui vient...

Je finis par me retrouver dehors, près de la tortue à sable dans laquelle Igor, c'est de lui qu'il s'agit, joue, empêtré dans les anneaux en plastique qu'il ne quitte pas.

Au bout d'un moment, il s'en va.

Un instant après, Madeleine, que je prenais pour sa mère, mais qui est une éducatrice, s'approche :

« Je voudrais que vous me donniez un conseil...

— Allez-y toujours, mais je ne sais pas très bien faire ça...

— Igor ne s'arrête pas de manipuler, allongé sur le dos, ses anneaux en les faisant passer au-dessus de lui. Je ne sais pas ce qu'il faut faire. Le laisser faire ou les lui enlever ? Il s'enferme dans son jeu. Il est capable d'y passer des heures, des journées. Et quand on les lui enlève ou qu'on l'interrompt, c'est un drame. Par ailleurs, il ne dort pas et fait du bruit toute la nuit. Cela fait plus de un mois que je ne dors que trois heures par nuit... et je n'en peux plus. »

Il y a, chez cette femme au bord des larmes, à la fois quelque chose de la contrainte et quelque chose qui craque. Je sens qu'il ne s'agit pas que d'un problème concernant la nocivité ou non du jeu, et je commence à laisser résonner en moi son angoisse d'une autre manière.

« Lui donner ? Lui enlever ? Vraiment je n'en sais rien... » (Surtout que des gens à qui elle a demandé conseil sont partagés, les uns pour, les autres contre...)

« D'ailleurs, chez moi, il ne joue pas comme ça, car j'ai supprimé dans la maison tous les anneaux. »

La suppression des anneaux n'est-elle pas la raison de l'agitation qui l'empêche de dormir ? Je pense tout haut.

« Pourquoi ne pas se servir de ce jeu dans lequel il est enfermé pour tenter d'en faire une médiation, de l'inclure dans une rencontre ? Venez. Allons auprès de lui, en parler avec lui. »

Igor est dans la même position et au même endroit qu'au moment où je suis arrivé. Il se saoule dans un jeu répétitif, rapide et stéréotypé. Les anneaux posés par terre sont déplacés d'un côté de son corps à l'autre, dans un sens, en passant d'une main dans l'autre, au-dessus de lui, pour aussitôt être pris à nouveau et repassés en sens inverse. Ses yeux sont chavirés, tout entier pris qu'il est dans un automatisme où il cherche la sécurité.

Je m'assois en surplomb, à côté de lui. Madeleine est assise à côté de moi.

« Igor, ta maman-Madeleine me dit que quand tu joues avec les anneaux, tu ne t'arrêtes plus. Tu ne peux plus te passer de ces anneaux qui passent au-dessus de toi. Tu es bien dedans, ils te rassurent ! »

Silence. Madeleine me dit qu'Igor est un enfant qui vient de la Cité de l'Enfance, qu'il est né d'une femme errante qui vivait sous les ponts. Elle vient le voir tous les jeudis, mais actuellement elle est dans une maison où elle est sur le point d'accoucher d'un second enfant.

« Tu entends ce que me dit maman-Madeleine ? Elle se demande comment faire pour que tu t'arrêtes de jouer comme ça, car elle croit que ça te fait mal... et, en même temps, elle me dit que tu es né sous un pont. Mais le pont, c'est les anneaux au-dessus de toi. Et si tu es né sous un pont, c'est comme un pont-maman... pour toi. Ça te rassure. C'est comme la présence de ta maman. »

Son regard s'affermit dans le mien, des anneaux lui échappent et, tout en continuant, il me regarde en jubilant et en disant

« oui ». Répond-t-il à ce que je lui dis ou à l'invitation qu'il entend dans ma voix ? Peu importe. Mais la percée est faite et je me mets à délirer avec lui, sans tenter d'interrompre le jeu du *pont-maman* sous lequel il dormait. Il éclate de rire.

Madeleine continue à me parler : on pensait, quand il est arrivé à la Cité, qu'il était mutique et débile.

« Et comme je m'étais occupée d'une petite fille mutique, ajoute-t-elle, et que ça avait marché, je me suis crue assez forte pour m'occuper d'Igor. On me l'a confié. »

Touché par ce que je sens chez elle d'un orgueil blessé, je lui mets la main sur l'épaule :

« C'est là qu'est l'erreur. »

Je me retourne vers Igor et lui tends les mains.

« Tu me donnes un anneau-maman ? »

Stupéfaction. Il m'en donne un. Je le lui rends, et nous recommençons les mêmes gestes avec une joie qui n'a plus rien à voir avec l'automatisme de la répétition.

« Tu donnes un anneau-maman à maman-Madeleine, maintenant, pour qu'elle joue avec nous ? »

Il se redresse, lui tend un anneau qu'elle me rend et que je lui redonne à mon tour. Les anneaux se mettent à circuler entre nous au milieu des rires. Je délire toujours. Mais peu importe, nous sommes ensemble. L'anneau, le cercle, le pont, le jeu n'est plus vicieux.

Pour éviter de jouir plus longtemps de ce qui peut apparaître comme un succès, je m'en vais et retourne dans la petite cour.

Peu de temps après, Igor arrive avec ses anneaux, suivi de Madeleine. Il est debout, face à moi, les mains crispées sur les anneaux qu'il enfile sur leur support, et le jeu avec moi recommence. Les anneaux passent alors de main en main. Je lui demande d'en donner non seulement à Madeleine, mais à Janine qui est assise plus loin. Il y va. Catherine et Grégoire sont ébahis devant tant de joie, et leurs yeux en disent long : ils veulent attraper eux aussi leur part d'anneaux. Je propose à Igor de leur en donner aussi, et ça marche. Dans les mots et les rires, les anneaux passent de main en main parmi tous ceux qui sont là. Ils ne font plus un pont qui enferme. Ils sont l'occasion pour tous ceux qui sont là de s'associer à un jeu. Une joie discrète emplit tout l'espace. L'enfermement phobique sous le pont est devenu Jardin Couvert. Y a-t-il meilleure illustration du transfert sur le lieu ?

Je me retire à nouveau.

Un peu plus tard, c'est l'heure du départ, et l'angoisse de

Madeleine monte à nouveau d'un cran, dans un mélange d'orgueil blessé et de culpabilité.

« Je fais toujours des bêtises. »

Igor serre à nouveau tous les anneaux et se dirige, sans enthousiasme, vers la sortie. Visiblement, il n'a pas tellement envie de partir. Il a l'air décidé à emporter avec lui les jouets, qui appartiennent au Jardin Couvert. Craignant le drame, Madeleine se prépare à lui retirer les anneaux des mains.

« Laissez », lui dis-je.

Je les accompagne jusqu'à la porte et j'essaie à mon tour de reprendre les anneaux en expliquant à Igor qu'ils sont au Jardin Couvert, qu'il reviendra et pourra encore jouer avec... Ça coince un peu. Devant la porte, je me plante sur le côté en lui tendant les mains.

« Tu me donnes les anneaux-maman. »

Dans un geste d'offrande, il les donne et rejoint les bras de Madeleine à qui j'ouvre la porte.

« Continuez ce que vous faites. Nous sommes sur la bonne voie. Revenez. »

Le Jardin Couvert me semble rempli de joie.

Le lundi suivant, Igor et Madeleine ne sont pas revenus. Je me dis que la secousse a été trop forte pour Madeleine. Mais, à aucun moment, je ne doute de ce qui s'est passé la semaine précédente. Je sais que la porte de la prison d'Igor s'est ouverte, de l'intérieur.

Je croiserai Erika quelques jours plus tard. Elle me confiera rapidement son inquiétude à propos de l'éducatrice d'Igor qui semble être au bout du rouleau. Elle est donc venue le mardi au Jardin Couvert. D'un mot, je la rassure.

Quinze jours après la première rencontre, alors que je ne pense plus à eux, je trouve Igor et Madeleine au Jardin Couvert. « Il est venu pour vous voir », me dit Madeleine. Le sourire d'Igor le confirme, tandis que Madeleine, toujours de manière un peu rigide et pédagogue, s'acharne à tout lui expliquer... Il me semble qu'elle parle à sa place.

Elle me dit qu'ils sont venus le mardi en croyant retrouver « Denis », et qu'Igor a appelé Olivier « Denis » pendant toute une partie de l'après-midi. Elle me signale, au passage, qu'Olivier et moi nous n'avons pas les mêmes méthodes et qu'Olivier n'a pas joué avec les anneaux. Je lui dis que c'est important qu'Igor rencontre des gens différents au Jardin Couvert, et que ce n'est pas une question de technique ou de méthode éducative.

Igor, lui, ne perd pas de temps et m'invite à jouer avec les anneaux comme la première fois. Ce que nous faisons avec le même entrain. Mais le jeu durera cette fois très peu de temps. Nous nous retrouvons bientôt près de la colonne à billes en train de jouer avec des petites voitures, les billes et d'autres enfants. Igor contient difficilement certains gestes violents, mais jamais il ne perd le contact avec nous. En deux semaines, la quasi-totalité du langage est apparue, dans un rapport véritable aux autres. On a peine à imaginer l'enfant qu'il était il y a quinze jours.

Je le dis à Madeleine qui, les yeux brillants, me confie que, depuis trois nuits, Igor dort bien. Et elle aussi. Il avait bien dormi la nuit qui avait suivi notre première rencontre, mais ensuite son sommeil avait été très irrégulier jusqu'à ces derniers jours.

Il me semble qu'il faudra veiller, en lui signifiant la loi de manière ferme et souple, à ce qu'Igor se familiarise — si j'ose dire — avec l'agressivité qui l'habite. Cela risque de n'être pas simple pour Madeleine.

Denis Vasse
Mai 1993

Le transfert sur le lieu

« Le transfert sur le lieu » est une de ces expressions dont Françoise Dolto avait le secret.

Ce qui s'indique, en elle, du glissement de ce qui se rapporte habituellement à une personne — celle du psychanalyste — vers ce qui se rapporte à un lieu habité nous intriguait d'abord et nous semblait obscur. Au cours des années, la pertinence d'un tel concept et sa précision sont venues éclairer notre pratique, pris que nous étions dans un cortège de résistances et de répétitions.

Pendant l'année 1990, après avoir travaillé sur l'impact de la psychanalyse au Jardin Couvert, nous avons abordé la question du « transfert sur le lieu » dans un texte proposé par Denis Vasse.

Trois jardiniers ont enrichi ce texte de récits de situations où la transposition dans ce lieu de ce qui se passait entre mère et enfant avait autorisé une lecture de la « crise » et un dénouement.

Cet ensemble a été présenté à l'assemblée générale de l'Apelipa de novembre 1990.

Intervenir avec la légèreté et la ponctualité de cette « parole vraie » que Françoise Dolto évoquait souvent ne consiste pas à « faire du Dolto », en tentant de parler comme elle. Par contre, cela suppose une implication personnelle ou « de reconnaissance » dans le champ de la psychanalyse. Ce champ est celui du désir et des « rapports dans le sujet de la parole et du langage[1] ». Obéir à la loi des humains dans « l'allant-devenant de son sexe[2] », c'est découvrir, dans la chair, l'impact d'une parole qui nous nomme depuis l'origine — en deçà de toutes nos images — et nous assigne, selon la loi des hommes, une place unique dans la génération. *Ce qui ne se conforme pas aux règles et aux rites trouble la génération humaine.* L'interdit de l'inceste est le fondement de la loi qui préside à la génération de l'homme. Impossible, donc, pour le travail au Jardin Couvert, de n'être pas référé à la psychanalyse. Celle-ci met au centre de l'anthropologie qu'elle sous-tend la loi du langage inscrite dans les règles et les rites de la génération, pour donner, à chaque homme recevant le nom qui le désigne comme « fils de », sa place de sujet parlant. Et, pourtant, nos interventions n'appartiennent pas, *stricto sensu*, à la méthode psychanalytique, pour la raison essentielle qu'au Jardin Couvert les conditions nécessaires au *transfert sur une personne* ne sont pas réunies. Par ailleurs, demeurer dans la rigueur de la cure analytique exclut, de la part de l'analyste, toute irruption dans le transfert autre que parlée auquel il s'offre tout au long de la cure : le psychanalyste ne peut intervenir dans la réalité familiale et sociale de l'analysant. Au Jardin Couvert, une partie de cette réalité fait irruption, et cela permet que se rejoue, *sur le lieu*, avec un certain *écart*, tout ou partie de la vie fantasmatique. Il convient que les accueillants ne se substituent pas aux personnages de la réalité familiale, ce qui interdit de mettre l'accent sur une sympathie conviviale. Le respect de l'*écart* dans ce *lieu* ouvre un espace nouveau à la parole, un espace où, manifestement, l'enfant s'individualise davantage : il est à la fois *avec* ses parents et *séparé* d'eux.

Le concept de *transfert sur le lieu* fait appel à la psychanalyse pour rendre compte des résistances, des passages à l'acte, des dénouements de situations. Par cette manière d'entendre et par la légèreté — qui faisait choc — des interventions de Françoise Dolto, nous avons appris comment avancer dans une pratique qui n'est pas sans fruit.

Pour examiner cette question du « transfert », corrélative à celle de la place de la psychanalyse au Jardin Couvert, il nous faut revenir au préalable sur deux points :

1° Qu'est-ce que le transfert psychanalytique ?

2° Qu'est-ce qu'un transfert sur le lieu, transfert qui permet-

1. Jacques Lacan, « Fonction et champ de la parole et du langage », in *Écrits*, Seuil, 1966, p. 279.

2. Françoise Dolto.

trait une mobilisation des affects et un repérage des instances psychiques (le moi, le surmoi et le ça de Freud) entre lesquelles celle-ci a lieu et qui *ne serait pas* le transfert sur une seule personne, à l'exclusion de toute autre ?

LE TRANSFERT PSYCHANALYTIQUE

Le transfert en psychanalyse a une double dimension. Il ne se produit qu'à l'articulation de deux mouvements, de deux déplacements topographiques, de deux transpositions. Disons qu'à l'occasion d'une *transposition dans l'espace,* s'opère, *dans l'appareil psychique,* une *transposition des affects* qu'on n'imaginait pas à l'endroit où ils ont effectivement lieu. À l'insu du patient qui parle sans voir l'analyste, les figures parentales, aimées ou craintes, se substituent inconsciemment à celle de l'analyste et, à l'occasion de cette substitution (transposition), se révèlent des pulsions, des fantasmes, des sentiments refoulés qui ne pouvaient pas se dire. Ils se disent dans le travail analytique, mais c'est au prix du leurre de la substitution des figures. Là, l'interprétation va faire effet de révélation de ce qui était caché. Ici réside son effet de vérité. Le transfert analytique suppose que l'on aille chez quelqu'un qui nous reçoit dans certaines conditions d'espace et de temps (rythme). Les lois qui régissent l'appareil psychique — la répétition, le déplacement, la condensation, la projection, la régression, etc. — autorisent la transposition des représentations (imagos) qui habitent l'inconscient du patient et se réfèrent aux traces signifiantes qui constituent son histoire. Les « chapitres oubliés » de cette histoire et les refoulements qui en soutiennent la construction imaginaire s'y repèrent sous forme de non-dit, de « blanc » ou de mensonge inconscient. La résistance, les lapsus, les symptômes disent la force de ce qui s'oppose à la venue au jour de la parole. Dans le transfert, la parole est délivrée par l'interprétation du langage qui l'aliénait. Avec elle, résonne alors un autre sens — ou *la voix d'un autre* — et, par court-circuit de la construction symptomatique, se révèle ce qui était caché, déplacé, refoulé. L'expression « laisser venir au jour de la parole » est à bien entendre. Cela ne veut pas forcément dire « laisser venir au jour de la conscience ». C'est bien plutôt prendre le risque de parler sans savoir nécessairement ce qu'on dit et pourquoi on le dit, ou sans comprendre. Ainsi se réalise un vrai travail de détachement de ce que l'on pense, et l'on échappe à la contrainte surmoïque de l'imaginaire redoublé, en s'offrant à l'interprétation. Ce travail n'est pas un travail volontaire. Il y a « travail » du psychisme, ici, au sens où l'on dit d'un bois ou d'un vin qu'il travaille. Ce travail ne peut se faire que dans la venue au jour des mots dans le transfert. Ce passage est incontournable et pose toujours la question de la confiance-méfiance vis-à-vis de celui ou de celle qui y invite ou qui l'autorise : l'analyste.

Le travail analytique témoigne de la mobilisation du désir de l'homme que le processus pathologique cherche peu ou prou à immobiliser, à supprimer ou à dévier de l'objet qui le fonde en vérité : l'Autre. La double dimension du transfert en autorise le jeu dans la substitution que nous avons dite. Cette substitution fonctionne comme leurre à propos duquel va se révéler ce que l'analysant ne veut pas savoir. Ainsi, sur le divan, je vais aimer mon analyste d'un amour qui va laisser apparaître, s'adressant à lui, une haine que l'amour porté à la mère interdisait de reconnaître, parce que c'était à elle qu'elle s'adressait dans une sidération ou une torsion qui fait échouer les actes de la vie. À l'occasion d'un transfert sur une personne s'opère, au jour de la parole, un transfert de sentiments ou de sensations. On voit alors, après coup, que c'est le blocage de la parole, l'immobilisation du désir et la souffrance qui en résulte qui ont conduit quelqu'un chez un analyste.

Voilà, rapidement évoqué, le transfert psychanalytique. Qu'en est-il de ce transfert sur le lieu dont parle Françoise Dolto, s'agissant du Jardin Couvert ?

LE TRANSFERT SUR LE LIEU

Un transfert sur le lieu signifie d'abord qu'il ne s'agit pas d'un transfert exclusif sur une personne comme c'est le cas dans la cure psychanalytique. Et ce, pour la bonne raison qu'au Jardin Couvert il y a plusieurs personnes. À leur arrivée, l'enfant et l'adulte sont accueillis par un jardinier, au milieu d'autres. Et, s'ils reviennent dans la semaine, ils rencontreront d'autres jardiniers encore.

Au Jardin Couvert, l'accueil se fait dans un même lieu, mais non par les mêmes personnes. Le signifiant qui scande ce rapport à des personnes différentes dans un même lieu est le prénom. C'est lui qui rapporte cette présence multiple dans un même lieu à la métaphore d'une *unité originelle* (la différence père-mère où chacun est nommé) et à la place unique que nous occupons dans la génération humaine. Au Jardin Couvert, l'accueil ne se fait pas par les mêmes personnes, mais dans un même esprit. La référence pour tous les jardiniers, c'est la parole qui n'organise le monde humain que pour autant que s'y reconnaissent les sujets, en tant que différenciés des objets, d'une part, et différenciés les uns des autres, d'autre part. L'accueil se fait dans un même esprit, entre plusieurs personnes. Cet esprit ordonne la rencontre à la présence, et non au savoir-faire, de chacun. En termes plus précis, on peut parler d'une rencontre *ouverte* à l'Altérité ou à un Troisième Terme : celui que constitue la parole qui s'échange dans le rapport de l'un à l'autre et qui donne à chacun une place. Cela suppose que le jardinier ne se serve pas de ce qui se passe dans un tel lieu pour l'édification d'une image avantageuse ou provocante de lui-même.

Trois points permettent de saisir la manière dont fonctionne le Jardin Couvert et ce dont il est question dans le « transfert sur le lieu ».

DANS UN MÊME LIEU, MAIS NON PAR LES MÊMES PERSONNES

L'enfant et la mère passent de leur maison à une autre maison, le Jardin Couvert. À la faveur de ce changement de lieu, les sensations répétitives d'angoisse, de joie, de trouble ou de confiance se jouent dans un autre cadre. Elles s'offrent au jour d'une parole dans un langage qui différencie les rôles de la triade œdipienne qui met en jeu le père, la mère et l'enfant et donne un sens leurs sensations : il les inscrit dans une direction qui va de l'un à l'autre, et de ce rapport de l'un à l'autre (intimité pas toujours différenciée) aux autres. Ce déplacement de lieu du rapport mère-enfant implique que ce dernier s'ouvre à une présence ou à une parole éventuelle. C'est pourquoi le seuil du Jardin Couvert n'est pas un franchissement sans importance. S'y éprouvent, *a minima* mais nécessairement, une interrogation, une appréhension, une joie ou une angoisse, des peurs, par exemple celle d'être abordé ou déçu. C'est le cas, sans doute, en tout seuil marquant le lieu d'une présence, mais, ici, il n'y a aucune raison de venir si ce n'est déjà par désir. Du coup, il est particulièrement important que le passage au Jardin Couvert s'inscrive sous le signifiant chaque fois répété du prénom. Avec lui l'intimité familiale (œdipienne) qui va justement être mise à l'épreuve est sauvegardée. La présence et le consentement de la mère rendent moins agressive pour l'enfant l'entrée dans ce jardin social. On n'entre pas au Jardin Couvert comme on entre dans un magasin où l'on ne connaît personne.

Marie-José d'Orazio

Je rencontre Mme X, médecin, qui me demande si, au Jardin Couvert, nous accepterions qu'elle accompagne une de ses petites patientes et la maman de celle-ci. « Souvent, dit-elle, j'ai indiqué à des parents l'existence de ce lieu et j'ai constaté avec beaucoup de bonheur que les familles qui y étaient venues avaient évolué favorablement. Les angoisses, les tensions étaient moins lourdes, les petits symptômes envolés. Souvent j'ai donc indiqué à la maman de Manuela l'intérêt qu'il pouvait y avoir pour elle d'aller au Jardin Couvert. Mais rien n'y fait. Je suis pourtant très inquiète. Cette petite fille ne va pas bien du tout. Elle est très repliée, sans contact. Elle a été adoptée toute petite, mais quelque chose ne se passe pas bien et la maman, qui me fait confiance, serait sûrement aidée si les premières fois je l'accompagnais. »

J'accepte, et un bon mois s'écoule avant que je ne les voie arriver, mère, fille et pédiatre.

Manuela est dans les bras de sa mère. Petite fille brune et crépue d'environ deux ans, venue d'un pays lointain pour combler la solitude et l'attente d'un couple, elle se comporte comme si elle était indifférente à ce qui l'entoure. Tout le monde s'installe et, très vite, je perçois que peu de choses se passent entre la mère et la fille. Pas de vrais élans, même pas de tensions ou d'inquiétudes. Un peu comme s'il n'y avait pas eu d'adoption réciproque. Manuela est peu sensible à notre présence, sa mère ne pouvant en aucun cas l'introduire à une relation avec nous. La petite manifeste seulement de l'inquiétude quand d'autres enfants approchent.

Sa maman me parle de plusieurs scènes qui les ont impressionnés, son mari et elle, et me demande de les interpréter « en spécialiste ». Je parle alors à Manuela, de sa naissance, de son pays, de son adoption. Je lui dis que ses parents ne comprennent pas certaines de ses peurs et qu'ils pensent que c'est à cause de ce qui s'est passé avant qu'ils l'adoptent, mais que, moi, je ne sais pas, que les petits enfants sont dans une grande difficulté quand ils sont trop petits pour parler de ce qui leur arrive, et que les grandes personnes ne peuvent pas deviner ou ne trouvent pas toujours les mots pour parler de ces peurs.

Elles ne restent pas très longtemps, et je les revois quinze jours plus tard. D'emblée, la maman vient me dire que, dès le lendemain de sa venue au Jardin Couvert, la nourrice qui garde Manuela l'avait trouvée changée et moins renfermée. Et puis, de petites choses ont bougé. Elle pleure moins le soir au coucher et dort mieux.

Sur le tapis, Manuela écoute, puis elle accepte de jouer un peu avec moi et, dès que sa mère recommence à m'interroger sur le mode : « Elle a fait ça, qu'est-ce que cela veut dire ? », la petite fille part ostensiblement jouer ailleurs. J'ai l'impression que cette dame est dans la position de quelqu'un qui aurait acquis un objet complexe dont on a omis de lui transmettre le mode d'emploi. Je me garde bien de lui dire cela, et nous prenons le temps tranquillement d'envisager le sens que cela pourrait avoir. Je lui dis que ce n'est pas important de trouver le sens juste, mais que ce qui compte, c'est d'apprendre peu à peu à distinguer les pleurs de faim des pleurs de sommeil, les cris de colère et ceux de peur, et que, en se risquant à les nommer, elle verra si elle se trompe ou non.

À leur troisième visite, la mère et la fille ne sont pas accompagnées. Manuela n'a plus peur des autres enfants, mais elle n'a pas beaucoup de temps à leur accorder. Elle s'occupe de sa mère, avec le plus grand des sérieux. Je vois cette petite fille entreprendre de se faire adopter par sa mère. Elle maintient la distance et elle cherche la faille : le câlin ne marche pas, le caprice non plus. Alors elle lui montre qu'elle est intelligente et qu'elle comprend ce que sa mère dit, en lui apportant un objet dont nous parlions. Elle l'incite à jouer, la fait rire. Cette femme se détend, quelque chose cède en elle.

Elle essaie de me reparler de ses questions : « Ah ! j'ai refait une liste de ce que je ne comprends pas pour que vous me disiez !... La dernière fois, ça m'a bien aidée ! » En parlant, je sens que la distance entre nous se modifie. Nous faisons chacune un peu de chemin vers l'autre : moi, en venant d'un lieu où l'on croit avoir la bonne réponse, en perdant les plumes de ce savoir ; elle, venant d'un lieu où elle ne se laissait pas atteindre, en se laissant toucher par l'aventure vers laquelle sa petite fille la conduit. Et nous nous croisons, pas encore sur le seuil de la rencontre, mais déjà apprivoisées l'une l'autre par la tendresse.

Je les revois souvent toutes les deux. La maman me dit qu'elle vient d'autres jours aussi et que Manuela change énormément. Je reste attentive à cette petite fille qui ne sourit jamais, mais qui commence à faire des rencontres, à jouer avec les autres. La maman vient avec d'autres amies qui ont des bébés. Elle leur a fait connaître le Jardin Couvert. Et puis, un jeudi de septembre, elles arrivent avec une amie et son petit garçon. Manuela entre en sautant de joie. Elle me voit et éclate de rire. Elle entre en sautillant avec légèreté et entrain. Elle va de sa mère à moi et je mesure combien elles sont proches malgré l'étonnement de la mère devant tant de manifestations de joie.

Celle-ci parle maintenant vraiment comme les autres mères, avec leurs hésitations, leurs inquiétudes et leur fierté, sans être enfermée dans une attitude d'indifférence distante, et je remarque silencieusement qu'elles commencent à se ressembler physiquement, tout en me disant que ça doit être le reste de bronzage des vacances de la mère qui pousse cette ressemblance. Dans l'après-midi, la maman me dit que, chez eux, c'est seulement quand son père était là que Manuela manifestait sa joie comme ça, quelquefois « en faisant le clown ». Mais jamais ça n'était arrivé en public ou avec elle seule. Je lui dis que cela n'a pas le même sens de faire le clown en faisant rire de soi et de manifester une joie dont il est merveilleux d'être le témoin.

À propos de ce qui précède et de la question du prénom, je relisais cette page de Françoise Dolto :

> « De tous les phonèmes, de tous les mots ainsi entendus par l'enfant, il en est un qui va être d'une importance primordiale, assurant la cohésion narcissique du sujet : c'est son prénom. Dès la naissance, le prénom — lié au corps et à la présence d'autrui — contribue de façon déterminante à la structuration des images du corps, y compris les images les plus archaïques. Le prénom est le ou les phonème(s) accompagnant le sensorium de l'enfant, d'abord dans sa relation à ses parents, puis avec autrui, de la naissance à la mort. Même dans le sommeil profond, c'est le dire de son prénom qui peut réveiller un sujet. S'il est dans le coma et qu'on l'appelle par son prénom, il ouvre les yeux. Son prénom, c'est le premier et l'ultime phonème qui soit en rapport avec sa vie pour lui et avec autrui et qui la soutienne, car ce fut aussi, dès sa naissance, le signifiant de sa relation à sa mère. À condition, bien sûr, que celle-ci ne l'ait pas durablement appelé « bout de chou », « zizi », « toto » ou « mimi ». Si le prénom accompagne le sujet au-delà de la castration œdipienne et est repris par tous en société, le surnom éventuellement donné par la mère à son bébé devrait être abandonné en même temps que le sevrage ou que la propreté sphinctérienne. Tout cela explique pourquoi on ne peut, sans risque grave, changer le prénom de l'enfant... Cette prégnance des phonèmes les plus archaïques, dont le prénom est l'exemple type, montre que l'image du corps est la trace structurale de l'histoire émotionnelle d'un être humain. Elle est le lieu inconscient (et présent où ?) d'où s'élabore toute expression du sujet : lieu d'émission et de réception des émois interhumains langagiers[1]. »

1. Françoise Dolto, *L'image inconsciente du corps*, *op. cit.*, p. 46-48.

PAS LES MÊMES PERSONNES, MAIS LE MÊME ESPRIT

Au Jardin Couvert, même si les personnes varient, la présence dans l'écoute, et éventuellement dans la parole, garde la même tonalité. C'est elle qui fait obstacle à l'exaspération où vient se prendre la relation mère-enfant, alimentée par une provocation réciproque née dans l'isolement d'un appartement et entretenue par l'absence d'une présence tierce qui la désamorcerait. Parce qu'elle ne s'impose pas par un savoir-faire, la présence au Jardin Couvert a un effet « modérateur » sur la relation mère-enfant, particulièrement quand elle se trouve affectée d'un « trop de préoccupations » qui fait perdre le souffle, ou d'un « pas assez d'attention » qui fait perdre le nord (la direction du ressourcement narcissique qui permet de reprendre en soi une force qui réassure son identité).

Jean-Pierre Durif

Le transfert suppose de la part de celui qui s'y offre un écart entre ce qui est sollicité chez lui par les projections dont il est l'objet et la position subjective d'écoute dans laquelle le travail sur lui-même et avec d'autres lui permet de se tenir. C'est là l'aspect essentiel du transfert sur le lieu pour les jardiniers eux-mêmes.

Sans cet écart de l'ordre de l'altérité, il n'est pas possible d'être ce « médiateur pour une vérité qui se fait jour par rapport à l'histoire du sujet » dont nous parle Françoise Dolto à propos de la place du psychanalyste à la Maison Verte.

Tenir cette position tierce en s'adressant à chacun dans son rapport aux autres nous oblige à nous détacher des rivalités imaginaires et à nous défaire des projections idéales dont nous sommes le lieu, autrement dit à renoncer à toute prétention de savoir, de maîtrise ou de légifération par soi-même. Cependant, c'est dans la mesure même où l'accueillant est soumis à cette sollicitation sans y répondre qu'il peut, dans un mouvement de contre-transfert, y reconnaître ce qui cherche à se faire entendre et se risquer, au prix de la maladresse ou de l'erreur, à le symboliser.

À peine arrivé, accompagné de ses parents et de sa petite sœur, Norbert, trois ans, fonce au milieu du Jardin Couvert sans même laisser le temps à l'accueillante d'inscrire son prénom et s'empare, sans un mot, des gros feutres servant à dessiner. Écrivant systématiquement à côté des feuilles, sur les tables ou sur les fauteuils, Norbert se heurte assez vite à son père : « Arrête ! Pas sur la table ! » À chaque fois, Norbert recommence, et s'installe alors le cycle transgression-punition. Norbert en vient à jeter les feutres par terre ou par la porte-fenêtre ouverte, et son père, en retour, confisque les feutres en lui disant : « Tu vas jouer avec ça ! » Il lui désigne un jouet et, me prenant à témoin, me dit : « C'est ça qu'il aime ! »

Je mets des mots comme je peux à propos de cette scène manifestement œdipienne ; apparemment, ça ne fait que redoubler le cycle entre eux, comme si je n'étais pas là. Norbert se pend à son père, essayant de lui reprendre les feutres. J'apprends de la bouche du père que cela se passe souvent ainsi entre eux et qu'il n'arrive pas à le faire obéir. Dans un premier temps, je suis tenté de venir en renfort de ce père pour que l'enfant accepte la règle, mais sa transgression répétitive provoque en moi une crispation qui m'alerte : la raideur de cette crispation ne renvoie-t-elle pas à la force du désir qui cherche à se faire entendre, celui de la reconnaissance d'un fils par son père à travers la rivalité œdipienne ?

Le père confisque à nouveau les feutres et me les confie, essayant de clore la question par un « tu joueras à la maison », comme si la suppression (ou la satisfaction) de l'objet suffisait à l'occulter. Ne pas remettre les feutres en circulation ferait de moi son double, et nous ne pourrions plus parler avec eux et des désobéissances du fils et de la volonté de se faire obéir du père. Je remets donc les feutres dans la boîte en lui disant qu'il peut revenir écrire et dessiner, mais sur le tableau et les papiers, et que sans doute il voudrait parler avec son père de ce que c'est que de devenir un grand garçon.

J'accepte donc que ça recommence — de « perdre la face » sans céder sur ce que j'ai dit — sans me crisper sur une position de père imaginaire tout-puissant qui arrive à rendre l'autre conforme à l'image que j'ai de lui, et ce d'autant plus que j'en suis tenté. Céder serait confondre une position volontaire et une position paternelle.

Le rapport enfant-parent vient réinterroger l'écart où nous sommes par rapport à ce qui parle en nous et qui nous revient sous forme de mouvements identificatoires ou projectifs. C'est la question de la castration et de son ouverture au désir : elle nous oblige à cette « position d'intervention créatrice d'espace et de respiration d'un "nous" autour d'une limite » que nous rappellent souvent Denis Vasse et les autres jardiniers.

L'interdit est vivant ou il n'est pas. Il fonde la différence subjective dans la rencontre, sinon il n'est que la justification d'une position le plus souvent perverse.

À peine entrée, la maman d'Aline, que j'ai accueillie avec sa fille, s'installe près de moi. Elle ne m'a jamais vu, précise-t-elle d'emblée, car elle vient rarement le vendredi.

« Il faut que je vous pose une question. »

Quand ça commence comme ça, j'ouvre grandes mes oreilles, à la fois circonspect et attentif.

« Est-ce que les enfants peuvent amener des jouets au Jardin Couvert ?

— Non », lui dis-je avec une tranquille assurance qui m'étonne moi-même, car, avec elle, je ne pouvais dire autre chose.

Après coup, je m'apercevrai que c'est le travail de nos réunions qui me permettra de ne pas être dans l'embarras pour la suite, quand elle me dira :

« Mais ce n'est pas une règle du Jardin Couvert.

— C'est vrai, ce n'est pas une règle.

— Oui, alors des jours c'est permis, d'autres jours c'est pas possible, on ne s'y retrouve pas. »

Essayant d'expliquer « l'esprit », je dis alors qu'Aline peut laisser son jouet à l'entrée, à côté des affaires de sa mère, et qu'elle le retrouvera à la sortie. Aline s'éloigne alors de nous et sa mère continue :

« Quand ça change comme ça, je ne peux pas expliquer à ma fille que c'est oui un jour et non un autre. Elle ne comprendrait pas. Je préfère une règle bien tranchée. »

Elle me raconte alors que lundi dernier, après qu'une dame eut dit oui, le monsieur a dit non. Elle a eu une discussion avec lui. J'entends qu'elle a essayé d'argumenter et que son impossibilité à s'y retrouver est en fait un refus.

« Au bout d'un moment, me dit-elle, il m'a dit : "Eh bien, faites donc, qu'elle aille partout avec son camion !" Alors j'ai pris ma fille et je suis partie. »

Lui faisant remarquer qu'aujourd'hui ce n'est pas le problème de sa fille, je lui dis :

« Vous étiez très en colère. Ça gênait qui, ce oui et ce non ? »

Après un moment d'arrêt, elle me parle de son exaspération de devoir dire non systématiquement à sa fille, depuis lundi, quand elle veut emmener un jouet du Jardin Couvert. L'exaspération qui masque la culpabilité et l'angoisse s'est heurtée à l'humour provocant d'un premier monsieur, et elle vient interroger un autre monsieur pour les mettre en contradiction et éviter ainsi d'avoir à dire oui ou non. Je lui dis :

« C'est difficile pour vous de dire oui à certains moments et non à d'autres, pourtant il s'agit de la même chose.

— Non, c'est pas ça, c'est que depuis un an que je suis séparée de mon mari, je lui dis toujours oui. »

Nous parlons un bon moment ensemble de cette séparation conjugale et de sa nouvelle vie seule avec sa fille. Aline vient de temps en temps nous voir puis repart jouer au fond du Jardin Couvert.

Que les jardiniers disent les choses différemment prouve que les interdits soutiennent une limite vivante et non un tabou mort derrière lequel se cache le refus de la rencontre. Qu'il faille y mettre du sien pour soutenir le désir dans son rapport à la loi, qu'il y ait du oui et du non, et non une unité de façade des accueillants, manifeste la vie et le fait que nous ne cherchons pas à être dans un accord à tout prix. On peut même se tromper si on reste fidèle à l'esprit, et ce n'est pas de la conformité que sort la vérité. L'organisation même du lieu (équipe différente chaque jour, un homme dans chaque équipe...) s'ordonne à l'esprit de la loi, sans quoi un tel lieu ne serait ni un lieu de rencontre ni un lieu de parole. C'est l'acte de parler qui devient la limite constitutive du rapport entre deux êtres et avec les autres. C'est à cette limite en acte de la parole — la limite entre un « je » et un « tu » qui n'est vivante que dans une implicite référence à un « il » — que sont ordonnées toutes les autres limites au Jardin Couvert.

Toutes celles aussi qui organisent « le monde vivant » et spécifiquement « le monde humain[1] *».*

L'obstacle mis à la *dualité* ou au tête-à-tête en miroir où s'enferme le rapport mère-enfant les réfère à un tiers qui est présence à l'un et à l'autre et qui n'appartient en propre ni à l'un ni à l'autre. Cette présence médiatrice du Jardin Couvert s'inscrit dans un rapport à la loi par la médiation des règles qui structurent son fonctionnement.

Cette loi n'est pas une loi qui se substituerait jalousement à la loi civile ou morale dont les parents et les instances civiles sont les garants, mais celle qui autorise les jardiniers aussi bien que les parents à intervenir pour parler des limites et des passages qui concernent toujours la dynamique du désir. Ces règles et les interventions qu'elles autorisent ne dépendent pas du bon plaisir ni du caprice des adultes ou des enfants. Ainsi, dans la légèreté et la discrétion, la miniloi qui ordonne le Jardin Couvert à la présence commune dans un même lieu organise déjà un lien social :

— elle réclame l'inscription du prénom, elle régit la manipulation de l'eau, elle délimite des espaces pour les jeux ;

— elle différencie les fonctions organiques qui structurent l'image du corps en différenciant les endroits où elles ont lieu ;

— elle sollicite une « sanction » du passage en ce lieu par une trace écrite et un consentement à une participation financière.

Le respect de tous ces points ou leur non-respect dit forcément quelque chose de la manière dont circule la parole entre enfants et adultes, et trahit la manière dont la loi fonctionne ou ne fonctionne pas dans la rencontre des sujets, comme instance symbolique qui l'ordonne.

L'expérience montre que, sans cette miniloi, qui pourtant est

1. Cf., *supra*, « Essai sur la limite vivante », p. 93.

légère et touche des points de peu d'importance, notre présence serait vaine et nos interventions vides ou, ce qui est pire, sentimentales. Avec elle, au contraire, et sur un mode qui varie selon la personnalité et des enfants et des mères et des jardiniers, le lieu s'ordonne à une présence ou à un « esprit » qui veut et qui demande qu'à son propos « ça écoute » et « ça parle. » L'obéissance à la loi n'implique pas une conformité plate à une explication objective : elle suscite plutôt l'initiative qui met en relief le sujet, elle engage, même si elle doit passer par un stade conflictuel. Provocation, jalousie, agressivité trouvent largement l'occasion de s'y symboliser, et la confusion y perd ses plumes de paon.

L'existence d'une miniloi à faire respecter permet que, par ailleurs, puisse se faire entendre, sur le mode discret et gracieux qui doit être le sien, une attention qui, elle, n'est pas de l'ordre de l'obligation, mais du don. Il me semble que, sans notre miniloi, cet esprit-là s'épuiserait vite et ne trouverait pas son lieu d'exercice.

UN MÊME ESPRIT ENTRE PLUSIEURS PERSONNES

Il n'y a pas d'esprit qui ne se partage entre plusieurs. S'il bat en brèche l'uniformité, l'esprit indique bien l'unité de deux êtres dans ce qui fait leur différence même. Il témoigne, dans un travail que l'on partage, d'une « présence dans l'absence » qui le définit : c'est le propre du symbolique. C'est même au point faible de nos accords apparents ou formels que va venir heurter la provocation plus ou moins consciente d'une maman qui va mal, ou d'une structure pathologique évidente (par exemple, nos positions variables ou mal assurées sur le fait de savoir s'il convient que les enfants laissent ou non à la porte, ou avec les affaires de leur mère, les jouets qui leur sont propres).

La manière lisse et provocante avec laquelle j'ai été mis en question par la mère d'Aline justifiant les caprices de sa fille trouvait sa source dans le fait que, d'une part, mes explications n'arrivaient pas à venir à bout de ses pleurs (feints) et que, d'autre part, nous n'étions pas logiques, puisque les différentes équipes n'avaient pas les mêmes exigences.

Il en résultait que j'étais responsable du caprice d'Aline. C.Q.F.D.

Heureusement, Janine était là. Sans elle, la provocation aurait réussi et je me serais mis en colère. Au lieu que, pour conclure, c'est elle qui est partie sans être retenue.

La miniloi que nous avons tous à signifier, puisqu'elle est confirmée par tous (les réunions du lundi ont un aspect « législatif »), est d'autant plus structurante qu'elle ne dépend pas de l'humeur de chacun. La nécessité de la signifier renvoie aux témoignages, aux questionnements et à l'affinement de nos positions dans l'esprit qui est le nôtre.

Janine Chomier

Lundi 3 septembre, le Jardin Couvert rouvre ses portes, les vacances sont terminées. Peu de monde encore, deux ou trois mères bavardent, leurs enfants jouent. Hélène est occupée au bureau, je range l'étagère des livres. Soudain, un cri : « Maman, pipi ! » Une jeune femme se lève précipitamment et entraîne Pierre aux toilettes...

Ce n'est plus l'atmosphère feutrée de tout à l'heure, pourtant mon oreille peut encore rester distraite, à l'écoute de la dispute de Pierre et de sa mère autour d'une culotte mouillée qu'il faut changer... Le ton monte d'un cran et, sans regarder, je vois Pierre sortir, les fesses à l'air, et sa mère, penaude, ranger et la culotte mouillée et la culotte sèche dans ses affaires.

Une grande inertie m'envahit alors. En apparence, je suis dans le « je n'ai rien vu, je n'ai rien entendu », donc pourquoi intervenir ? À coup sûr, si je bouge, je vais faire redémarrer un conflit et, pour le moins, devoir parlementer serré avec ce petit garçon. J'en baisse les bras d'avance !

D'ailleurs, cela ne gêne personne que Pierre soit à moitié nu : en tout cas, pas lui qui continue son exploration des étagères, ni sa mère qui est à nouveau assise avec les autres femmes. Hélène, elle, continue de trier les papiers accumulés pendant l'été. En somme, tout pourrait redevenir feutré, comme tout à l'heure... il suffit d'arrêter les pensées qui affluent et qui m'empêchent de banaliser cette semi-nudité.

De fait, la véritable question est de comprendre ce conflit intérieur : pourquoi je ne bouge pas et pourquoi cet immobilisme me dérange ? Est-ce un sursaut de pudeur ? Il est vrai qu'au Jardin Couvert la discrétion accompagne toujours l'intimité du corps de l'enfant, mais, enfin, le tee-shirt de Pierre est relativement long... Est-ce que Denis va arriver ? Je l'imagine s'exclamer en riant : « Mais qu'est-ce que tu fais sans ta culotte ? » Encore faut-il qu'il le remarque, et je me répète que la nudité de Pierre ne saute pas aux yeux.

Non, en fait, ce qui m'installe dans l'inertie, c'est la pensée de me « coltiner » une scène où je risque fort de perdre la face. Je me dis que la surenchère qui s'ensuivra va entraîner des crispations, tant du côté de Pierre que du mien...

En même temps, apparaît comme une évidence que, bien plus encore que tout cela, ce qui fait conflit intérieur, c'est que je suis au Jardin Couvert dans le « comme si »..., dans le « semblant ».

C'est alors seulement que je peux sortir de ma besogne de rangement, m'approcher de Pierre et lui dire de remettre son slip et son short. Sans hésiter, Pierre enfile, avec mon aide, l'un et l'autre. Je me relève complètement tranquille, et c'est le regard, presque reconnaissant, de sa mère qui me fait saisir que ce petit incident, s'il n'était pas sans portée pour moi, était aussi tout à fait important pour elle, piégée elle-même dans un « comme si » d'indifférence feinte...

Il est sûr que, si j'étais restée à ranger les livres, le Jardin Couvert aurait sans doute retrouvé au bout d'un moment son atmosphère feutrée, mais celle-ci aurait alors perdu tout ce qui en faisait la saveur.

Avec cette loi, s'expérimentent la rigueur et la discrétion avec lesquelles s'opère une remise en cause de chacun. Cette remise en cause rigoureuse et discrète ne peut se faire que dans l'élaboration d'un langage commun en même temps que dans la reconnaissance. La joie de constater la possibilité d'un cheminement commun aux usagers et aux jardiniers nous tient tous dans une confiance réciproque, dans un esprit qui nous maintient ouverts, en ce lieu et entre nous.

Au fond, nous sommes, nous aussi, dans un transfert sur le lieu qui nous « protège » des effets d'un transfert sur une personne excluant les autres membres du Jardin Couvert.

L'accueil dans un même lieu par des personnes différentes laisse chaque équipe donner un accent particulier à chaque jour de la semaine, dans la souplesse que permettent un esprit et une entente communs ; voilà qui peut définir un lieu où, au cours du temps qui passe, se transposent les imagos et les affects éventuellement symbolisés à notre insu ou même, le cas échéant, par l'intervention maladroite de l'un de nous.

On peut alors véritablement parler d'un transfert sur le lieu avec tout ce qui reste de fragile dans une entreprise qui tient avant tout par un esprit, et non par une organisation administrative ou seulement matérielle. Étant donné la manière dont *travaille* une structure de ce type, il serait préférable, si son esprit venait à se perdre, qu'elle disparaisse.

Le transfert sur le lieu est la marque de cet esprit. Cette marque nous est signifiée par la manière dont les enfants viennent et reviennent au Jardin Couvert, et par la manière dont les parents en parlent.

Manifestement, si les enfants y viennent et y reviennent — et leur initiative dans l'affaire n'est pas de peu de poids —, ce n'est pas dans l'attente d'une relation personnelle suivie à laquelle nous ne donnons pas prise. C'est, du moins, ce que confirme l'expérience de cinq années de fonctionnement. Et cela reste vrai, même si l'un ou l'autre de ces passages a pu être plus lié à la présence de l'un ou l'autre d'entre nous. Souvent, il est presque nécessaire que ce qui s'est passé avec l'un de nous soit effacé ou absent de ce qui se passe avec les autres : le lieu devient alors le témoin du passage de l'aliénation dans un symptôme ou dans une attitude à la libération de la parole ou du mouvement.

Il faudrait introduire ici une réflexion sur la précocité et le transfert.

Même, et peut-être surtout, si les venues ici n'ont pas été sans appréhensions voilées ou sans difficultés manifestes, les parents disent et répètent qu'il « est important qu'un lieu — ou un endroit, ou une structure, ou une maison — comme celui-là » existe et qu'il « devrait y en avoir partout ».

Sans entrer dans une analyse sociologique que nous ne pouvons faire, on retrouve, de la part des usagers, portés sur le lieu comme tel, une attention et/ou un désir qui, ailleurs, dans la cure analytique, est porté sur quelqu'un.

Dans la mesure où il se confirme à travers l'expérience, l'esprit dont nous avons essayé d'indiquer la ligne nous semble « juste » aux deux sens de ce mot : dans la *justesse* relativement à une présence qui ne convoque pas à un savoir-faire idéologique ; et dans la *justice* relativement à ce qu'il nous est donné de maintenir en ce lieu à cause de ceux qui nous le permettent, soit parce qu'ils viennent y retrouver le lien fragile et sûr de la génération à la parole, soit parce qu'ils nous mandatent pour le maintenir ouvert (subventions, dons, cotisations).

Une remarque pour terminer. À cause de la limite dans le temps, celle des « quatre bougies[1] », il apparaît fondamental que la venue dans un tel lieu ne dure pas, pour chacun des usagers, au-delà de quatre années. Par ce simple fait, ce qui se passe au Jardin Couvert et qui n'a pas à être enregistré dans des dossiers ou dans des comptes rendus thérapeutiques n'a comme dépositaire que la mémoire de ceux qui le fréquentent et, de plus en plus, de ceux qui l'auront fréquenté. Ce sont eux, et eux seuls, qui pourront être interrogés là-dessus.

L'agrément et le désagrément, la souffrance et la joie qui touchent comme à un double fond de l'intimité de chacun dans la génération humaine resteront dans le « souvenir », là où, dans la mystérieuse alchimie de la mémoire, ils pourront être gardés et oubliés.

1. La règle du Jardin Couvert selon laquelle les enfants ne peuvent pas venir au-delà de quatre ans.

Le départ à quatre ans sonnés se fait, la plupart du temps, en douceur. Quelquefois, il est suivi de la tempête d'un faux retour. Dans la mesure où il est parlé et que la rupture dans le temps indique et signifie une promotion dans l'âge, le départ est structurant au même titre que ce que Françoise Dolto appelle la « castration symboligène [1] ».

Il reste, au terme de ce parcours, qu'il n'est pas commode, à tous les sens du terme, de travailler au Jardin Couvert ou de s'y laisser travailler.

Pas commode pour le narcissisme, toujours tenté que nous sommes de nous emprisonner dans une image — et ce qui se passe ici peut largement servir à sa construction — au lieu de la laisser périodiquement choir pour que soit préservée l'ouverture au désir de la vie qui est la seule raison de venir au Jardin Couvert. Qu'il s'agisse d'eux ou de nous.

Marie-José d'Orazio
Jean-Pierre Durif
Janine Chomier
Denis Vasse
Année 1990

1. Françoise Dolto, *L'image inconsciente du corps*, *op. cit.* p. 78.

Un silence noyauté par des regards

Voilà un texte qui montre bien notre façon de travailler ensemble.

En 1990, nous avions abordé la question du transfert. Denis Vasse avait rédigé un texte théorique[1]. Divers autres écrits avaient aussi été présentés, dont celui d'Erika Bertrand-Oschwald. L'importance de ce dernier nous avait incités à le mettre de côté afin d'y revenir de façon plus approfondie. Il n'a d'ailleurs été achevé que dans un second temps. Nous n'étions pas dans l'urgence. Il ne s'agissait pas tant, pour nous, d'étudier le « cas » de Samuel que d'aborder, grâce à la rencontre avec lui et avec d'autres, les difficultés suscitées par des comportements d'inhibition.

Denis Vasse a proposé un commentaire théorique du texte d'Erika Bertrand-Oschwald (composé ici en plus petits caractères italiques).

Le texte définitif a fait l'objet de notre journée d'étude commune en 1991.

Depuis que nous avons abordé la question du transfert sur le lieu, je pense souvent, très souvent, à Samuel. Il y a pourtant longtemps que je ne l'ai plus rencontré au Jardin Couvert.

Samuel et sa maman fréquentaient le Jardin Couvert avec une grande

1. Cf., *supra*, « Le transfert sur le lieu », p. 175.

régularité, je dirais presque assiduité. Je me souviens de lui surtout quand il était âgé de un an à deux ans et demi environ.

Ce qui est à remarquer, c'est le lien qu'Erika fait, d'emblée, entre le *lieu* et la manière dont elle pense souvent à Samuel. Il s'agit bien pour elle d'une rencontre de Samuel et d'elle venant-tous-les-deux-au-Jardin-Couvert, et non d'un transfert *ayant lieu sur elle* et qui aurait comme théâtre le Jardin Couvert. Il me semble que c'est ce *minidéplacement* qui va l'autoriser à nous dire, avec pudeur et rigueur, la manière dont elle est impliquée en ce lieu dans le rapport à Samuel et à sa mère. Mais aussi, nous nous y sommes tous reconnus. En parlant d'elle, elle parlera de nous dans le même lieu qu'elle. Les imagos de l'enfant se projettent au Jardin Couvert, que la présence désintéressée de l'accueillante transforme en *lieu.*

Cette mention inaugurale d'Erika me semble fondamentale. Elle lui donne la liberté de dire, en nous renvoyant d'emblée à nous-mêmes, l'importance qu'a pour elle la rencontre avec Samuel.

Serait-ce possible sans le chemin parcouru dans le rapport que nous entretenons les uns vis-à-vis des autres dans ce même *lieu* et que scandent et balisent nos réunions du lundi ?

Je ne le pense pas.

Il est clair que la régularité avec laquelle nous fréquentons cette réunion, avec les résistances et les avancées dont elle est le lieu, est fondamentale. À travers ces réunions, se précise, pour chacun, l'esprit dans lequel nous participons au travail du Jardin Couvert, esprit dont le texte d'Erika témoigne comme il se doit, c'est-à-dire *sans qu'elle le sache.*

La *régularité* et l'*assiduité* dont elle parle disent la manière dont elle-même — et chacun d'entre nous — fréquente le Jardin Couvert, et souligne ce qui conditionne notre transfert sur le lieu. (Je viens d'écrire ce qui précède lorsque je m'aperçois qu'elle emploie elle-même le terme de *régularité.*)

Les premiers temps et pendant très longtemps, avec eux, arrivait le silence, un silence noyauté dans des regards qui captent et des corps qui réclament une proximité charnelle, protectrice ; un silence qui se ferme sur un « trop » de « je-ne-sais-quoi. »

La régularité suppose la constance. Sinon elle n'est que celle du fonctionnaire et *la présence qu'elle manifeste ne supporte aucun transfert.*

Ainsi se dit, dans le texte d'Erika, ce qui est de l'ordre de la *répétition* (terme technique désignant le fonctionnement de l'appareil psychique). Le caractère répétitif l'autorise à pointer le silence de l'enfant avec la mère comme un symptôme.

Comme nous l'a appris à le lire Jacques Lacan, un silence symptomatique, comme tout symptôme, est confiscation de la parole : c'est en cela qu'il est *noyauté dans des regards qui captent* et qu'il invite à, ou même *réclame, une proximité charnelle qui en protège.* Seule la parole, en effet, sépare ou différencie des êtres charnels dans l'unité de l' esprit.

Le « trop » de « je-ne-sais-quoi », n'est-ce pas le « trop » de chair coincée dans l'immédiateté et l'intensité du regard mère-enfant — dans une image commune — disant sans le dire la complicité de l'inceste[1] ? L'autre terme de cette alternative ne pourrait être que la violence d'une rupture supprimant la différence vivante.

Ce qu'Erika ne sait pas — ce « je-ne-sais-quoi » qui *nous* met dans le malaise — rejoint ce qui se supporte en nous de la gêne et de l'exclusion « subjective » où nous met une telle relation. À l'évidence, c'est en supportant d'accepter cette position qui est celle du transfert que se signifie ou se symbolise — *négativement — la parole en position tierce.* C'est bien cette parole, en effet, qui est exclue, voire forclose (on ne lui a pas permis d'entrer) de la relation de Samuel et de sa mère.

En ce sens-là, sommes-nous, dans le transfert, du côté du père humilié ? Selon les échos que nous recevons de lui, son humiliation serait due au manque d'argent (rationalisation), alors que, de toute évidence, et, comme il en est pour nous tous, elle trouve bien davantage sa source dans l'orgueil inconscient qui l'empêche d'occuper *sa place de parlant et de désirant.*

C'est bien cette place (ambivalence) que confisque et dans laquelle est confisqué Samuel. Ce qui, très exactement, se confirme dans la suite du texte.

Souvent, j'avais l'impression que Samuel me cherchait des yeux, m'observait en s'assurant par un geste minime, un mouvement discret, de ne pas perdre le contact avec sa maman.

1. Il faut entendre le mot inceste dans le sens de tout rapport fusionnel excluant la présence d'un tiers.

Le *geste minime* est aussi bien celui de l'œil que celui du mouvement des membres, inhibé ou contrôlé, qui s'assure du contact immédiat, charnel. Car toute séparation lui donnerait l'impression de perdre un morceau de lui, comme dans l'évacuation d'une fiente, ou dans une amputation... Mais une fiente de qui ou une amputation de quoi ? De l'enfant ou de la mère ? Des deux confondus en un, dans la complicité imaginaire ? Comment mieux « dire » qu'il y a refus ou résistance à l'assomption du sujet dans la parole[1] ? L'enfant pris à ce piège se constitue comme objet *contra-phobique* d'une mère. En étant prisonnier d'elle de manière « incestueuse », il lui évite l'angoisse d'être séparée d'elle-même. Elle ne pourrait vivre cette séparation, de manière fantasmatique, que comme amputation, déchirure ou perte d'un objet-anal-enfant. En lui évitant d'avoir peur, l'enfant fait tout pour sa mère et pour lui ! Il remplace un père. Beaucoup d'hommes et de femmes s'imaginent qu'aimer leur partenaire consiste à lui éviter, à tout prix, d'avoir peur. À tout prix, c'est-à-dire en évitant le risque de la parole. Ainsi, le regard confisque la parole parce qu'il garde l'enfant enfermé dans l'enceinte imaginaire de la mère. Avec un tel regard, l'œil n'écoute plus. Il ne réfère plus à la vérité qui parle en l'un comme en l'autre. Le danger, pour l'enfant, sera de naître à la parole : de sortir du champ visuel où il est enfermé et par là même de la *sensation d'être vu-voyant*. L'altérité, quant à elle, ne tombe sous le coup d'aucune sensation. Seule la parole en témoigne dans le silence des sens comme dans la rencontre.

Quoi d'étonnant alors que la voix qui porte la parole de la mère se réduise à un murmure, soit voilée et fasse apparaître la netteté du son et la pesanteur du corps comme *lourdeur*, *encombrement* ou *maladresse*. C'est une manière « d'exclure » ou d'interdire, sans prendre le risque du désir ou de la parole dans la chair.

Celle-ci lui parlait presque dans un murmure. Leurs échanges m'évoquaient des « mots-voiles », des « mots-souffles », bref des mots sans corps. Aussi le mien m'apparaissait tout d'un coup plus lourd, plus encombrant, presque maladroit...

On pourrait dire que, dans ce rapport spéculaire où chacun se

1. Cf. Jacques Lacan, « Le stade du miroir », in *Écrits*, *op. cit.* (voir p. 93 à 100).

constitue comme « objet de jouissance exclusive du regard de l'autre », la filiation n'a plus lieu dans l'ordre de la parole qui sépare, celle du père. Et s'il est vrai que *le désir de l'homme, c'est le désir de l'Autre*[1], lorsque cette confiscation du désir devient le lien de la mère et de l'enfant, c'est la filiation dans la différence sexuelle qui est niée. Comme me le disait un patient : « Ce que vous appelez désir, moi, je l'appelle filiation. »

Nous l'avons déjà noté, par la façon dont on y vient et par sa référence à la psychanalyse, le Jardin Couvert a une « fonction paternelle ». Toute médiation qui met en jeu cette fonction provoque, dans la situation que nous décrivons, une sorte de rétraction. La parole tierce, celle qui touche aux deux sans les confondre, en les différenciant, est éprouvée comme un *danger imminent, invisible*, et c'est en soudant les regards, en noyautant la parole dans le visible comme tel, qu'est cherchée la *protection*.

Quand je m'approchais par un mouvement ou une parole qui, dans d'autres circonstances, m'eussent semblé très discrets et même pudiques, il m'arrivait de le voir se rétracter comme pour chercher une protection (pour lui ? pour sa maman ?) en face d'un danger imminent, invisible.

Il semblait même parfois vouloir me confiner dans cet endroit d'où on ne peut être que regard. Étrange évocation de l'état d'infans.

Le texte d'Erika dit bien — sans qu'elle le sache — la confusion mère-enfant qui les enferme l'un et l'autre sur eux-mêmes dans une intégrité imaginaire où aucun des deux n'a perdu quelque chose : l'enfant restaure la femme dans un tout non altéré — la toute-femme (annulation de la différence corporelle dans l'unité de l'esprit). Il est son sexe, sa virginité, son *petit bout*, et la mère instaure l'enfant dans un tout à son image. Pour l'un comme pour l'autre, l'image est prise pour le réel dans le redoublement de l'imaginaire. Sortir de ce tout (imaginaire), c'est prendre le risque de n'être rien. Ainsi, dans une telle structure, *naître*, c'est *n'être*. Naître à la parole, c'est n'être plus rien dans l'ordre de la sensation, ce qui apparaît insupportable et déclenche une crise folle de colère ou de peur. Accéder à l'espace intersubjectif, pourrions-nous dire, c'est perdre la sensation d'exister. C'est tout perdre avec le risque de n'être *rien*... puisqu'il n'y a pas d'autre repère pour l'existence qu'une sensation qui a prévalu et s'est dégagée de son intrication avec les autres perceptions. L'enclave archaïque dans laquelle est

1. Jacques Lacan, *Écrits*, *op. cit.*, p. 98, 181, 268, 279, 343, 693.

enfermé le phobique n'est pas explicable selon les clés d'une symbolique générale. Elle s'interprète selon *un code inconscient qui réfère le sujet à son histoire.*

> « Avant l'époque où la parole est comprise comme il est d'usage pour le dictionnaire des adultes, les formes vivantes du corps, total ou partiel, répondent alors à des émois prélangagiers élaborés par l'enfant bien avant l'époque du consensus avec autrui sur la signification de ces formes.
>
> « Cela vient sans doute de ce que la prévalence d'une perception sur les autres, olfactive, visuelle, auditive, gustative, tactile, permet l'installation d'une phobie en isolant cette perception sensorielle et en la dégageant de son intrication avec les autres perceptions.[...]
>
> « Une phobie, plus ou moins infirmante pour le sujet, se réfère à cette prévalence insurmontable d'un sens sur les autres, qui connote l'absence de langage concernant les perceptions archaïques de l'enfant, demeurant toujours dans l'adulte[1]. »

Pour ma part, j'interprète la première phrase de cette citation — « Avant l'époque où la parole est comprise » — comme désignant le stade précoce, c'est-à-dire ce moment, entre la gestation et l'apparition du langage, où les sensations — les perceptions sensorielles — sont livrées, quant à leur signification et à leur sens, aux mots des autres. Ceux-ci doivent être, à leur tour, confirmés ou infirmés par la manière dont l'enfant, l'infans, les reçoit dans la chair. Seuls le visage et la gesticulation des membres signifient qu'à ces mots il consent ou il refuse de prendre corps. Sans mots qui l'interprètent en vérité, c'est-à-dire qui lui donnent vie en le détachant de la sensation pour l'introduire à la parole qui fait l'homme, l'enfant est, au stade précoce, livré au rejet, au mensonge, ou à l'indifférence quand il est éprouvé par l'intensité ou la variété des sensations qui « n'ont pas de sens en elles-mêmes ». C'est pour cela qu'une sensation ou une perception peut devenir traumatique et que « le visage reflète alors l'horreur d'une jouissance ignorée », comme dit Freud dans *L'homme aux rats.*

Samuel me faisait ainsi participer à quelque chose de très intense dont

1. Françoise Dolto, *Séminaire de psychanalyse d'enfants*, tome I, Seuil, 1982, coll. Points, p. 208.

souvent je ne pouvais rien lui dire, et mes paroles rappelaient plutôt notre « être-là » au Jardin Couvert, au milieu des autres et de leurs agissements.

Pour vivre dans le champ de la sensation (ou pulsion) prévalente, il s'agit de ne pas consentir à la différence de la chair (sexuelle), ni à la division du sujet par la parole qui introduit l'homme dans le temps du désir. Un adulte disait sur le divan :

> « N'être plutôt que naître, car naître, ce serait quelque chose d'évanescent... Autant se sentir que ne pas se sentir... Naître serait une idée et la sensation ne suivrait pas... Je comprends qu'on puisse se retenir au bord d'une carlingue... J'imaginais une naissance comme un boulet de canon... le vide serait en dedans et en dehors à la fois... avec la peur de n'être que du mauvais... l'angoisse du non-sens... Un monde où la naissance serait ça serait une aberration... et c'est moins aberrant de rester enfermé que de naître, d'être né dans ces conditions-là... parce que ce serait le non-sens... tandis qu'à l'intérieur y avait le *sens*, au moins, le *se sentir*...
>
> « Comme si j'avais voulu comprendre avant de parler...
>
> « Laisser toutes ces choses-là venir, les parler sans les contrôler, c'est rejoindre le risque, qu'elles rejoignent le risque d'un vide qui n'en finirait pas... Je peux le dire maintenant que parce que le risque est déjà pris...
>
> « Parler sans rien maîtriser de la parole, se jeter dedans, ce n'est pas si facile que ça... [...] C'est la peur de partir en eau de boudin parce que tout est la même chose [pas de différence subjective]. »

L'absence de différence subjective dans l'espace de la parole et du croire laisse à l'intensité de la sensation, à quelque sens qu'elle se rapporte, mais particulièrement lorsqu'elle se rapporte au regard, la charge d'arrimer et de réassurer le sujet dans son corps de chair. Qu'Erika parle en « rappelant plutôt notre "être-là" au Jardin Couvert », en rappelant qu'elle parle dans un lieu et « au milieu des autres », alors qu'*elle ne peut rien lui dire* de ce « quelque chose de très intense » auquel Samuel la « fait participer », voilà qui témoigne qu'elle n'a pas peur de ce dont il a peur, c'est-à-dire de consentir à une parole qui le ferait sortir de son état d'infans en le délogeant de cet être qui n'est que dans et pour la sensation.

Au fil du temps, Samuel devenait plus mobile, plus léger, et moi avec lui. Il s'aventurait peu à peu loin de sa maman, commençait à explorer des jouets, même ceux qui servent à s'éloigner, à déambuler.

Cela se passait trop furtivement, mais quand même, ça se passait. Il lui arrivait aussi de se rapprocher de moi (ou d'autres), pour montrer, interroger...

À cette période, je l'ai un jour surpris s'arrêtant devant l'inscription de son prénom sur le tableau d'entrée, alors que, jamais encore, je ne l'avais entendu prononcer mon prénom ou celui de quelqu'un d'autre.

Le mouvement du corps dans l'espace est ici métaphore de la « croissance » de la parole ou dans la parole : parler, c'est sortir de soi, ce *soi* qui n'est jamais qu'un *moi* pris pour le sujet. Parler, c'est entrer dans l'espace du temps. L'inhibition de la chair est un bon symptôme du refus *inconscient* de la différence subjective. La façon dont Erika note sa *surprise* de le *surprendre* s'arrêtant devant l'inscription de son prénom au tableau d'entrée vient confirmer le mouvement du texte que nous analysons : elle n'aurait pas pu l'inventer !

Ne pas « répondre » à son nom, c'est refuser de répondre à la parole de l'Autre, ne pas lui donner corps-de-rencontre, ne lui offrir aucun lieu, afin de rester dans le redoublement du même et la répétition du ressenti : c'est refuser inconsciemment de donner sens (direction, signifiance, différence) aux sens, en faisant de l'éprouvé dans la chair la fin du désir de l'homme.

On voit que la phobie, que Freud différencie des *obsessions* et qu'il considère comme faisant partie de la *névrose anxieuse*[1], touche à une zone très archaïque qu'on peut appeler *pré-génitale*, mais que je préfère appeler *stade précoce*.

Pour Freud, il n'y a pas, dans la phobie, *substitution* d'une idée à une autre qui constitue « l'acte de défense du moi contre l'idée insupportable, substitution que l'analyse pourrait dévoiler. On n'y trouve jamais autre chose que l'état émotif, anxieux, qui par une sorte de procédé électif a fait ressortir toutes les idées propres à devenir l'objet d'une phobie ».

« Les phobies sont à étudier à la fois selon l'objet et selon l'âge du sujet. Il semble bien que l'objet phobique — c'est, du moins, l'expérience que j'en ai chez les adultes quand il constitue leur symptôme majeur — date d'une époque anté-

1. Sigmund Freud, *Névrose, psychose et perversion*, trad. P.U.F., 1973, p. 44 et 45.

rieure à l'œdipe. Mais c'est au moment de l'œdipe que cet objet devient, si je puis dire, préférentiel ; il est alors l'élément capital de l'angoisse. Cependant, avec l'œdipe, tout un contexte change *le style de la phobie qui existait antérieurement. Un être phobique depuis la petite enfance a trouvé des bénéfices secondaires à son symptôme ; il y a presque toujours de tels bénéfices à la phobie : ce sont contreparties à une attitude de rétorsion à dominante sadique, ou, au contraire, compassion de la part de l'entourage ; tout le monde tournant autour de l'enfant, utilisant sa phobie pour l'y fixer davantage*[1]. »

Tout ce que ce travail nous apporte confirme le principe selon lequel nous ne faisons pas de psychanalyse — qui ne pourrait être qu'à « bon marché » — au Jardin Couvert. Nous avons à y entendre ce que la psychanalyse nous apprend par ailleurs : la parole ne circule que dans un lieu de confiance, et la *multitude*, la *précision* des *détails* qui jalonnent les *rencontres hésitantes* tissent la trame de l'humanité quand l'esprit fait vivre inconsciemment la chair. Dès lors que nous entendons ces détails comme les traces de la parole qui cherche la voie du désir, le corps, toujours encore infans, de l'homme, y répond. Il s'y retrouve. Peu importent alors les détails et la totalité : ce n'est pas nous qui tissons cette toile d'humanité, nous n'avons qu'à en suivre le fil — un seul suffit — pour découvrir, dans la figure des commencements, ce qui se dessine, non sans repentir, et ce qui parle, non sans erreur ni mensonge. Cette figure se laisse interpréter à la lumière de l'Origine quand nous écoutons, à travers les générations et dans le discernement du mensonge et de la vérité, l'homme qui parle. Il me semble que c'est en demeurant à l'écoute de l'Origine, dans les bruits des commencements, que reste ouvert, dans la discrétion de la présence et de la constance, le lieu du Jardin Couvert.

Il serait trop long de vouloir retracer la multitude de tous ces détails minutieux qui ont jalonné nos rencontres hésitantes pendant des mois avec les paroles qui les accompagnaient, au fil d'une confiance naissante. Il m'importe surtout d'évoquer deux moments précis.

[Premier moment :] *Très rarement, Samuel venait accompagné de son papa, dont le sourire dissipait quelque peu la gravité qui entourait ce petit garçon. Pourtant, rien dans nos échanges n'avait pu m'éclairer sur ce qui me touchait tant chez cet enfant.*

1. Françoise Dolto, *Séminaire de psychanalyse d'enfants*, tome II, *op. cit.*, p. 24.

Un jour, accompagné de son papa, Samuel s'était installé tout près du passage entre les deux pièces du Jardin Couvert. Il déballait la caisse pleine d'autos qu'il avait amenée là. Il s'apprêtait à installer un jeu avec son papa dans un scénario qui semblait ne laisser aucune place à l'imprévu. Je m'étais assise non loin, mais cette fois Samuel m'ignora, totalement absorbé par sa double prise de possession (toutes les voitures du Jardin et son papa) pour lui tout seul.

Après un long moment, ma proposition d'ouvrir et de partager le jeu fut repoussée violemment par Samuel, sans que je puisse saisir clairement toute la complexité de cette réaction, car, au même moment, un autre petit garçon passait par là et se laissait tenter par ce merveilleux étalage, en s'en allant avec une petite voiture.

Cela provoquait une colère désespérée chez Samuel. Enfin, il pouvait faire entendre sa voix. Son papa semblait peu affecté par ce qui se passait, tandis que moi-même, avec un certain soulagement, je cherchais des mots.

En partant, ce soir-là, Samuel me semblait avoir plus de corps.

Je me demande si de tels épisodes, dans les structures phobiques, ne sont pas à référer au manque de *castration ombilicale* — pour parler comme Françoise Dolto —, c'est-à-dire à un fantasme d'état fusionnel avec le regard de la mère. Cette fusion n'autorise pas une construction projective (dessin, organisation possessive, jeu) ouverte sur l'Autre.

> « La non-castration ombilicale s'observe dans presque toutes les phobies. L'être humain n'a pas une image de lui-même en tant qu'individu complet et cela se concrétise en présence de l'objet phobique : il lui faut absolument ce dont il s'imagine manquer. La phobie est un trouble qui induit des régressions graves : "Je ne suis pas équipé pour assumer les épreuves d'un être humain autonome", se dit le phobique. L'autonomie n'est pas atteignable si on est mutilable par n'importe quoi ou n'importe qui, et si on n'est pas reconnu par soi et par autrui dans son sexe[1]. »

La peur ou la colère que provoque l'absence de l'objet ou de la personne sécurisante est alors interprétée inconsciemment comme conjuration d'une éventuelle amputation ou d'un risque de réduction à un état incomplet qui ne serait ni de vie ni de mort, une sidération insupportable. Les cris de la colère et le désespoir, comme dans le cas de Samuel à propos de la voiture

1. *Ibid.*, tome I, p. 57-58.

retranchée de toutes celles qu'il s'était appropriées, relèvent d'une certaine « hystérie » : ils ne font sens ni pour le père qu'ils n'affectent pas, ni pour Erika qu'ils affectent mais qui cherche en vain les mots qu'elle ne trouve pas. Françoise Dolto dit que ces symptômes « hystériques » sont plutôt du côté de l'obsession et de la phobie. Elle les retrouve chez les débiles psychotiques. Ce n'est évidemment pas du tout le cas qui nous occupe, mais ce qu'elle en dit est éclairant pour toutes les phobies. C'est alors un processus de symptômes réactionnels à un état phobique. Erika note, en effet, la violence, la complexité, la démesure de la réaction, même si l'émission de voix la soulage.

> « C'est pour éviter le danger qu'il font tout un feu d'artifice : pour mettre à distance, pour jouer à manipuler le monde par rapport à leurs fantasmes qui les mettent en danger d'être violés ou peut-être dévorés. (Je dirais non bouclés, non fermés, hémorragiques...) Il y a une angoisse de viol, peut-être pas d'un viol génital, mais d'un viol optique, d'un viol auditif, ou le fantasme d'une entité dévoratrice (qui enlève un morceau). Si on leur demande : “Qu'est ce que tu dis ?”, ils se mettent à baragouiner, l'air débile, parce qu'ils ne veulent pas parler clair sur ce qu'ils ont à cacher de leurs désirs archaïques, remontant à des images du corps de l'âge nourrisson, en tout cas d'une autre époque[1]. »

Là aussi, Erika note que, s'il y a transformation du comportement, c'est autour de l'objet et de sa manipulation que celle-ci a lieu, non sans rapport à l'*enclos* maternel, comme pour exorciser le risque de la *monstration* ou de la question.

Peu de temps après cet incident, mais peut-être — qui sait ? — pas sans lien avec celui-ci, je constatai un changement notable chez Samuel. Plus actif, il cherchait surtout à nouer une relation à l'aide des objets qu'il apportait, montrait, questionnait. On aurait dit que le Jardin Couvert se mettait à vivre en lui. Il se réfugiait encore chez sa maman, mais pouvait aussi jouer dans l'autre pièce, sans s'occuper d'elle.

Et puis, au moment de chaque départ, commençaient à s'installer de petites tractations autour d'un jouet que Samuel avait élu comme étant celui qu'il allait emmener avec lui et ses yeux ne manquaient pas de laisser entrevoir une petite lueur de provocation.

1. *Ibid.*, tome III, p. 45.

Nous parlions à chaque fois autour de ce petit bout de Jardin Couvert qu'il voulait garder pour lui tout seul, posséder sans partage, pour dire la peur dans son cœur — et cela lui permit à chaque fois de partir avec le sourire — c'était devenu un jeu.

Je ne sais si, dans l'écriture d'Erika, l'*agrafe* faite entre « le Jardin Couvert qui se met à vivre en lui » et le « petit bout de Jardin Couvert qu'il veut garder pour lui tout seul » et dont elle parle avec lui est préméditée, mais elle dit bien, au passage, comment le lieu du Jardin Couvert occupe une place particulière dans l'inconscient (imago) et comment on peut parler de transfert sur le lieu médiatisé ou repéré par l'un ou l'autre d'entre nous au milieu des autres. En même temps, elle tient ensemble le rapport à l'objet détaché de l'ensemble (amputation) et celui que Samuel entretient et avec sa mère et avec le Jardin Couvert (départ, séparation).

[Deuxième moment :] *Jusqu'au jour où sa maman coupa court à ces échanges, posa l'objet sur la table près de l'entrée et prit Samuel dans ses bras pour partir à la hâte. Tout cela se déroula tellement vite que j'en restai plantée là, tout étonnée, sans avoir le temps d'intervenir.*

Mais mon étonnement fut encore bien plus grand quand, après un long moment (mon attention était déjà ailleurs), j'ai vu réapparaître ce petit bonhomme devant la porte vitrée du Jardin Couvert comme quelqu'un qui vient chercher quelque chose d'important. Il entra seul, sans un mot, mais se retourna, à peine le seuil franchi, pour le franchir à nouveau dans l'autre sens, cette fois-ci avec un « pas de géant » bien appuyé, avec un regard triomphant, comme pour souligner sa détermination et son consentement à partir selon les règles.

Peut-être voulait-il ainsi signifier son franchissement de je ne sais quelles entraves.

Le minuscule pistolet en plastique, abandonné toujours à la même place où il avait été posé hâtivement par sa maman, m'apparut soudain comme une première dent de lait arrachée un peu avant son heure.

Comme toujours, dans ces cas-là, la peur et/ou la jalousie inconsciente de la mère *coupe court* aux jeux de la parole, à l'endroit même où il s'agit, pour l'enfant et pour elle, de se laisser dessaisir de l'objet qui comble l'espace imaginaire et d'accéder à l'espace de l'intersubjectivité. Ce dessaisissement symbolise l'unité de l'esprit. Il est l'acte même de la parole et du désir. C'est, peut-on dire, ce dessaisissement qui n'a pas eu lieu et qui fait que, de manière prégénitale, l'enfant s'identifie à un objet (végétal, animal ou autre) pour éviter l'identification à un être parlant, ressentie comme déchirure ou abandon ! En tous les cas, comme rupture de continuité. Aucune limite n'a joué le rôle de seuil pour la rencontre et/ou pour la séparation : le moi vivant est un objet coincé dans le voir de l'autre, mais, ce faisant, il ne vit qu'en renonçant à sa singularité de sujet désirant. L'objet du désir, l'Autre dans l'autre, est confondu avec l'objet du besoin, l'objet de l'autre.

> « L'objet phobique est donc un représentant du sujet qui peut vivre grâce à ce stratagème, un désir incestueux hétéro- ou homosexuel. Mais en se forgeant cette identité imaginaire, c'est-à-dire en s'identifiant à l'objet phobique, le sujet échappe à tout interdit, et devient un sujet non humain ayant le besoin érotique d'un objet ne relevant pas du désir, c'est-à-dire de la parole.
>
> « Son désir [*mais ce n'est pas le désir, c'est bien plutôt la pulsion prévalente*] s'accomplit donc en annihilant en lui le sujet de la parole.
>
> « La phobie met le sujet en danger, à cause des affects prégénitaux qui continuent à être en activité. Ces affects sont, en effet, en relation avec une zone érogène de besoin et morcellent l'objet du désir [*ce qui est l'impossibilité de consentir à la différence*]. La mère, par exemple, masse provende de besoins, est l'objet partiel de son enfant cannibale, mais, en même temps, objet du désir du sujet dans la parole.
>
> « C'est à ce niveau-là qu'un enfant phobique est totalement coincé. L'objet de son désir est confondu avec l'objet du besoin[1]. »

Il me semble que, dans ce blocage, le *mensonge inconscient* est à l'œuvre. Il n'autorise pas le franchissement du seuil en évitant la division d'où naît le sujet dans un rapport à l'Autre (dans la parole) qui le dessaisit de son image. Et l'arrachement de l'objet phobique est toujours éprouvé comme danger quand le petit d'homme n'en est pas dessaisi dans un lieu d'accueil et de parole dans la génération. Hors le champ de la parole, « il a toujours peur que la mer(e) lui manque ». Il veut tout boire, tout prendre, tout voir, de peur que « quelque chose » lui manque. *Il ne supporte pas la petite différence.*

1. Jacques Lacan, *Séminaire I,* Seuil, p. 206-207. Les phrases entre crochets sont de moi.

Janvier 1991

Quelques mois passent et, un beau jour, je revois Samuel au Jardin Couvert. Il est accueilli cette après-midi-là par une collègue, mais, lorsqu'il passe devant moi, je peux remarquer un « bonjour » retenu.

Comme elle le faisait souvent, sa maman s'installe non loin du passage entre les deux pièces, du côté opposé au mien. Très vite, elle est accaparée par un autre petit garçon qui la comble d'une multitude de voitures. Samuel reste hors de mon regard.

Longtemps après, à un moment où je me dirige vers le passage, je sens tout à coup quelque chose rebondir sur mon dos. Je me retourne et j'aperçois Samuel, le visage illuminé par un grand sourire. Comment a-t-il pu s'approcher si près et lancer sa balle de mousse sans que je l'aperçoive ? En lui relançant la balle, je lui dis : « Touchée ! C'est vrai que je ne t'ai pas encore parlé aujourd'hui. »

Alors, s'instaure un long échange silencieux par le truchement de la balle de mousse. Samuel éclate de rire. Je peux noter qu'il essaie d'imposer à la balle une trajectoire courbe, comme s'il voulait lui éviter d'arriver trop vite. Aussi s'échappe-t-elle à plusieurs reprises pour disparaître sous la table à langer.

Lorsque je l'interpelle par un : « Oh ! elle est cachée... », il répond par un hilarant : « Elle est cachée ! » Nous passons ainsi un long moment à un jeu qui scande ce temps et circonscrit un nouvel espace.

Ce soir-là, le départ s'effectue sans tractations. Samuel s'enquiert juste auprès de sa maman d'une voix affirmée : « Tu m'as inscrit ? » La réponse est positive. La maman et l'enfant partent alors tranquillement et sans histoires...

Lorsque le désir n'est pas symbolisé dans l'espace intersubjectif de la parole, il ne conduit pas à la reconnaissance humaine dans la rencontre. Non ordonné, son mouvement est éprouvé tout à la fois comme violence et comme peur.

Il est courant de dire que nous avons peur du désir : il nous déloge des repères imaginaires. Mais, dans la phobie, le désir lui-même est indexé par la peur. Car il est perverti par le mensonge inconscient. On ne peut *désirer en vérité* un objet dont on a *besoin.* Et la confusion entre l'objet du désir et l'objet du besoin met dans cette position fantasmatique qui consiste à réduire l'autre à un objet de satisfaction de la pulsion du regard. L'intensité de la sensation du regard devient un repère inscrit dans les sens, mais qui, n'ayant pas de sens, est sans cesse à répéter afin que le sujet se réassure. Cela se fait au prix de la disparition du rapport intersubjectif dont l'accès est occulté par la répétition même.

« J'ai un malaise intérieur, quelque chose qui bute... Et dans ces moments-là, je me *sens* un objet... au moment où il devient inutile et inintéressant, où il ne sert plus à rien et où il est destiné à la pourriture... Je sens les choses comme ça.

« Quand on connaît le sens des mots et qu'on est touché par eux, alors on peut être dans le langage. Mais, moi, c'est comme si j'étais encore un nourrisson qui n'a pas la signification des mots... et que, ce qui le touche, c'est ce qui le rejoint dans les sens [pleurs exaspérés] : moi, je suis encore comme ça : je ne crois pas beaucoup au sens des mots et je reste dans le sentir... ce qui me panique quand je ne sens plus... comme si je n'avais pas encore acquis le langage au niveau du sens qu'il donne aux choses... Si j'ai commencé à oser penser qu'on peut s'ouvrir au sens de la vie, à la chaleur... c'est à cause des mots que vous avez dit avec votre voix... Mais je les avais entendus, ces mots, déjà, et ça n'avait pas donné de sens... Je suis trop prise dedans le sentir.

« Le premier sens passe par les sens... et le langage, ensuite, donne du sens à ce qui a été pressenti... Je m'exprime mal... comme si j'étais trop prise.

« Le silence, je crois toujours qu'il est peuplé d'hostilité... j'ai peur d'être jetée dehors... et quand ça arrive, chez moi, j'entre dans une violence extrême... Je crie"... Je ne suis pas de la merde et je les insulte[1]. »

Dans la phobie, la rencontre (avec l'objet) est intensément « désirée » — jusqu'à l'identification avec lui. Mais elle est d'autant plus interdite qu'elle est désirée puisqu'elle n'a lieu, cette rencontre, que dans l'intensité d'un regard qui n'a pas d'autre « but » que lui-même : pure satisfaction pulsionnelle. Le discours ou la manœuvre qui préside à une telle rencontre est mensonge, paradoxe d'une non-parole qui prétend faire l'homme, non-sens.

Pour naître à la parole, le jeu de l'écoute ou le délogement de l'interprétation impose silence au vacarme pulsionnel, voire à la pulsion prévalente qui réclame satisfaction. Dans son anticipation et sa divination, la pulsion scopique est la plus redoutable. « Le regard de ma mère, me disait un patient, va fouiller jusque dans mes gènes. » Jusqu'au malaise et à la gêne. C'est dans le silence du regard (la non-curiosité) que la parole témoigne, dans

1. Il s'agit là de ce qui a été entendu au cours d'une analyse d'adulte.

les différences du corps charnel, celle des membres, comme dans la différence charnelle des corps, celle des êtres, de l'unité de l'esprit qui ne dissocie pas, mais rassemble.

Ce que révèle la parole n'est pas réductible à l'objet nécessaire à la satisfaction d'un fonctionnement ou d'un besoin. Elle révèle au sujet le sens des sens de la chair : elle fait corps.

La loi structurante du sujet humain réside dans l'inter-diction : elle interdit de réduire l'*autre* en tant qu'objet du désir — lieu de l'*Autre* — à celui du besoin — lieu du *même*. Elle interdit de réduire le sens aux sens. Elle le dégage de l'intensité de la sensation et ouvre la chair dans laquelle le moi est « pris » en lui donnant un sens, une direction. Cette *loi* ne se promulgue que par amour : sa rigueur délivre du mensonge qui identifie imaginairement l'objet, la mère et/ou l'enfant, à un objet qui comble l'espace intersubjectif en déniant la présence-absence de l'esprit. Elle le fait là où s'articulent, dans l'unité originaire de la parole, les différences : dans un corps.

> « C'est ça la castration. Mais à condition que l'enfant sente que celui qui lui dit son identité sexuelle en lui énonçant : “Tu ne peux pas me désirer” soit quelqu'un qui l'aime. Qu'est-ce que l'amour, sinon une sublimation (de l'objet) du désir et non pas satisfaction du désir (par l'objet pulsionnel) ? Pour qu'un enfant se sente aimé, nous n'avons pas besoin de l'embrasser, il suffit d'une parole juste. C'est l'amour médiatisé par un dire qui permettra à l'enfant de s'épanouir et de devenir source de désir pour les autres. C'est un principe général pour tous nos patients, car nous ne saurons pas écouter un analysant si nous ne pouvons pas l'aimer. Mais j'insiste, l'aimer à travers une parole qui l'accompagne dans le dépassement de l'épreuve. C'est ça la grande trouvaille de Freud : c'est avec une parole juste que la castration est donnée, qu'elle s'accomplit et se dépasse[1]. »

N'est-ce pas cette parole juste qui tranche et pénètre jusqu'au cœur comme une épée à deux tranchants ?

N'est-ce pas cette parole qui sépare l'autre de moi (différence) et le sujet du moi (division) ?

Non dénoncé, le mensonge d'un langage sans parole vraie ou

1. Françoise Dolto, Juan David Nasio, *L'enfant du miroir*, *op. cit.*, p. 41.

juste n'a jamais que la forme de la violence. Il tue la vie. Il ne respecte pas la parole en tant qu'elle se reçoit et se donne et que, dans cet échange, elle fait exister l'homme.

Hors de l'interprétation dans le silence de l'écoute, la violence est l'expression ignorée de la parole pervertie au service du même (l'image de moi, idéalisation). Pervertie veut dire dévoyée de son but, *tournée-contre-son-origine*, expression d'une vie *contre* la vie en tant que celle-ci se transmet. La figure de la perversion coïncide bien avec l'inceste qui n'autorise pas l'homme à occuper une place et un nom dans la suite des générations : il détourne de la vérité qui parle, il met le fils à la place du père dans le lit de la mère, il tue celui qui occupe la position tierce, il rend aveugle, enfin, d'en avoir trop vu.

L'aveuglement d'Œdipe est la violence d'une pulsion scopique s'exerçant à l'encontre de sa source. Une autre manière de s'aveugler serait de devenir idiot ou débile. Dans tous les cas, l'homme s'aveugle là où il refuse de se laisser toucher par la parole en vérité : là où elle témoigne de l'Autre et non de la satisfaction du plaisir.

Erika Bertrand-Oschwald
Denis Vasse
1991

6. Questions et renouvellement

Le fil de l'histoire...

Dix années ne passent pas sans que bien des questions se posent. La première est liée à la joie et à la fécondité de notre travail. Comment ne pas transmettre ce que nous avions appris et reçu ? Cela nous semble un devoir de témoigner de notre praxis, pour l'avenir, pour les autres Maisons Vertes, pour la politique de la petite enfance.

Les rencontres entre toutes les maisons se réclamant du projet de Françoise Dolto se sont multipliées au cours de ces dix ans.

Nous constations combien les conditions pour tenir une Maison Verte étaient rarement réunies. Il nous semblait qu'un certain manque de rigueur pouvait entraîner une sorte de gauchissement de la pratique : une dérive du projet dans le sens d'une convivialité sympathique, d'une préoccupation sociale ou d'une volonté éducative pour des populations bien ciblées.

L'innovation de Françoise Dolto — la présence de psychanalystes dans le monde de la petite enfance, au service de toutes les familles — risquait de se perdre dans une multiplicité d'expériences sans lien entre elles.

Françoise Dolto étant encore parmi nous, nous avions décidé, avec un certain nombre de maisons, de ne pas consentir à une sorte de *label Maison Verte* et de ne pas créer de fédération ou de mouvement. Cette décision permettait aux équipes qui le souhaitaient de poursuivre leur expérience propre, en toute indépendance, chacune trouvant son style. Mais il s'agissait aussi d'éviter l'amalgame entre le projet de ce qu'on appelait déjà des *lieux intermédiaires* et l'idée qui avait présidé à la création de *la Maison Verte.* Notre propos n'était pas de mettre en doute l'intérêt de ces nouveaux lieux et d'ignorer les questions auxquelles ils tentaient d'apporter une solution, mais de préciser les conditions nécessaires au fonctionnement et à la préservation de l'esprit de nos structures.

Le succès même du Jardin Couvert à travers les années qui passaient faisait surgir des difficultés inhérentes à l'institutionnalisation d'un tel lieu.

Avec le développement de la fréquentation (5 000 passages d'enfants en 1992), le Jardin Couvert se trouvait parfois envahi par des groupes de mères venues papoter sans grand souci de leur enfant et de nos règles de vie commune. Il devenait nécessaire de nous interroger à nouveau sur le contrat qui nous liait aux usagers et d'en tirer les conséquences.

Nous ne dirons jamais assez que ce n'est pas la quantité de parents et d'enfants accueillis qui justifie notre présence, mais la qualité de nos interventions. N'aurions-nous aidé qu'un seul enfant, le travail d'une après-midi prendrait tout son sens.

Le travail au Jardin Couvert, en effet, est sociologiquement offert à ce qui est le plus usant. Les comportements ou les attitudes qui se répètent, au Jardin Couvert, confirment pour ainsi dire la répétition comme principe du fonctionnement psychique découvert par Freud. La perception de ce mécanisme autorise des interventions discrètes qui desserrent la rigidité aveugle du processus de répétition. La dissociation entre le champ du fantasme et celui de la réalité sociale permet l'interprétation dans un transfert sur le lieu.

C'est seulement le champ du fantasme qui peut s'interpréter à la lumière d'une parole qui réordonne le désir à l'altérité et délivre le sujet de la répétition imaginaire. Sinon, *interpréter à partir de la réalité sociale revient vite à donner des conseils*.

Le minidéplacement qu'implique le franchissement du seuil du Jardin Couvert — et qui correspond à celui du transfert sur le lieu — doit s'inscrire symboliquement par le dépôt d'une somme d'argent. Pour que la demande puisse tenir en éveil l'interrogation du désir ou son attente, il faut que nous demandions de l'argent. Personne ne peut nous adresser gracieusement la parole si nous ne lui demandons rien.

À considérer les choses du point de vue de ce que Denis Vasse appelait notre « désintéressement », il n'est pas vrai que la demande d'argent soit justifiée uniquement par la nécessité d'assurer l'autonomie financière du Jardin Couvert. Actuellement, nous demandons dix francs ou plus. La demande d'argent que nous faisons est symbolique : elle est sans rapport avec nos coûts. Ce *paiement symbolique* permet la rencontre, au-delà de l'illusion du service rendu, dans le désintéressement de la parole vraie. S'ils le désirent, les parents parlent avec nous et nous parlons avec eux. S'ils ne donnaient rien, ils auraient, plus ou moins consciemment, à nous payer de paroles ou de confidences, voire d'attitudes de défi, de provocation ou de revendication.

Le paiement signifie ici plus l'assentiment à un contrat que le règlement d'une somme correspondant à la valeur d'un service. Donner valeur de contrat au paiement, c'est délivrer la venue au Jardin Couvert des automatismes parentaux et la référer au désir, au refus ou aux hésitations de l'enfant avec lequel l'adulte vient. Par la médiation de ses parents et avec eux, l'enfant nous donne quelque chose quand il vient, ce qui lui évite d'avoir, lui aussi, à nous gratifier de son sourire, de sa satisfaction ou de sa peur qui, du coup, peuvent devenir signifiants dans le registre de la rencontre.

Dix ans après, les principes sur lesquels nous avions fondé le projet du Jardin Couvert ont montré, nous semble-t-il, leur pertinence. Onze personnes de l'équipe de départ sont encore présentes. Nous voyons ceux qui nous ont rejoints traverser les embûches, éprouver les hésitations, les doutes qui ont été les nôtres et trouver appui sur les acquis d'une pratique qui, avec le temps, s'est précisée, affinée.

Le renouvellement du bureau dans une association est souvent une épreuve décisive : transmettre la charge qui consiste à gérer la vie de l'association et celle du Jardin Couvert à travers les dossiers, les demandes, les bilans représente un vrai *passage*. Au-delà des tâches matérielles et financières, c'est de la continuation d'un esprit dans le jeu des différences personnelles qu'il s'agit. Dans cette passe, tout le réseau de liens entre les jardiniers, l'association Apelipa, les financeurs et tous ceux qui, dans la ville, nous manifestent leur confiance en nous aidant ou en nous adressant des familles se trouve impliqué. Accepter la charge de secrétaire, celle de trésorier, n'était pas chose facile.

Le temps à dégager dans un emploi du temps souvent chargé a fait renoncer plusieurs jardiniers. Deux d'entre nous ont fini par accepter : il fallait alors transmettre toute une méthode de travail. Grâce à la confiance établie entre nous, le Jardin Couvert a pu continuer son chemin dans un esprit renouvelé.

M.-J. O.

Le silence de la parole retrouvée au Jardin Couvert

Avec les années qui passent et le succès relatif du Jardin Couvert, nous avons l'impression, à certains moments, qu'un groupe de mères s'empare de l'espace ou le noyaute de telle façon qu'il se trouve partagé en deux zones sans rapport l'une avec l'autre. De manière répétitive et presque systématique, *une sorte de bavardage fait cercle* et n'autorise plus la parole à circuler. Cela engendre un malaise qui fait percevoir qu'au centre de ce cercle, c'est d'un *mutisme* qu'il s'agit. Cela se répercute sur nous, et nous nous trouvons plongés dans l'impuissance, ne pouvant nous adresser à l'enfant hors du rapport à sa mère. Nous sommes comme exclus de ce « cercle » dans le bavardage et confisqués par le mutisme qui en est le centre. Intervenir en lui est ressenti comme une irruption intolérable qui, souvent, le défait pour le voir se reconstruire ailleurs.

Je ne pense pas qu'il y ait, là, aucune intentionnalité consciente et, d'une certaine manière, c'est bien cette *formation inconsciente* qui m'intéresse. Avec elle, tout se passe comme si l'espace du Jardin Couvert perdait la qualité de silence qu'exige une parole trouvée ou retrouvée, la parole qui se cherche en tous les cas.

Alors, il n'y a plus place pour travailler dans l'*écart.* Et nous sommes vite propulsés dans le devoir d'un accueil systématique, dans la banalité d'interventions mondaines et dans une prise de congé au moment du départ qui ne ponctue rien.

Du côté des usagers, l'arrogance pointe dans les attitudes ou dans les réflexions des adultes, tandis que la provocation s'installe dans le jeu des enfants ou dans leur manière de faire appel à nous.

Bref, ça ne marche plus. Autant dire qu'il y a dilution de l'écoute autorisant la remise en circulation de la parole dans la ponctualité d'une rencontre. Le malaise bloque l'émergence de la confidence consentie, ou la tonalité de ce silence apaisé qui donne aux voix des enfants une suavité qui apporte la paix.

Quand il en va ainsi, pour ma part, je quitte le Jardin Couvert avec une sorte de fatigue. Et il me semble que je ne suis pas le seul.

À quoi cela tient-il ?

On pourrait examiner deux points :

— l'usure du temps dans le transfert sur le lieu ;

— l'absence de demande ou de déplacement corrélative à l'institutionnalisation du Jardin Couvert dans l'imaginaire social.

L'USURE DU TEMPS DANS LE TRANSFERT SUR LE LIEU

Un transfert se caractérise par la transposition dans une relation à une personne — ou à un lieu — de désirs infantiles inconscients caractérisant la relation aux imagos parentales — aux lieux de l'enfance. Le transfert est, pour le psychanalyste, le lieu où se manifeste l'obstacle mis à la parole ou à sa circulation. Le transfert autorise la *résistance* à se manifester et à se laisser lire dans l'interprétation.

S'il y a *transfert sur le lieu*, ici, c'est bien parce que le Jardin Couvert est appréhendé comme lieu de parole et de rencontre. Quelle que soit, par ailleurs, la modalité de cette appréhension.

Il n'est pas étonnant, dès lors, que l'obstacle mis à la parole dans l'histoire de chacun et dans le rapport aux représentations infantiles inconscientes se transfère et vienne encombrer cet espace comme un bouchon. Quelle meilleure figure que celle d'un cercle où il ne se dit rien et à l'intérieur duquel la parole de l'accueillant ne peut pas pénétrer ?

Comment rendre compte de la façon dont cinq ou six mères coagulent au milieu du chemin, sous le chambranle de la porte, dans un discours sans intérêt ?... Comment parler de l'arrivée impérative d'un enfant avec sa mère quelques minutes avant la fermeture, sans pointer là une résistance plus ou moins consciente ? *Résistance véritable, au sens analytique du terme, elle exprime avec force le désir (inconscient) en y mettant obstacle.*

Le désir, c'est bien de lui qu'il s'agit dans ce qui circule au Jardin Couvert : le corps des enfants et la parole dans la génération. Et nous repérons que c'est de lui qu'il s'agit à l'obstacle même qui y est mis.

C'est un *symptôme* du même ordre finalement que la course effrénée de Philippe et de Clément le long du Jardin Couvert ou que le renversement de cette satanée boîte à jouets bleue au beau milieu du passage.

C'est à l'analyse qu'il faut avoir recours pour toucher à ces symptômes puisque aucune intervention consciente et raisonnable pour signifier l'embouteillage, et en appeler à la difficulté qu'il provoque, n'a d'effet. Il faut bien reconnaître que le barrage n'a des chances de se dissoudre que dans *l'interprétation de la résistance transférée* en ce lieu. Faute de quoi nous aurons droit à la dialectique vicieuse arrogance/provocation qui nous fait basculer dans la colère muette ou dans la démission affichée.

D'autant plus que, lorsque cela arrive, les enfants eux-mêmes s'agglutinent entre eux jusqu'au conflit, ou tentent de faire irruption dans le discours des mères dont ils sont manifestement rejetés. À moins que, dans un coin, l'un d'entre nous n'ait pris le parti de devenir la puéricultrice ou l'éducateur d'une mini-halte-garderie improvisée.

À chaque fois que cela se passe, nous nous ressentons comme des *exclus de l'intérieur du Jardin Couvert.*

Erika Bertrand-Oschwald

Un mardi d'octobre, six heures du soir; dehors, la nuit est tombée rapidement, tandis qu'à l'intérieur une angoisse diffuse se met à peser. C'est comme si une cloche à peine audible avait donné le signal du départ.

Avec Jacqueline, un regard et un sourire s'échangent comme pour accompagner et freiner à la fois ce tourbillon.

« Aufbruch ». *Comme un intrus, ce mot de ma langue maternelle vient résonner en moi et désigner cette subtile inquiétude qui tissait la trame des rencontres de cette après-midi.*

Et voilà qu'arrive Henri avec sa maman, osant à peine entrer, tellement ce départ collectif se fait imposant.

« Mais si ! On peut arriver, même si tout le monde s'apprête à partir ! Ce n'est pas encore l'heure de la fermeture. »

Henri l'entend aussi comme ça, tandis que sa maman pense avec regret à sa première venue, lorsqu'un groupe très animé de plusieurs mères et enfants restait jusqu'à la fermeture. Au Jardin Couvert, les jours ne se ressemblent pas et les déceptions peuvent fleurir, autant que les espoirs. Je reste seule avec Henri et sa mère.

Et puis, arrive, « ailes déployées », Éva, qui semble venir de très loin ! En effet, elle n'était plus venue au Jardin Couvert depuis un an. Pourquoi ce soir alors ? et si tard ? La maman n'enlève pas son manteau, reste debout un long moment, comme si elle était de passage, par hasard, et me scrute du regard. Éva prend fugitivement possession des lieux. Elle me demande sagement si elle peut jouer à l'eau. Je lui rappelle la règle. Henri, lui, ne veut rien savoir du tablier et ne jouera pas à l'eau.

Éva passe au toboggan. Elle monte en haut, s'exclame : « Viens m'attraper ! » Elle règne, et je me dis qu'elle est comme chez elle.

Enfin, la maman s'installe en face de moi et « crache » : « Elle ne veut plus aller à l'école, du jour au lendemain. Avant, c'était la passion ; maintenant, elle hurle, fait le bébé et retrouve des comportements qu'elle n'avait plus depuis longtemps ! » La maman continue : « Tout allait si bien ! Éva s'adaptait facilement partout, n'était pas sauvage. À la garderie, ça se passait très bien, car elle y allait quand elle voulait. Quel dommage de gâcher tout ça ! » La maman évoque le cas d'autres enfants qui ne veulent plus aller à l'école. Des rumeurs courent. Elle refuse de croire que c'est à cause de la maîtresse, mais elle est en ébullition et, comme sa fille, s'est installée dans le refus. Éva, elle, ne veut pas parler de tout cela. Elle veut jouer. Comme avant ! La maman lui avait dit : « On va aller voir au Jardin Couvert. »

Voir quoi au juste ?

Voir qui se trompe quand la vie n'est plus ce qu'on croit !

Il est sept heures moins vingt et je demande : « Peut-être que les choses allaient presque un peu trop bien, et que vous avez voulu croire qu'il est possible d'éviter toute souffrance à votre fille ? »

J'arrête un échange à peine commencé. Je tranche dans un désarroi à vif. Dans ce qui devait être harmonie des choses avaient fait irruption les imprévus et les imperfections de la vie. Nous avions dépassé l'heure. Je me le rappelle et j'annonce que c'est le moment de la fermeture.

Henri et sa maman se dirigent vers la porte, et celle-ci me confie que notre toboggan lui paraît dangereux et lui fait peur. En effet, je l'ai vue courir au secours d'Éva pendant que sa maman m'accaparait avec ses tourments.

Éva ne veut rien entendre du départ. « Non, elle ne partira pas », proteste-t-elle en retournant au toboggan. Je lui accorde d'y aller une dernière fois en guise d'au revoir. Mais une fois, ce n'est rien. Éva se révèle insatiable, sans limites. La petite fille, si sage lorsqu'elle était triomphante, se métamorphose en petit diable indomptable, inaccessible à toute parole, se réfugiant au fond du Jardin Couvert. Éva reste inaccessible à tout, même à la proposition de participer au rituel de fermeture : éteindre, fermer le rideau électrique. Elle est loin de tout cela, emmurée dans son monde et décidée à y rester au moyen de hurlements incessants. « Laisse-moi tranquille ! » crie-t-elle, quand, la tenant d'une main pour lui parler, je lui dis qu'elle n'a pas voulu que nous parlions de ce qui est difficile pour elle et sa maman en ce moment, et qui fait qu'elle a besoin d'être consolée comme une toute petite fille qui ne sait pas encore dire avec des mots ce qui fait mal dans le cœur. Peut-être a-t-elle cru qu'au Jardin Couvert on peut tout oublier et arranger, et maintenant elle est très en colère contre tout. Elle pourra revenir avec sa maman, mais pour aujourd'hui c'est fini. Pas pour toujours, mais pour aujourd'hui. Mes paroles n'ont aucun effet, et je me sens tout à coup très fatiguée. La journée a été longue. Il est presque sept heures.

Il me semble deviner ce qu'Éva me donne à voir tout en essayant de me le cacher, elle qui, avec tant de volupté, m'avait demandé de « l'attraper », mais, en vérité, j'en sais si peu ! Que se serait-il passé si je l'avais laissée retourner là-bas au fond, dans le noir, près du toboggan, vers un plaisir solitaire ? Si j'avais pris plus de temps encore pour parler de ce monde qui semble s'écrouler quand il apparaît pour la première fois qu'on n'en est pas le centre ?

J'ai pensé tout cela en fermant le Jardin Couvert, en comptant les sous, en vidant la poubelle et en rangeant les derniers jouets qui traînaient encore par terre. Heureusement, elles étaient là, ces petites tâches, à la fois salvatrices et encombrantes.

La maman avait fini par prendre Éva sous le bras, et je l'ai entendue hurler longtemps dans la rue, pendant qu'elles disparaissaient dans la nuit. C'était comme si, ce soir-là, la déception portait mon visage.

Cette séquence clinique a été notée le soir même, et puis elle est restée presque un an à l'état de brouillon, avec l'idée de la retravailler. Mais c'est elle qui m'a travaillée. Elle m'a fait renoncer à un projet certainement trop ambitieux. Le temps de l'écoute refusé, le temps nécessaire pour comprendre, le spectre de l'impuissance qui rôde autour du gouffre du miroir, tout cela justifiait ce renoncement. Heureusement, il y avait notre « cadre », œuvre commune en quelque sorte, soigneusement sculpté dans un bois qui lui aussi travaille.

Je n'avais jamais vu Éva auparavant et je ne l'ai pas revue depuis. Je me sentais un peu comme « amputée du temps de silence ». J'avais été témoin d'une déception à peine avouée qui s'est glissée dans la relation entre Éva et sa maman. Leur venue au Jardin Couvert m'apparaît comme une avancée sur un chemin de crête entre ouverture et déni. Éva s'était précipitée dans un jeu sourd, un jeu bavard, pendant que sa maman se battait avec une image idéale qui lui interdisait de consoler son enfant au moment juste. Cela ne pouvait que m'interroger là où se nichent les pièges de mes propres idéalisations.

Il me semblait que les hurlements d'Éva faisaient resurgir de sa vie de bébé un moment de détresse, resté sans paroles, juste pour que je l'entende et l'accepte même sans pouvoir le nommer. Peut-être m'a-t-il fallu tout ce temps pour saisir l'importance d'être présente rien que pour cela aussi !

L'égocentrisme ou la provocation répétée dans laquelle l'enfant est entraînée par la mère, ou inversement (volonté tapageuse de prendre une photo, téléphone sans autorisation, reproche de brusquerie vis-à-vis de la fille qui redouble de duplicité...), ne manquent pas, dans ce contexte, de faire leur apparition.

Il est difficile en effet de ne pas tomber dans le panneau de la résignation qui rend triste, de la participation au bavardage, de la réunion des accueillants dans un coin, ou de l'intervention intempestive. Cette dernière peut sembler être courageuse, mais elle ne fait que renforcer le succès de la résistance.

Trois pistes qui passent par la réunion du lundi pourraient être indiquées :

1° D'abord, je le redis : réaliser que c'est parce que le Jardin Couvert fonctionne vraiment comme un lieu de transfert qu'un tel comportement peut s'y lire comme une résistance qui nous met au travail. Même s'il est difficile et parfois pénible d'avoir une attitude sociologiquement neutre qui autorise la lecture d'un symptôme qui se répète, y consentir laisse ouverte l'éventualité d'une interprétation, même à notre insu.

2° Peut-être est-ce à partir de ce constat que nous pourrons, d'emblée et sans déduction préalable, aborder la manière qu'ont les enfants de se mettre dans les lieux de passage de la maison et de faire monter l'exaspération de ceux qui sont occupés.

Cela peut se faire à partir d'une rencontre hors de ce cercle qui fait bouchon, avant que « les autres » n'arrivent ou quand elles sont parties — mais, en général, elles partent ensemble. Dolto avait cet art de s'adresser directement à ce qui souffrait chez quelqu'un au-delà de la résistance. Cela n'est possible qu'à la condition de n'être ni curieux ni retranché dans un savoir séducteur.

3° À coup sûr, en tous les cas, la meilleure position que nous pouvons avoir est celle d'une proximité attentive et silencieuse dans une présence qui ne consent pas au bavardage. L'attente du silence ou de la situation qui permet d'intervenir souligne qu'il est ici parlé pour ne rien dire. Elle creuse le trou d'une oreille où la crainte, la plainte ou l'angoisse peuvent venir se déposer.

Mais c'est une position de solitude. Elle demande une longue patience et suppose de ne pas se laisser prendre aux fantasmes de la provocation, de l'évidence ou du sentiment d'être rejeté. Ça use et c'est fatigant.

L'ABSENCE DE DEMANDE OU DE DÉPLACEMENT, CORRÉLATIVE À L'INSTITUTIONNALISATION DU JARDIN COUVERT DANS L'IMAGINAIRE SOCIAL

Le redoublement dans l'imaginaire d'une institution est souvent le support de son succès. Ceux qui y travaillent n'y sont plus institués par la parole, mais par l'image qu'on en a et dans laquelle on cherche un intérêt quelconque.

Cette perte du rapport à la parole annule le déplacement transférentiel et le Jardin Couvert devient le lieu d'une pure et simple répétition symptomatique, ce que nous percevons bien. Le fonctionnement dans l'imaginaire — l'habitude — fait ronronner l'institution dans l'évitement d'une parole vraie ou vivante qui témoigne de ce qui cherche à se dire dans le corps de l'enfant comme dans l'acte de la génération (cf. le travail d'Erika).

Ce glissement pervers est dû au fait que la *demande* est abolie par l'habitude. Cette extinction au profit du redoublement narcissique ne met plus en jeu le désir.

Bien sûr, ce processus est à dénoncer en nous d'abord : dans les jardiniers, avant de l'être dans les usagers. En effet, c'est du côté des jardiniers que peuvent et doivent être travaillées les façons de recevoir, d'entendre, d'être présent, de congédier, d'exiger de l'argent ou de faire respecter les règles. Rien d'autre que le consentement à ce travail ne peut féconder durablement le Jardin Couvert. Il interdira en effet la stérilisation de sa terre.

Il convient que la *douceur* — l'affect qui n'est pas « contre » — de la présence traverse constamment l'organisation de la résistance à la parole dans le Jardin Couvert.

Janine Chomier

En sortant du Jardin Couvert, lundi, nous rencontrons notre voisin ébéniste. Il évoque les difficultés de son travail, mais surtout celles de ses amis : difficultés financières, affectives... Il a lu, cet été, le livre de la Fondation de France que nous lui avions donné et il nous interroge sur la place des hommes au Jardin Couvert. Sont-ils là ? M'est revenu alors ce souvenir...

Yvon a erré toute l'après-midi comme une âme en peine. C'est un petit garçon de quinze mois qui vient régulièrement au Jardin Couvert depuis longtemps. Il ne sait pas encore marcher seul. D'habitude, il trouve toujours sa place soit avec les enfants, soit avec les adultes, soit avec sa mère. Mais aujourd'hui, rien ne va. Il ne pleure pas pour autant... Vraiment, il erre. Sa mère le suit du doigt qu'il tient, acceptant cette errance... avec un rien d'attention en plus !

Denis est assis sur le canapé, je me trouve à côté de lui. Près de lui, les enfants qui jouent, des mères debout ou assises. Bref, un certain nombre de personnes ! Soudain Yvon est là planté devant Denis, son regard droit dans le sien... Il s'est faufilé entre les jambes des uns et des autres. Denis le soulève et le prend dans ses bras : « Tu es en peine, Yvon » et, quelques secondes durant, Yvon pose sa tête au creux de l'épaule de Denis. Ce n'est pas un câlin, c'est un repos. Sa mère s'approche. Elle fait le constat de cela tout simplement, disant : « Yvon est fatigué aujourd'hui. » Le silence est là.

Yvon quitte l'épaule de Denis, sourit à sa mère, à Denis, à moi... Il se glisse hors des bras de Denis et rejoint sa mère. C'est l'heure de partir ! Au revoir de la main dans notre direction, pas d'effusion. Une paix souriante.

Alors, sur ce souvenir, que dire de la place de l'homme au Jardin Couvert ?

Bien sûr, il y a le cadre du travail : un homme, chaque après-midi et c'est ce cadre qui permet la demande de ce petit garçon,

demande qui cherche reconnaissance et non accaparement ni compréhension de son comportement;

accueil de cette demande, sans précipitation;

accueil de ce qui arrive, sans récupération, sans confiscation : sa mère et moi partageons cet instant, il n'y a pas d'exclusion;

accueil sans ostentation ni démonstration et, du coup, chacun de nous s'y ressource : quelque chose d'un secret s'est dit sans se dire.

Yvon n'erre plus !

Comme toute résistance, la résistance au Jardin Couvert se sert des matériaux qui lui sont propres. Le bavardage du discours neutralise la parole en se servant des mots du langage : ils deviennent système de signes, code, convention. Ils ne résonnent plus dans le silence du corps auquel elle donne vie pour un autre. La dureté et la transparence du regard se substituent à la douceur et à l'opacité charnelle de l'écoute, quand bien même la voix resterait douce et la chair apparemment attentive.

Il est sûrement plus difficile de *rester* jardinier que de demeurer analyste, car le protocole analytique et la césure qu'il implique entre le champ du fantasme et celui de la réalité sociale réactivent constamment la demande d'une écoute à la recherche de ce qui parle en nous, la vérité.

Chacun à sa manière se trouve impliqué dans le transfert sur le lieu. La position active d'écoute qu'il faut sans cesse soutenir, l'érosion qui transforme la demande en automatismes, la difficulté de restaurer au paiement une valeur de contrat sont, à mon avis, les trois paramètres majeurs qui sont à considérer dans *l'usure du temps*. Ces trois points devraient être abordés dans nos réunions du lundi, car la fonction de ces réunions intéresse non seulement la gestion du Jardin Couvert, mais aussi son esprit.

S'il est vrai que les symptômes sociaux ne peuvent que venir se répéter au Jardin Couvert, l'esprit est mis en péril lorsque leur répétition échappe à l'interprétation que notre seule présence autorise. Quand l'effet de clôture qui crée la répétition n'est plus mis en question, c'est que le silence de la parole se perd.

Ce qui est abordé aujourd'hui rappelle à quel point il n'y a de psychanalyse que là où il y a un psychanalyste. Mais cela dit aussi qu'il ne suffit pas qu'il y ait un psychanalyste pour que les conditions de la circulation de la parole dans son rapport avec l'inconscient puissent se réaliser.

Jacqueline Boulanger

Mardi 1er septembre, neuvième rentrée dans un Jardin Couvert remis à neuf, petit air de fête, vacances toutes fraîches, visages souriants, la gaieté est parmi nous... Voici Martin et sa maman, tous deux détendus. Je remarque les mains de Martin, toutes neuves, elles aussi : il est guéri de son eczéma, et sa maman en est très fière. Entre elle et moi, la parole n'a jamais été facile, et son petit sourire me fait plaisir.

Trois semaines après, Erika me parle de sa réflexion en fermant le Jardin Couvert ce jour de rentrée : comment signifier à la maman de Martin, sans qu'elle le ressente comme une agression, que nous remarquons les mouchoirs sales jetés sur le tapis, les miettes grasses de croissant au chocolat, la cuillère empruntée et restituée sale, à même le sol, et que nous souhaiterions un peu plus de respect du lieu ?

Je m'aperçois que — voulant éviter de répondre à ce que je ressens comme de la provocation, sûre d'avance de ma maladresse — je n'ai rien vu. Le mardi suivant, je suis bien obligée de voir. Je vois et je laisse tomber...

Et je relis le texte de Denis Vasse sur « Le silence de la parole retrouvée au Jardin Couvert ». Ce texte, nous l'avions travaillé en réunion et j'avais pris des notes. En le relisant six mois plus tard, je suis étonnée : je découvre le sens du paiement à l'arrivée comme un contrat. « Pour que quelqu'un nous parle, il faut lui demander quelque chose. »

Juste avant la rentrée, Marie-José m'avait rappelé que l'inscription et le paiement se faisaient en arrivant. J'ai transmis le message aux usagers —

fidèlement — mais je ne suis pas restée auprès d'elle. Résultat : la moitié des mères (et, comme par hasard, la maman de Martin est du lot) n'ont pas inscrit de croix dans la colonne du paiement et ont payé à la fin (pas toutes, mais on était loin des dix francs par enfant !). Le samedi suivant, je suis restée à côté (« Tu ne fais pas ton travail », m'avait dit Marie-José) et je me suis aperçue que l'inscription et le paiement, « ça » parlait. Le mardi suivant, je rattrape la maman de Martin, qui fait l'inscription et ne paie pas.

Maintenant seulement je sais que je pourrai tendre la main. Mais quelle résistance !

Me revoilà avec mon étonnement profond, l'impression d'avoir fait un bout de chemin au Jardin Couvert et beaucoup plus, simplement parce que j'y ai cru. Mais croire, ça ne suffit pas. Je suis allée jusqu'au bout de mon incompréhension. J'ai essayé honnêtement de faire ce qui m'était demandé, j'ai su que mes bonnes raisons étaient mauvaises, écrit parfois ma colère, dit ce que je ne faisais pas, écouté, essayé encore de me débiner, et tout à coup le voile s'est déchiré : j'ai tendu la main et j'ai pris l'argent !

La seule lueur de compréhension que j'ai eue auparavant, c'est lorsque Denis a dit qu'utiliser un pot en verre pour que les usagers ne puissent pas mettre des pièces de vingt centimes ferait que nous aurions bien dix francs par personne, mais que ce qui se disait avec une pièce de vingt centimes ne pourrait plus se dire.

Me charger de la propreté du lieu — tâche que j'ai abandonnée en cours d'année tellement elle était difficile pour moi — a sûrement été une aide à ce cheminement. J'ai lié la crotte aux sous — je crois que c'est assez banal en psychanalyse. Voici une anecdote écrite avec deux pages de ma colère, un soir, après avoir fait la caisse.

Pendant les vacances de Noël, j'avais lavé toutes les housses des chauffeuses — tellement incrustées de taches qu'on s'aperçoit à peine qu'elles viennent d'être lavées —, les tapis avaient été nettoyés, et la maman de Martin a fait comme d'habitude son nid dans les miettes grasses. J'ai pris un bout de croissant au chocolat écrasé et lui ai demandé : « Si votre enfant a fini de goûter, on peut peut-être enlever cela ? » Sans un regard, elle me répond : « Oui, vous pouvez l'enlever ! » Médusée, sans voix, je suis allée le mettre à la poubelle.

Après, j'ai raconté cela à Olivier qui s'est étonné que je n'aie pas réagi comme d'habitude, au quart de tour. Il m'a dit, en riant, quelque chose comme : « Elle te filera un bon pourboire ce soir ! »

Ce soir-là, bien sûr, il y avait des pièces de menue monnaie... et moi, j'ai écrit deux pages sur les sous, dont ceci : « Au fond, les départs provocants sans payer, la saleté qu'on vous offre parfois à la place (de l'argent) font que nous pouvons quelquefois nous sentir déçus ou en colère et ne pas avoir envie d'en rajouter à l'humiliation, en tendant la main à la sortie au risque d'attraper un bouton de culotte. »

À ce sujet, je me sens plus au clair. Je ne lie plus l'argent au sans-gêne par rapport au lieu. Mais je ne sais toujours pas comment répondre à la provocation, comment gérer une sorte de malaise latent avec, par exemple, la maman de Martin.

Dans son texte, Denis Vasse parle de « l'obstacle mis à la parole dans l'histoire de chacun ». Pas toujours facile à gérer pour le jardinier... Il dit encore : « Françoise Dolto avait cet art de s'adresser directement à ce qui souffrait chez quelqu'un, au-delà de la résistance ». Moi, non.

Je ne sais pas ne pas répondre à la provocation.

Début février 92. J'ai encore écrit un long texte douloureux après une — ou des — intervention(s) intempestive(s) à la suite desquelles François et sa mère ne sont pas revenus. Je crois qu'au fond cette femme qui faisait régulièrement « bouchon » avec quelques autres mamans était la plus accessible d'entre elles, c'est pourquoi je me suis adressée à elle. Je sais aussi qu'elle était présente malgré ses bavardages puisqu'elle m'a rapporté plusieurs de mes interventions, douloureuses pour elle.

Comblée de joie lorsqu'elle a l'impression d'être comprise : « Si vous me dites cela, c'est bien que vous me comprenez ! », voulant qu'on l'aime comme peut le faire une gamine, utilisant des termes de môme — elle s'est sentie souffre-douleur. Ce qu'elle m'a dit m'a beaucoup fait regretter ma maladresse. Devant un enfant jaloux, malade de jalousie, comment faire entrer la parole ? « Je ne veux pas te parler », pourrait-il dire. Comment étancher cette douleur-là ? Comment aussi la supporter ?

Il me reste un goût amer d'insuffisance et un grand désir d'essayer encore. Chaque pas vers l'avant me renvoie à toute l'équipe. « Il n'y a de psychanalyse que là où il y a un psychanalyste », condition nécessaire et non suffisante. J'ai besoin de témoigner, c'est pourquoi je passe outre à la difficulté que j'ai d'exprimer cela.

Il n'y a de la psychanalyse en un lieu — ici — que pour autant qu'un psychanalyste y est en place de témoin que la parole y circule, des sens vers l'inconscient mais aussi de l'inconscient vers les sens, sur ce trajet où se manifestent les obstacles et où s'opèrent les refoulements. C'est là qu'il s'agit de repérer les effets d'une interprétation quand elle lève les résistances qui font obstacle à la présence.

Peut-être faut-il reconnaître que se pointe, ici, la critique la plus sérieuse qu'on pourrait adresser au Jardin Couvert tel que nous le concevons, c'est-à-dire dans sa référence à l'analyse : *comment tenir la longueur en demeurant dans l'ouverture à la parole et dans l'écart de l'interprétation, là où le rapport à l'inconscient interdit à l'imaginaire de se redoubler sur lui-même en faisant bouchon ?*

Pour ce faire, le travail de théorisation doit nous mobiliser sans cesse dans une pratique qui, sans lui, nous conduirait inévitablement à un savoir-faire et nous prendrait au piège du sommeil des habitudes ou de l'ennui.

Comment tenir dans cet écart si ce n'est, d'abord, en nous laissant convoquer à la détection en nous-mêmes des résistances qui encombrent inévitablement tout lieu de parole lorsqu'on y est vraiment ?

Erika Bertrand-Oschwald
Janine Chomier
Jacqueline Boulanger
Denis Vasse
Mars 1992

La transmission

Après dix années d'existence de l'Apelipa et huit de pratique au sein du Jardin Couvert, un tournant important se produit à l'occasion du renouvellement du bureau lors de l'assemblée générale de 1991.

Comment négocier la transmission des charges pour que le service soit toujours assuré, que le cap soit tenu avec assurance et selon la personnalité des pilotes ?

La mise en commun lors des réunions mensuelles doit continuer autour de diverses questions : matériel, horaires, finances, démarches auprès des organismes.

Disons aussi que les apports cliniques et théoriques sont une aide précieuse dans cette transmission des pouvoirs et des charges.

Cette passation s'opère en s'appuyant sur la confiance mise en celui qui reprend la charge de trésorier ou de secrétaire. À travers elle, ce qui lie les jardiniers au long des années s'éprouve et se vérifie. Le lien ainsi mis à l'épreuve tient en fait à l'esprit de notre travail quotidien, les uns avec les autres ou dans la succession des équipes au long de la semaine.

Ce texte est le rapport moral présenté à l'assemblée générale du 20 novembre 1992.

Le travail au Jardin Couvert a de multiples facettes. L'une d'elles est cachée : c'est celle qui se tisse au fil des après-midi et qui s'élabore peu à peu dans nos réunions mensuelles et annuelles, mais aussi dans le secret et dans l'intimité de chacun des jardiniers.

Les autres facettes sont plus visibles. C'est, pour cette année 1991, le changement de secrétaire et de trésorier au bureau de l'association. Pourquoi ce passage, alors que les compétences et l'efficacité de Marie-José d'Orazio et de Michel Boutin n'étaient plus à démontrer et qu'elles assuraient la qualité de la vie associative de l'Apelipa ?

Plus précisément et en ce qui concerne le poste de secrétaire — je laisse à Hélène Vachon le soin de parler de celui de trésorier —, nous savons tous quel rôle fondateur a été celui de Marie-José d'Orazio. Elle l'occupait depuis dix ans ! C'est-à-dire depuis la fondation officielle de l'Apelipa. En décidant de quitter cette fonction, en la limitant, donc, dans le temps, elle nous indique que c'est un poste qu'elle n'a pas brigué. Elle l'a occupé sans ambition et sans souci de gloire personnelle. En rentrant dans le rang des jardiniers, elle nous dit qu'elle n'a jamais quitté ce rang pendant ces dix années.

Appuyée sur les sources que sont, pour le Jardin Couvert, Françoise Dolto et Denis Vasse, Marie-José d'Orazio a « inventé » ce poste de secrétaire, dans le partage. À chacun de nous, elle a confié les tâches que l'expérience du Jardin Couvert a fait naître : entretien du matériel, organisation des samedis, des réunions d'information, accueil des stagiaires, relations avec la presse, tenue des comptes, élaboration et rédaction des travaux cliniques et théoriques.

Elle a suscité les compétences déjà existantes, mais elle a surtout permis la révélation d'autres compétences tout à fait inattendues. Quand un partage n'est pas illusoire, il fait vibrer en chacun la dimension d'un désir d'où surgit l'imprévisible, ce que nous ne savions pas, l'*insu*. Quand un partage n'est pas illusoire, il est *associatif*. C'est ce qui donne au Jardin Couvert ce caractère de nouveauté.

Cette transmission n'exige donc pas de se conformer à un modèle et de se soumettre à des manières de faire ! C'est plutôt une invitation à revenir aux traces laissées par le travail de Marie-José et, ainsi, à se laisser introduire à ce travail en nous. Enracinée dans le désir, cette invitation appelle à consentir à ce qui, en nous, finit par vaincre la peur de ne pas savoir faire, de ne pas savoir parler, de ne pas savoir écrire.

Se laisser porter par cette *ignorance* (ce *non-savoir*) sans être envahi par le désarroi, en se disant que cette ignorance est aussi un appui pour apprendre, c'est aussi cela que Marie-José, avec les autres jardiniers, m'a confié, en me demandant d'occuper le poste de secrétaire. C'est une mise au travail. Ce n'est pas une promotion, du moins au sens où ce terme est entendu habituellement.

J'ai évoqué une première facette *cachée*. La deuxième est celle de la transmission. Il y en a une troisième qui regarde l'objectif même de notre association : c'est la *fréquentation* du Jardin Couvert.

Pour 248 jours d'ouverture, il y a eu 4 656 passages d'enfants et un nombre légèrement inférieur d'adultes — 4 246 — qui s'explique par la présence de deux ou trois enfants dans certaines familles. Cela représente un total de 882 enfants bénéficiant du Jardin Couvert; 510 d'entre eux le découvraient, cette année, pour la première fois.

Ils viennent du troisième et du septième arrondissement de Lyon, mais aussi du reste de l'agglomération de la communauté urbaine et de nombreuses communes de la Courly[1] : Brignais, Bron, Caluire, Dardilly, Vaulx-en-Velin, Villeurbanne, Vénissieux, Rillieux, Saint-Genis-Laval, Saint-Priest, Tassin, etc.

Signalons aussi, parmi les familles étrangères, un nombre de plus en plus grand de parents venant d'Angleterre, d'Écosse, d'Allemagne, de Pologne, du Canada. Ainsi nous sommes intégrés dans une cité qui, en devenant internationale, ne peut rester indifférente aux effets d'isolement que les déplacements professionnels entraînent chez de jeunes couples, coupés de leurs proches et de leurs racines. À être témoins des échanges, des amitiés qui se nouent, des émerveillements des petits découvrant qu'il n'y a pas qu'une seule langue pour s'exprimer, nous ne pouvons qu'être confirmés dans la nécessité de l'existence d'un lieu comme le Jardin Couvert.

Il y a, aussi et toujours, les souffrances plus ou moins cachées qui viennent se dire : même si elles se répètent au fil des années, elles ont toujours ce caractère particulier qui les rend uniques. Ce sont les problèmes du chômage et de la pauvreté qu'il génère sur le plan relationnel, matériel, personnel, les parents séparés, la maladie physique ou mentale, les accidents, la mort.

Tous, parents et enfants, ont à faire face à ces situations, ce qui ne se fait pas sans répercussions plus ou moins conscientes. Alors apparaissent les troubles du sommeil, les peurs massives, les comportements agressifs. Faire ou refaire le lien entre ces

1. Communauté urbaine de Lyon.

difficultés et la souffrance non symbolisée du petit bonhomme permettra à celui qui l'accompagne de dire ses propres angoisses et à l'enfant, libéré d'avoir à s'en soucier, de le quitter pour aller jouer tranquillement toute une après-midi. Pareillement, si l'enfant est malade ou handicapé, l'adulte pourra éventuellement évoquer ce qui tourne autour de son propre sentiment de culpabilité et, sans même qu'il le sache, retrouver le juste mouvement de la sollicitude, sans inflation ni retrait.

Bien sûr, tous les enfants et leurs parents ne vivent pas, loin de là, des situations dramatiques, mais qu'à l'intérieur d'un lieu où, très banalement, des enfants jouent, rient, pleurent, se chamaillent, où des parents sont là, discrets et attentifs, puisse venir se déposer ne serait-ce qu'une seule histoire, ancienne ou actuelle, lourde de chaînes emprisonnantes, justifie notre présence. Sans elle et le travail qu'elle demande et autorise, le Jardin Couvert perdrait sa spécificité.

Si toute société sécrète et porte en elle ses misères, elle offre aussi des possibilités de restauration et de guérison dans le tissu de la vie. Alors, enfants et parents ne sont pas réduits à être les objets d'un pur fonctionnement « administratif » qui prendrait les symptômes en charge, dans l'oubli de la personne qui parle et à laquelle on parle.

Janine Chomier
20 novembre 1992

Toboggan, montgolfière, abandon, transmission

Ce texte de Janine Chomier est accompagné d'un commentaire de Denis Vasse (composé ici en plus petits caractères italiques).

Beaucoup de monde, ce jour-là, au Jardin Couvert : une cinquantaine de personnes environ.

Thibault est arrivé avec sa maman. Il s'arrête près d'un jeu, regarde sa mère qui lui rend son regard ; il va vers un autre jeu, regarde à nouveau sa mère. De proche en proche, la mère de Thibault se retrouve assise à côté de moi. Nous nous connaissons, mais nous ne nous sommes pas rencontrées depuis longtemps. Elle me dit venir au Jardin Couvert de temps en temps, tous les deux mois, et pas toujours la même après-midi. Très vite, elle ajoute qu'elle va mieux : elle est allée prendre un rendez-vous dans un centre médico-psychologique pour parler avec quelqu'un. Il faut qu'elle attende un peu, trois semaines, « mais ça ira », conclut-elle avec un sourire courageux.

L'arrivée d'enfants et de parents interrompt ce bref échange : je vais les accueillir. Nous nous retrouvons un peu plus tard, tout au fond du Jardin Couvert.

C'est moi, cette fois, qui m'assois à côté d'elle. Thibault ne supporte pas que sa mère me parle. Il la sollicite sans arrêt : pour le tracteur, y monter, en descendre ; pour l'eau, enlever ou mettre le tablier. Je commente ce qui se passe mais ça glisse *apparemment* sur Thibault, et sa mère a une mimique d'impuissance. De mon côté, je suis sollicitée par d'autres enfants et, tout en étant sensible à cette situation, je laisse aller les choses. Je crois même entendre Christiane proposer à Thibault un jeu pour que sa mère puisse parler si elle le souhaite. Mais, non, rien n'apparaît possible.

Thibault est devant la petite table, sa mère sur un fauteuil. Je n'ai rien à dire, je n'ai rien à faire. Je me trouve installée entre les deux, agenouillée sur le tapis à hauteur de Thibault. Il n'arrive pas à mettre le disque sur l'électrophone ; j'installe, j'explique et montre comment ça marche à Thibault. Il faut tendre l'oreille pour entendre la mélodie. Je l'y invite. Il s'approche, écoute, sourit. L'appareil s'arrête. Je remonte le mécanisme. Sa mère s'approche à son tour et me raconte son histoire : celle d'une petite fille abandonnée par une mère très jeune. Elle conclut qu'elle ne veut pas que son fils éprouve cela jamais. Sur l'électrophone, la mélodie continue. Je l'écoute. Je laisse se déposer ce qui se dit et m'interroge intérieurement sur la séparation que cette jeune femme a à faire pour elle-même. *Pour elle, toute séparation renvoie plus au moins consciemment à l'abandon d'une naissance dont elle serait coupable puisqu'il s'agit d'elle ! Il s'ensuit qu'elle ne permet pas à son fils de décoller d'elle, ni à elle de décoller de lui.* Comment sortiront-ils de ce piège ?

Le Jardin Couvert va son train avec les entrées des uns, les sorties des autres. Je me retrouve de nouveau dans l'espace occupé par Thibault et sa maman. Cette fois, Thibault est en haut du toboggan et exige que sa mère soit à côté de lui pour faciliter — pour téléguider — sa descente. J'interviens alors et lui dit de s'asseoir. Il le fait. Il est manifestement en confiance. J'instaure un tempo en comptant : « 1, 2, 3, partez ! » Et Thibault glisse. Triomphe de joie ! Il est accueilli par les bras de sa mère, mais aussi ceux d'une autre mère et les miens. Quelle merveille, cette descente ! Elle est recommencée avec de plus en plus d'assurance et de fermeté. Comme un chemin de liberté ou, plutôt, de libération !

En écrivant cela, me revient le souvenir du dernier cadeau que mes enfants m'ont offert. La Fête des Mères était toute proche. Il m'avait été demandé des idées. J'en avais suggéré sans avoir tout à fait osé dire où et comment se procurer ce que j'aimerais. Ce dimanche-là, j'étais absente et, en rentrant tard, le soir, je trouve « mon » cadeau, totalement inattendu et vraiment loin des idées que j'avais données ! C'est un tableau représentant un envol de montgolfières vu de l'intérieur d'une maison confortable. Il est accroché au mur. Un petit mot l'accompagne soulignant le coup de cœur qui a décidé de ce choix : notre dernière enfant ne quitte-t-elle pas la maison ? C'est un message qui ne manque ni d'humour ni de tendresse.

Pour qu'un pas se fasse *en direction de la liberté*, quel abandon nous est-il demandé ?

Ne s'agit-il pas d'abandonner tout sentiment d'abandon que tout lâchage, toute séparation dans la parole, celle d'un « tu » qui ne peut plus être l'objet partiel d'un moi, toute naissance, en définitive, provoque ? Comment décoller un enfant de soi ? En l'inondant de conseils qui s'adresseraient à la mère de notre enfance, celle qui nous aurait imaginairement abandonné ? En lui interdisant de sortir de notre champ de vision ou d'audition ? En dépit du sentiment que nous avons qu'il ne peut pas vivre sans nous tant il est vrai que nous avons souffert de ne pas vivre sans elle, il convient là d'obéir à la loi des hommes : celle qui exige que chacun soit référé à ce qui, de génération en génération, parle au cœur de l'homme et qui le détache du discours de ses parents dans l'exacte mesure où ceux-ci retrouvent avec lui la parole originaire qui se transmet. Alors, ils confient l'enfant à la vérité qui parle en lui et dont ils témoignent qu'elle les fait vivre. Comme eux vivent quand ils laissent se déposer le discours imaginaire qui les aliène dans la confusion de la naissance et de l'abandon — « je ne veux pas que mon fils éprouve cela » — ou dans leur propre volonté — s'attendre à recevoir de l'autre le cadeau que, pour l'avoir suggéré, on se donne à soi-même. Dans les deux cas, le surgissement de l'altérité de l'enfant — il est et il n'est pas comme moi — sera d'abord éprouvé comme peur ou comme déception. Mais c'est bien là qu'il convient qu'on nous apprenne à lire ou à interpréter le pas que l'on fait ou que l'on croit faire.

Il y a un abandon qui englue, qui emprisonne, qui paralyse ou qui rejette.

Il y en a un qui permet l'envol *après que nous ont été donnés et confirmés comme étant les nôtres* les moyens *qui nous autorisent à avancer.*

Il s'agit bien du même message : laisser partir, ne pas retenir. *Et seule la joie qu'un enfant parte pour qu'il vive peut l'autoriser à revenir librement, quand la parole de l'alliance lui aura fait trouver ailleurs que dans ses commencements son origine.*

Pour que la montgolfière décolle, pour que le toboggan se descende, il faut que du lest *soit jeté* ou une main lâchée.

Il me semble que ce détachement-là est la condition *sine qua non* de toute transmission de la *parole de vie.*

C'est souvent là que, seule, on est en panne.

Janine Chomier
Denis Vasse
Juin 1993

Les mains au Jardin Couvert

La maman d'Ève et d'Amandine s'apprête à partir du Jardin Couvert qui va d'ailleurs fermer. L'après-midi n'a pas été très bonne pour Ève, la plus grande, qui affiche une certaine autonomie, mais qui est plutôt dans la jalousie non dite et ignorée, si l'on en croit l'impossibilité où elle est de prendre une véritable distance par rapport à sa mère et à sa sœur, si l'on en croit aussi le regard un peu oblique manifestant tout à la fois une envie et sa dénégation. Si l'après-midi n'a pas été très bonne, elle n'a pas été franchement mauvaise. Il faut dire aussi qu'il est pratiquement impossible d'avoir une vraie rencontre ou un vrai face à face avec les enfants sans qu'il soit pris dans le regard de la mère. L'inverse est vrai aussi. Tout rapport avec la mère est pris dans le regard des filles : triste chez Ève, arrondi et un peu ahuri chez Amandine.

Le visage de la mère est très mobile et sans fermeté. Il m'évoque ces objets en caoutchouc mousse, manipulables en tous sens et intérieurement *armés* d'un fil de fer. Le sourire y est fréquent et l'adhésion a ce que dit l'interlocuteur y est souvent, trop souvent anticipée. Il y a là quelque chose qui n'accroche pas à la vérité d'un ressenti. Cela introduit dans la rencontre une sorte d'incertitude, voire d'angoisse qui ne se reconnaît pas : « Ah oui ? Vous croyez ? » Il est très difficile de rompre cette fausse objectivation de sentiments trop évidents et brandis par une bonne volonté sans faille, mais sans ardeur véritable.

Pourtant, les confidences n'ont pas manqué depuis que nous

nous sommes rencontrés. Le transfert sur le lieu est solidement établi. Elles y viennent depuis longtemps.

Quoi qu'il en soit, ce jour-là, c'est le moment du départ.

Sous je ne sais plus quel prétexte, Ève refuse de mettre son manteau et se laisse tomber par terre : j'aide sa maman à la vêtir, mais les choses vont de mal en pis. Et, alors que nous sortons sur le trottoir, c'est la grande crise qui propulse Ève dans un coin de mur, par terre, dans une attitude de refus, hurlante et gémissante.

Je reste un moment dans le silence et demande à sa mère de ne pas intervenir.

L'attitude de refus d'Ève me paraît très ambivalente : elle demande une intervention dans laquelle elle serait nécessairement manipulée, même violemment, et c'est de cette manipulation qu'elle se met préventivement à l'abri comme pour la provoquer.

Devant cette situation de blocage et l'appel contradictoire (sadomasochiste) qu'elle évoque en moi, à des mains manipulantes à l'excès en même temps qu'à leur crainte, je me trouve envahi par le souvenir du mouvement des mains de la mère que j'ai depuis longtemps remarqué. Je me suis depuis longtemps interdit d'intervenir à ce propos. Car c'est un principe rigoureux d'interprétation pour moi que de ne jamais parler du corps charnel avant qu'il ne soit présentifié dans le discours. Dolto m'a appris à ne jamais intervenir à partir du corps vu.

Dans l'impasse où nous sommes, sur ce trottoir, en plein passage à l'acte, ouvert à l'interprétation puisque nous n'avons pas cédé à l'urgence névrotique d'y mettre ordre, je me mets à parler avec la maman d'Ève qui a Amandine dans les jambes.

Jamais Ève n'a fait ça. Je dis qu'elle cherche finalement à ce qu'on la prenne de force ou de ruse et qu'en même temps elle y résiste. Et de proche en proche, je m'entends parler à la mère de ses mains. Je lui confie que j'avais remarqué combien elles étaient omniprésentes sur le corps de ses enfants, en particulier sur celui d'Amandine.

Animées d'un mouvement de caresse pénétrante et machinale, comme certaines personnes peuvent le faire avec leur animal domestique, elles étaient constamment en activité quand elle me parlait ou que ses enfants étaient près d'elle.

C'était repérer la marque d'une jouissance du tact, sans véritable présence. Et ce, de manière réflexe et constante.

Je ne sais comment je lui ai dit cela. Mais ce fut, au moins apparemment, une révélation pour elle. Elle confirmait, là, qu'elle ne s'en apercevait même pas. Je n'ai pu faire autrement que de m'excuser d'intervenir comme ça auprès d'elle. Je le faisais parce qu'il me semblait que c'était important et que ce n'était pas sans rapport avec ce qui se passait aujourd'hui.

Elle reconnaissait qu'elle ne se rendait pas compte de ce collage frictionnel. En même temps, elle prenait véritablement conscience de la confiscation qu'elle exerçait. « Oui, il faut qu'elles soient davantage séparées de moi. »

Je saute dans ce train-là. Oui, c'est dans la parole que se fait le vrai lien entre les parents et les enfants, pas seulement dans la caresse et dans le tact. Même si apparemment ils les réclament, en fait, ils ne savent pas comment s'en sortir. La jouissance aveugle où ils sont pris les transforme en enjeu d'une satisfaction maternelle très narcissique et sans ouverture au dialogue.

« Oui, dit-elle, et je me suis aperçue que je ne les appelais jamais par leur prénom. Il faut que je parle à mon mari de tout cela. C'est toujours ma puce, ma chérie, etc. »

Nous parlons un long moment sur le trottoir, ce qui permet à la crise d'Ève de s'apaiser tandis que, retournant vers le coin où elle s'est réfugiée, je me penche au-dessus d'elle. Je parle apparemment seul à des oreilles qui ne veulent pas m'entendre. Je lui dis qu'il y a une bête jalouse en elle, etc. Peut-être lui ai-je même dit que j'avais parlé avec sa maman de ses mains qui se baladent trop sur le corps et dont on ne sait plus quoi faire, tout en cherchant à provoquer encore et encore ce contact pour en jouir.

Les analyses d'adultes m'ont appris à quel point les mains sans paroles peuvent entretenir chez les petits un quasi-orgasme, une sensation trouble dont on ne dit jamais rien et qui enferme dans les délices et la peur des sensations qui n'ont plus de sens ou qui ont un *sens interdit*.

Je rentre au Jardin Couvert. Janine, à laquelle je dis deux mots de ce qui vient de se passer, me confirme par une expression belle (que j'ai oubliée) : elle a des mains qui sont comme une bouche (ou quelque chose comme ça !).

Une semaine plus tard, Ève et Amandine arrivent sans que je m'en aperçoive. Et je les retrouve toutes les trois sur un fauteuil. La mère, assise, lit, les mains fermement agrippées à son livre.

« Alors ?

— Que c'est dur ! Je mets mes mains dans mes poches depuis une semaine. Mais ça va mieux. Et puis, j'en ai parlé à mon mari qui m'a dit : "Si tu t'occupais de moi avec tes mains au lieu de t'occuper que de tes enfants..." Et puis vraiment on fait effort pour les appeler par leur prénom. Ça les individualise et j'ai l'impression que ça va beaucoup mieux... C'est vrai qu'elles sont plus libres.

— Il faut faire attention, même avec votre mari, car, vous vous rendez compte, si vos mains le réduisent à un objet de jouissance, ce ne sera pas drôle non plus pour lui. » Nous rions.

Et, là-dessus, elle se met à me parler de sa propre mère qui disait ne pas savoir être mère et comment elle s'était débrouillée pour l'être beaucoup parce que, au fond, elle craignait de ne pas savoir comment faire, elle aussi, avec ses filles. Mais ce n'était pas le cas.

Le « trop » de préoccupations était manifestement là. Elle le disait avec cette tonalité de mensonge affectif déjà inscrit dans la dissociation des caresses et du ressenti, dans ce jeu dépersonnalisé avec la peau et les muscles des petites filles, comme pour évaluer la qualité d'une chair. Une de ses filles s'appelle Amandine et, par moments, ces caresses ressemblent à l'épluchage gourmand d'un fruit qui va être dévoré.

Par cette médiation un peu audacieuse, cette mère retrouvait un chemin intérieur qui l'autorise à évoquer des sensations dans lesquelles elle se réfugiait tout entière et automatiquement, sans parole, comme si c'était cela être mère : la douceur apparemment tranquille cache une puissance automatique de dévoration et de manipulation dont ni l'enfant ni la mère ne peuvent sortir sans s'abandonner dans un coin ou sans se déchirer d'un regard fouineur qui en réclame toujours et encore. Dans ce « jeu », l'enfant annule le trouble dont il est l'objet. Il prend un regard triste et violent ou il se dote d'yeux qui n'ont plus qu'à devenir les plus transparents et les plus innocents du monde.

Ce ne sont pas choses faciles à symboliser. Mais il me semble que cette mini-audace à laquelle le Jardin Couvert peut donner lieu a permis de pointer cela dans la vie quotidienne. Mine de rien, ce pointage sans jugement de dysfonctionnement névrotique autorise la remise en circulation d'une parole coincée dans une jouissance qui, ayant perdu son sens — celui qui va du narcissisme à la rencontre de l'autre dans la joie du surgissement du sujet —, ne peut que se répéter dans un automatisme animal.

Denis Vasse
21 décembre 1992

Une oreille psychanalytique dans le lien de la génération

Prenant le relais de la Maison Verte de Paris, la Maisonnée de Strasbourg invita les structures de type « Maison Verte », le 26 novembre 1994, pour un colloque intitulé « Quelles pratiques de la parole ? ». C'est à cette occasion que ce texte fut écrit. Il rappelle ce qui fonde notre travail.

En cela, il est un point d'orgue à dix ans de praxis. Loin de les clore, il ouvre le champ du travail et de la réflexion pour notre avenir et celui des équipes qui souhaitent s'atteler à cette aventure qu'est l'ouverture d'une Maison Verte.

LA LIMITE VIVANTE : L'ESPACE ET LE TEMPS

Au Jardin Couvert — qui est la structure type « Maison Verte » née à Lyon — , les limites ont un rôle et une fonction. Elles articulent, dans le corps, l'automatisme pulsionnel et ce qui vient de l'Autre, la parole. À la frontière entre la chair et l'esprit, elles sont signifiantes de la séparation pour autant qu'elles sont le lieu d'une rencontre, et, inversement, elles sont un lieu de rencontre pour autant qu'elles autorisent la séparation. Elles sont à la fois *point de départ* et *point d'arrivée*, et, de l'un à l'autre, elles rythment le temps du désir. En elles, il est signifié, au Jardin Couvert, et dans la tendresse d'une répétition ouverte à l'expression toujours nouvelle de la rencontre, que, dès la précocité de l'âge, le sujet humain est créé dans son rapport aux autres et à l'Autre.

La limite du *seuil*, d'abord. Jointe, à l'arrivée comme au départ, au « prénom », elle *distingue* les êtres par leur nom, mais aussi elle *distingue* deux espaces : un espace dans lequel l'enfant ne saurait quitter les bras ou le regard de la mère sans être perdu — c'est la rue — et un espace où il fait ou fera l'expérience qu'il peut en être séparé sans la perdre — c'est le Jardin Couvert. Ici, la séparation dans l'espace et le contact avec les autres se trouvent vite débarrassés de l'angoisse ou de la peur qu'ils provoquent dans la rue, pour l'enfant comme pour la mère.

Dans le coin de la *table à langer* s'opère la séparation du corps d'avec l'objet fécal. Une telle séparation et la substitution qui s'ensuit dans le jeu des odeurs s'inscrit dans l'intimité de la parole et des mains de la mère retrouvée, à l'abri des regards qui projettent l'enfant hors de lui.

La *ligne verte* délimite l'aire des véhicules à roues : ils ont *inter-diction* de la passer. La frontière de cette géographie fait découvrir la désolidarisation possible du véhicule et du corps — je ne suis pas ma voiture, pas plus que je ne suis moi-maman ou moi-papa. Nous croyons fondamentale la distinction entre l'*objet* de plaisir (le jouet) et le *sujet*, entre des aires de jeu et celles des soins. Cette symbolisation de l'espace participe de la découverte de la station debout pour aller *vers* ou *ailleurs*. Elle doit s'accompagner des mots qui s'adressent à l'enfant et le font sortir de l'identification imaginaire à un objet pris pour lui, à l'objet partiel.

Le *tablier* — qu'il faut mettre pour se plonger dans les délices de l'eau courante — distingue les manières d'être qu'impliquent les activités différentes dans le rapport aux choses et que symbolise le vêtement.

Interprétées par la médiation des jardiniers ou par celle des parents, les minirègles du Jardin Couvert renvoient à la limite vivante du sujet dans son corps, à la loi du langage. Et même à travers les larmes de l'apparente et momentanée déception, ou la brillance du regard provocateur, ce n'est jamais sans la promesse d'une liberté et, en définitive, jamais sans joie.

Le jeu des limites n'aurait aucun sens en vérité s'il était pris comme la nécessité d'un ordre programmé qui fonctionnerait avec d'autant plus de perfection imaginaire que la parole et l'altérité en seraient bannies. Nous serions, alors, du côté du dressage. Or l'interdit ne vaut, dans le genre humain, que de s'entre-dire dans le lien de la génération où il résonne comme une promesse. C'est bien à l'endroit des transgressions, des lapsus, des symptômes et du désordre éventuel que l'interdit —

dans sa fonction primordiale — symbolise un espace intersubjectif, la manière dont l'homme se tient dans son corps et, par lui, se révèle aux autres et à lui-même.

Les limites spatiales, en leur jeu structurant, s'articulent à des limites temporelles : celle du déploiement de la parole dans l'espace, mais aussi celle de l'âge dans le « souvenir » d'un avant la naissance et dans la projection d'un futur, la limite des « quatre bougies » où l'on quitte le Jardin Couvert. Cela dit assez que le Jardin Couvert n'est pas une réalité imaginaire, une bulle. Dans les rapports qu'il entretient avec tous les autres lieux, il demeure une réalité symbolique pour celui qui, y découvrant la parole en position tierce, apprend comment, délogé des limites imaginaires, celles de ses fantasmes, l'homme s'ouvre au Réel.

LE TRANSFERT SUR OU DANS LE LIEU

La position tierce de la parole implique que l'échange entre deux termes (principalement la mère et l'enfant) n'est pas bouclé dans une circularité pulsionnelle. Une telle position ne peut être indiquée que relativement à une *loi*, une réalité de droit, qui fait de la différence charnelle une différence subjective[1]. La fonction de la parole et du langage met l'origine au centre de l'ordre symbolique et pose la question du *nom-du-père* à laquelle tout enfant venant au monde est confronté.

La psychanalyse nous autorise à nous tenir respectueusement en cette position tierce qui, seule, rouvre sans cesse le lien de génération qui, sans elle, devient tenaille d'une dualité qui emprisonne dans un narcissisme que verrouille la projection imaginaire prise pour le Réel.

Que la référence à la psychanalyse nous aide à rouvrir la voie de la parole au Jardin Couvert, voilà qui dit la place du psychanalyste parmi les accueillants. Car « il n'y a de psychanalyse que là où il y a un psychanalyste ».

Ne pas tenir cette proposition revient à être livré à l'erreur de faire exister l'inconscient comme une chose, comme une idée ou comme un objet.

1. La fonction de la loi médiatise le rapport à l'origine dans laquelle se fondent — comme dit Lacan — « la trinité, voire la quaternité intersubjective de l'œdipe ainsi que l'ordre symbolique des échanges, en tant qu'il préside à la constitution des lignées » (Jacques Lacan, *Le séminaire*, Livre IV : *La relation d'objet*, chap. XII, « Du complexe d'Œdipe », Seuil, p. 200-201).

Penser autrement, en effet, serait sombrer dans l'objectivation d'un processus de pensée, d'un savoir ou d'un discours qui rejoindrait l'idéalisation perverse de l'objet dont on se prévaut, mais qui est sans rapport avec la vie.

Mais, en même temps, un tel dispositif — la présence d'un psychanalyste entre autres — veut dire que ce qui advient de psychanalyse en un tel lieu ne dépend pas du psychanalyste seul, de sa pensée, de son savoir, de son discours. Il s'y tient ou il y est tenu *comme dans un écart* par rapport à la psychanalyse instituée. Ici, les indications, presque furtives, laissées par Françoise Dolto sont précieuses et précises : elle parle de légèreté et de discrétion.

Un tel dispositif rend possible chez les accueillants le repérage rapide mais non précipité de la confusion. Cela se fait dans la propagation d'une écoute, d'une sorte d'onde de silence attentif qui est perceptible au Jardin Couvert. La plupart du temps, cette écoute désamorce, sur-le-champ, l'exaspération que provoque l'urgence prétendue du geste ou le plombage qui résulte de la répétition stérile des cris. Cette propagation est sensible à la manière dont les jardiniers s'appuient les uns sur les autres. Ils entrent ainsi dans le temps de la patience et du respect. Sans cela, la dimension du désir se trouverait exclue du travail d'élaboration qui les rassemble, aussi bien que de celui qu'ils accomplissent avec les usagers du Jardin Couvert.

Un tel dispositif autorise — comme à l'insu de celui qui la dit — l'émergence d'une parole qui interdit à la confusion de s'installer dans la répétition symptomatique qui sidère ou exaspère le rapport mère-enfant et plonge dans la gêne ou l'impatience de la colère ceux qui les entourent.

Je me souviens de la complaisance sidérée avec laquelle une maman regardait un frère et une sœur se chatouiller sur le tapis jusqu'au moment du passage à l'acte de la violence ou de la colère dans l'épuisement. Ayant repéré le manège, j'étais intervenu avant que cela ne « tourne mal » et je m'étais entendu dire qu'elle, « elle n'intervenait pas avant qu'ils ne se fassent du mal, et qu'ils faisaient cela tous les soirs ». Ce qui m'était venu, c'est : « On dort mieux après l'orgasme ! Mais je crois qu'ils cherchent une butée, une loi qui les autorise à parler plutôt qu'à se manipuler indéfiniment. »

Le prix à payer pour qu'un tel dispositif soit tenable — cela est remarqué *et* par les usagers *et* par ceux à qui nous rendons compte de notre travail — , c'est que le psychanalyste, lui non plus, *ne fait pas au Jardin Couvert ce qu'il sait faire ailleurs.* Dire cela, ce n'est pas chercher à nier, dans l'orgueil et la fausseté d'une sorte de retrait, la pratique de l'analyse. Cela suppose, au contraire, que l'analyste qui travaille ici *sache faire* et que, par conséquent, il ait la pratique du *transfert* avec tous ses repères « scientifiques. » Le détachement vis-à-vis du savoir-faire qu'exige le Jardin Couvert s'inscrit dans la rigueur de la théorisation : il rend compte de l'impossibilité qu'il y a à réduire la psychanalyse à un « savoir » objectivé. Une telle réduction fermerait la porte à ce qui *survient* de nouveau là où la trouvaille du mot (du *signifiant*) mobilise l'inconscient et réorganise le champ psychique. Hors de cette réactualisation de la parole à travers les résistances mêmes, la relation de transfert ne saurait être prise au sérieux. Et, pas davantage, il ne saurait, là, se produire quelque relation *humaine* que ce soit.

Nous retrouvons là le rapport que la psychanalyse entretient avec l'anthropologie.

Le transfert sur et dans le lieu dont parle Françoise Dolto apporte un éclairage important sur ce que la psychanalyse peut communiquer de justesse d'attitude à qui n'est pas psychanalyste. Les deux accueillants de l'équipe de trois qui se relaie chaque après-midi en attestent dans les interventions qui répercutent leur travail au cours des réunions mensuelles.

Que le transfert ne se fasse pas exclusivement sur une personne, ainsi que c'est la règle dans la cure analytique d'où est issue sa description *princeps*, cela suppose non seulement qu'il y ait un analyste au Jardin Couvert, mais encore qu'il y ait des accueillants qui ne le soient pas. C'est en tant qu'accueillant parmi d'autres que le psychanalyste est présent au Jardin Couvert et, à cause de cela, la psychanalyse qu'il représente dit comment la parole fonctionne en position tierce pour tous. Le travail commun à tous les intervenants est nécessairement évoqué dans la réunion mensuelle des jardiniers, où chacun peut rendre compte de la manière dont il *travaille* au Jardin Couvert et dont le Jardin Couvert le *travaille* : les *liens* que les jardiniers entretiennent entre eux les tiennent dans ce rapport d'où surgit la parole naissante entre les générations.

Fait aussi partie de ce travail, et cela fut une découverte, l'élargissement de ce compte rendu à l'association de l'Apelipa. Le désintéressement de ses membres dans l'attention qu'ils nous portent nous est une sorte de garantie contre tout dérapage théorique ou contre les conséquences de l'installation d'une convivialité excessive dans la pratique.

La *vérification* de notre travail semble lisible, paradoxalement, dans la légèreté et la discrétion qui marquent et nos réunions mensuelles et nos assemblées générales de l'association, alors même — et sans cela nous serions dans le mensonge — que ne sont pas évités les points difficiles de gestion ou certains conflits cruciaux.

Mais le succès de telles structures peut faire croire que *c'est facile.* Or, évoquer trop facilement la psychanalyse ou Françoise Dolto, en dehors de la mise en place effective d'un tel dispositif, c'est toujours recouvrir du manteau vide du prestige ce qu'a d'attendu en même temps que de nouveau, de proprement original, la mise en œuvre de tels lieux. Victimes de leur éventuel succès, ils risquent alors de perdre leur caractère propre.

Il y a là un problème relatif à la particularité de notre époque.

Il est capital qu'il y ait, *pour la santé de la société*, de tels lieux : *quelque chose* qui se situe entre les lieux institués dans lesquels une société s'identifie et se développe, et le privé où chacun puise inconsciemment à l'origine de tous. Lorsque ce *quelque chose*, ce lieu n'existe pas, l'irruption du pur privé sur la place publique produit plus d'effets de violence que de libération : ainsi en témoignent les scandales publics, la prétention de traiter de l'inconscient directement à la télévision, la pratique sauvage de l'analyse...

Ces lieux — entre jardin œdipien et vie en société — ont toujours existé sans doute. Mais aujourd'hui, dans le contexte d'une identité difficile à trouver, entre l'automatisation des habitudes et le refus délinquant de toute loi, le risque est grand que toute initiative créatrice soit très vite, trop vite récupérée par l'institution. Le Jardin Couvert est un de ces lieux, entre la psychanalyse proprement dite, celle dont il s'agit dans un Groupe, une Société, une École..., et le simple conseil privé, où ce n'est pas le savoir, même le plus légitime ou le plus légitimé, qui est à l'œuvre mais l'émergence de la parole quand elle signe, indique et balise *la vérité du désir inconscient.* Une vérité qu'elle fonde, pour chacun, dans l'origine du genre humain, dans la liberté à laquelle nul ne peut atteindre sans passer par la loi du langage.

Ainsi nous avons réfléchi aussi sur *la fonction paternelle* du Jardin Couvert. Quand la parole s'y énonce en position tierce, elle rompt l'opposition duelle, durcie et mortifère entre la mère et l'enfant, entre la mère et le père, mais aussi entre une société instituée — jusqu'à la rigidité technique — et l'individu délocalisé jusqu'à l'exclusion. Là encore se trouve restaurée la *structure ternaire* dans laquelle s'engendre le sujet.

L'expérience du Jardin Couvert et son fonctionnement

viennent attester que la référence à la psychanalyse ne s'inscrit pas dans une sorte de fronde, ni par rapport à la société ni par rapport à la psychanalyse. Ils sont bien plutôt la manifestation de la fécondité de la psychanalyse dans la société où elle est née.

À la réflexion, il n'était pas étonnant qu'en passant de la *limite vivante* — notre premier point — au *transfert sur et dans le lieu* — notre second point — nous repérions, à l'articulation des deux, la fonction de la parole qui fonde l'univers. C'est à cette articulation que nous rencontrons aussi la question des limites et que se pose, avec acuité, la question du *corps du sujet* en tant que lieu de parole, en tant que limite vivante à laquelle le Jardin Couvert est ordonné.

La parole naît du rapport que le petit d'homme entretient avec l'espace et le temps de son corps. C'est à et dans cette limite fondamentale et vivante que s'inscrit, en y surgissant, le sujet. Avec cette limite, l'espace et le temps se pensent comme les conditions *a priori* du corps et de l'ouverture au Réel.

DANS LE LIEN DE LA GÉNÉRATION

Entendre, à ce moment-là et dans ce lieu-là, réclame *la légèreté et la discrétion* dont parlait Françoise Dolto. Ces termes supposent l'humble audace qui lui permettait de ne pas dénoncer le trouble pour lui-même — ce qui fait le diagnostic médical — mais de pointer ce qui met obstacle à la circulation de la parole et à l'émergence du désir — ce qui relève de l'écoute analytique.

Dans la précocité de l'âge, entre la gestation et quatre ans, les différents éléments du tissu humain — chair et parole — s'entrecroisent et se nouent en une structure qui n'est pas encore verrouillée ni classée dans une pathologie somatique ou psychique. Autoriser l'ouverture dans la rencontre, à ce moment, c'est — dans la légèreté et la discrétion de l'interprétation — témoigner d'une parole vivante, une parole qui dit la transmission de la vie, là même où la référence du sujet à l'Autre a été distordue, pervertie, voire détruite.

L'audace discrète et tendre qui consiste à signifier, à l'adresse d'un enfant et de sa mère (ou de son père), le lien qui les unit dans l'entrecroisement du *sensible* et du *conceptuel*, des sensations et du sens, peut prendre des formes ponctuelles et variées, induites par le transfert sur le Jardin Couvert. Ainsi arrive-t-il que la peur du mensonge et la violence d'un non-dit puissent, au cours d'une conversation confidentielle, être mises en lien avec l'angoissante retenue fécale de l'enfant, et qu'il s'ensuive, avec la circulation de la parole, la remise en train du tube digestif.

À l'inverse, la colère non symbolisée peut ravager sournoisement les rapports entre un père et une petite fille qui fait systématiquement dans ses culottes quand ils montent dans le bus[1]. Il n'est pas rare non plus de pouvoir dénoncer, transfert aidant, l'inversion projective d'une angoisse attribuée à l'enfant alors qu'elle appartient à la mère ou au père : le petit se lève la nuit et se précipite dans le lit des parents. Tout le monde parle de son angoisse nocturne alors qu'il s'agit d'une angoisse maternelle bien cachée que l'enfant vient soulager.

Tout cela n'est du ressort ni de la prescription, ni du conseil, ni du jugement.

Une telle attitude consiste à parler à l'intime de la chair en répondant à ce que ses spasmes, ses éruptions cutanées, ses sidérations fonctionnelles ne savent pas dire tant qu'un autre ne les entend pas.

Avoir cette audace d'écouter ou de parler et de ne rien faire lorsque, apparemment et selon la logique des soins habituels, il conviendrait de se précipiter dans le faire, c'est consentir à une attente qui permet, en retour, l'initiative du sourire ou du pleur autorisé par la rencontre. Avec la réponse à la parole qui lui est adressée, les sens prennent sens pour l'enfant. Et avec elle, se remet en route la dynamique vivante d'une limite intérieure, celle du sujet.

Une telle attitude fondée sur la légèreté et la discrétion n'est praticable qu'à la lumière anthropologique que, seule, la psychanalyse — dans sa pratique et dans sa toujours balbutiante théorie — dispense. Disons qu'elle est autorisée par une problématique *ouverte aux deux bouts* sur un au-delà de l'imaginaire : d'un côté, sur l'inconscient, son objet; de l'autre, sur le sujet, sur le Réel. Ni l'un ni l'autre ne sont de l'ordre de la représentation.

Dire cela, c'est dire qu'avec la psychanalyse l'attention s'oriente vers *la vérité qui parle*, qui parle dans le corps de l'homme et qui n'est pas réductible à l'exactitude d'un discours prétendument objectif.

De cette ouverture à la lumière obscure de l'inconscient, nous repérons les traces dans ses effets. Qu'ils soient hautement démonstratifs et étonnants — lorsqu'il s'agit du petit Igor, étiqueté débile et autiste et qui retrouve la parole en trois semaines — ou qu'ils restent discrets, infiltrants, sans même qu'on le

1. Françoise Dolto, *L'image inconsciente du corps*, *op. cit.*, p. 11-12.

sache — dans la quotidienneté d'une évolution — , ces effets (dans le corps) sont réponse à la parole. À les suivre à la trace, ils creusent dans la référence à l'Autre la loge du sujet. Ils lui donnent corps.

Ce rapport entre le surgissement du sujet et les effets de la parole dans la chair est mis au service de l'humanité par la découverte de l'inconscient et sa mise en œuvre dans le transfert. Françoise Dolto nous a appris à lire ces effets dans *le temps de la prématuration du petit d'homme, là où se construit de manière dynamique et souple, quotidienne, la structure d'un individu dans son rapport au monde.*

Entendons-nous. Il ne s'agit pas de modifier la structure de l'homme, pour en faire un homme nouveau par suite de manipulations, ou pour lui éviter l'épreuve de l'humanité — celle de la parole et du désir, justement.

Il s'agit de témoigner du sujet que l'homme est. Ce qui ne peut se faire que là où il se trouve exister dans la parole s'engendrant en lui, celle d'un Autre. C'est là que, sujet, il est nommé et inscrit dans une filiation qui ne se réduit à l'explication d'aucune maladie, d'aucun comportement, d'aucun symptôme.

Ce n'est pas parce que le petit d'homme est malade qu'il n'est pas fils, ni parce que ses parents sont divorcés, ni parce qu'il est timide ou violent.

Et ce n'est pas non plus parce qu'il n'est pas malade qu'il est fils, ni parce que ses parents s'entendent bien, ni parce qu'il est effronté ou précocement indépendant.

Le nom de l'enfant — son prénom — est la manière dont l'humanité en lui se trouve référée au mystère de la vérité qui parle et l'ouvre au Réel d'une filiation dont aucun ne peut être exclu... du moment qu'il *est un corps vivant* — qu'il l'*est* plus qu'il ne l'*a*.

Le lien de la génération est cet espace — mystérieux ou énigmatique — dans lequel se tisse l'identité de l'homme, l'appartenance de chaque individu à ce qui parle en lui et le réfère à l'origine de tous, au genre humain. Ce lien est réactualisé par chaque naissance : la vie s'y transmet dans le rapport du *nom* de chacun à la parole originaire. Cette transmission fait de l'homme un être unique dans la suite des âges, un *parlêtre* (Jacques Lacan).

Entendre ce qui se transmet dans ce lien ou dans cet espace, c'est ouvrir ses oreilles, comme dans le transfert, aux endroits où il y a résistance à la parole, trouble de sa fonction et restriction de son champ. Entendre cette résistance, ce trouble et cette restriction au Jardin Couvert, c'est l'entendre au moment même où la vie naît à nouveau dans le monde avec le risque, inhérent à notre condition d'homme, de se solidifier en symptômes. Du même coup, entendre là, c'est autoriser la parole et sa circulation.

L'inconscient autorise à pointer cela : ça parle dans l'homme et ça parle d'un autre lieu que celui du discours de la conscience et du moi. En ce lieu, celui du sujet, le corps de l'homme est ouvert au Réel, au-delà du principe de plaisir[1]. Au centre de lui-même, il est référé à ce qu'il n'imagine pas, à l'Autre qui fait de lui un sujet.

S'il en est ainsi, c'est dans la rencontre avec un autre qui l'accueille que la parole se manifeste à sa vraie place : celle d'un tiers sans lequel la naissance ne serait qu'enfermement dans une dualité mortifère oscillant entre la fusion qui nie toute différence et l'opposition de la jalousie qui tue.

Cette position tierce de la parole dans le lien de la génération indique quelque chose de *la structure ternaire* qu'implique l'engendrement du parlêtre dans la chair et de la *division* psychique d'où naît le sujet dans son rapport à l'Autre.

CONCLUSION : L'ARBITRAIRE DU SIGNE... ET LE CORPS DE PAROLE

Lors de l'inauguration du Jardin Couvert en présence de Françoise Dolto, nous énoncions, avec la nécessaire fierté des commencements :

> « Avec la limite,
> on ne réprime pas,
> on ne se protège pas,
> on ne fait pas peur.
> Avec la limite, on parle. »

Quels qu'aient été les inévitables accents de répression, de protection ou de peur que revêt la parole dite et qui se coupe, chez celui qui l'énonce comme chez celui qui l'écoute, de sa source qui est promesse, c'est ce que nous essayons de faire au Jardin Couvert.

Avec ce qui se passe au Jardin Couvert, il ne s'agit pas d'une théorie de la limite qu'il faudrait justifier, mais d'une mise en pratique et de la lecture de ses effets. Ce que, seule, la psychana-

1. C'est-à-dire au-delà de la satisfaction sensible ou intellectuelle.

lyse nous autorise, en définitive, à faire. À cette lecture, nous apprenons que le franchissement du seuil, par exemple, lié à l'inscription du prénom, signifie ce moment, insaisissable et précieux, celui d'une adresse à quelqu'un. L'inscription du nom sur un tableau et l'adresse à l'enfant symbolisent l'accueil d'une manière bien plus vraie que lorsque celui-ci s'accompagne d'une trop grande manifestation affective. Le désintéressement qu'impliquent de telles pratiques renvoie à la manière dont l'écoute analytique peut repérer la loi du langage à laquelle est soumis le genre humain dans le lien de la génération, dans la parole.

Il arrive que, dans la manière pour chacun de l'incarner, l'esprit du Jardin Couvert ait une couleur différente selon les conditions d'intervention ou la personnalité des accueillants. Mais, grâce à la réflexion commune, cela nous conduit hors de la stérile et obsessionnelle répétition qui caractérise le comportement rigide. Cette diversité nous autorise à laisser jouer, entre nous, ce qu'a de vivant l'interprétation, quand, au lieu de la limite, celle-ci témoigne de la loi où vient se prendre le désir. Cette différence, à partir de laquelle chacun *arbitre à sa manière* une loi commune à tous et reconnue par tous, touche à la question dite de *l'arbitraire*, en tant qu'il est la première caractéristique du signe linguistique (dit Saussure). Cet arbitraire prend le contre-pied d'une rationalité dans laquelle expression et communication seraient réglées par une logique univoque qui serait celle d'une « langue de bois », celle du discours sans sujet de la pure intelligence objective. Surtout lorsque celle-ci se prétend exacte !

Ainsi considéré, l'arbitraire est sans doute une gêne pour une communication efficace, au niveau des démarches de la science ou de la technique.

Mais il est une autre logique : celle du sujet de l'inconscient obéissant à *la vérité qui parle*. Car le langage n'est jamais simple transfert de connaissances pratiques ou théoriques. Il est — et il l'est au niveau primordial de son émergence, dans ce qui vient s'articuler autour du prénom[1] — *institution de base des rapports de reconnaissance humaine.*

Et, de ce point de vue, les règles parfaitement claires ou codifiées qui contraignent à répéter formellement les mots n'autorisent pas à parler vraiment : elles ne viennent de personne et ne s'adressent à personne. Leur répétition vise à perpétuer un ordre projectif, imaginaire — en lieu et place de l'ordre symbolique de

1. Françoise Dolto, *L'image inconsciente du corps*, *op. cit.*, p. 92-95.

la rencontre. *La langue de bois* — car c'est d'elle qu'il s'agit — est tout à la fois effet et cause de la solidification d'une loi étouffante et de la contrainte qu'elle exerce[1]. Les articles d'une telle loi sont les instruments de production et de maintien d'une conformité où les machines sont reines. Bien des mythes de l'intelligence artificielle sont construits sur ce schéma.

Ce n'est pas sur cette intelligence-là — sans inconscient et, donc, sans parole et sans Autre — qu'est fondée la psychanalyse. La logique du sujet fait demeurer l'homme dans la parole, à la limite originaire de sa langue — la maternelle — comme de toutes les autres langues.

Cette limite vivante ouverte à l'origine recèle une *promesse*, celle d'une place possible pour un sujet *responsable*, c'est-à-dire qui répond à qui lui parle comme de ce qui parle en lui — , la *position* d'un être non figé dans une unité imaginaire, mais *présent* dans un corps au Réel de son histoire. Avec ses fragilités et ses tâtonnements, dans l'acte qui crée la différence dans l'unité originaire, dans l'acte même de la parole, l'homme — faut-il dire : l'Humanité ? — se fait entendre et s'engendre dans un corps qui a des oreilles, des oreilles pour entendre ce que dit sa bouche et qui se transmet dans le lien de la génération, par son corps.

Denis Vasse
26 novembre 1994

1. « Je suis à l'intérieur de moi d'un point de vue mensonger. C'est le point de vue même qui est faux. Et ça me détruit de tenir ce discours [...] Je me sens déshumain... Quand je vois les gens qui vivent, les gens qui sont vivants, je suis sec, je suis sans lendemain » (un patient en analyse).

APPENDICES

Annexes

RÈGLEMENT INTÉRIEUR DE L'APELIPA

I. Préambule.

La discrétion de règle au Jardin Couvert ne permettant pas aux membres participant à l'activité du Jardin Couvert de connaître les utilisateurs autrement que par le prénom de leur enfant, les utilisateurs ne pourront être membres cotisants de l'association.

L'assemblée générale de l'Apelipa réunira au moins une fois par an l'ensemble des membres cotisants de l'association.

Un rapport moral et un rapport financier annuels seront présentés à l'A.G.

L'A.G. élira annuellement le Conseil d'Administration.

II. Composition du Conseil d'Administration.

Le C.A. sera composé :

a) de membres de droit, représentant les financeurs;

b) de membres cotisants de l'Apelipa;

c) de membres cotisants participant régulièrement à l'activité du Jardin Couvert.

Pour l'exercice prochain, nous proposons la composition suivante :

a) membres de droit (M. D.) : 1 représentant de la ville de Lyon, 1 représentant de la P.M.I.-Conseil général, 1 représentant du F.A.S.;

b) membres cotisants (M.C.) : 6 membres élus pour deux ans;

c) membres participants (M.P.) : 1 représentant par équipe du Jardin Couvert, soit 5 membres élus pour deux ans, plus 3 assurant les doublets du Bureau.

III. Composition du Bureau.

Le C.A. choisira en son sein 6 membres : 3 parmi les M.C. et 3 parmi les M.P , pour assurer un poste de président et un de vice-président, un poste de trésorier et un de vice-trésorier, un poste de secrétaire et un de secrétaire adjoint.

IV. La composition du C.A. sera modifiable par vote tous les deux ans, en A.G., le principe d'un représentant M.P. par équipe du Jardin Couvert restant acquis, ainsi que les doublets M.P.-M.C. pour le Bureau. Le nombre des membres de droit est variable en fonction des financeurs engagés.

MEMBRES DE L'APELIPA ET ACCUEILLANTS

Les membres de l'Apelipa sont au nombre de 80 à 90 depuis l'ouverture du Jardin Couvert.

Les accueillants étaient alors : Jacqueline Boulanger, Michel Boutin, Sophie Chatouillot, Janine Chomier, Joël Clerget, Marie-Pierre Clerget, Jacqueline Meilland, Florence Méry, Christiane Morand, Marie-José d'Orazio, Roger d'Orazio, Erika Oschwald, Olivier Saint-Gal de Pons, Maryse Spiller, Hélène Vachon, Éric Van der Stegen, Denis Vasse.

Aujourd'hui, les accueillants sont : Erika Bertrand-Oschwald, Jacqueline Boulanger, Michel Boutin, Hélène Chessel, Janine Chomier, Marie-Pierre Clerget, Jean-Pierre Durif-Varembont, Marie-Joëlle Faguin, Jacqueline Meilland, Christiane Morand, Marie-José d'Orazio, Anne Pochet, Maryse Spiller, Hélène Vachon, Éric Van der Stegen, Denis Vasse.

Index

Table des matières

Du même auteur

Inceste et jalousie, *Le Seuil,* 1995
L'Autre du désir et le Dieu de la foi : lire aujourd'hui Thérèse d'Avila, *Le Seuil,* 1991
La Chair envisagée : la génération symbolique, *Le Seuil,* 1988
Le Poids du réel, la souffrance, *Le Seuil,* 1983
Un parmi d'autres, *Le Seuil,* 1978
L'Ombilic et la voix : deux enfants en analyse, *Le Seuil,* 1974
Le Temps du désir, *Le Seuil,* 1969

Composition Euronumérique
et impression Bussière Camedan Imprimeries
à Saint-Amand (Cher), le 21 septembre 1995.
Dépôt légal : septembre 1995.
Numéro d'imprimeur : 1/2247.
ISBN 2-07-074056-0. / Imprimé en France.

70136